TGAU

Daearyddiaeth
ar gyfer Manyleb A CBAC

Andy Owen, Cathie Brooks,
Andy Leeder, Glyn Owen & Dirk Sykes

DEWISIADAU

Cyhoeddwyd dan nawdd Cynllun Adnoddau Addysgu a Dysgu CBAC

HODDER EDUCATION
AN HACHETTE UK COMPANY

TGAU
Daearyddiaeth ar gyfer Manyleb A CBAC: Dewisiadau

Addasiad Cymraeg o *GCSE Geography for WJEC A Option Topics*

Noddwyd gan Lywodraeth Cynulliad Cymru

Cyhoeddwyd dan nawdd
Cynllun Adnoddau Addysgu a Dysgu CBAC

Cydnabyddiaeth

Darnau o destun a sgrinluniau
t.11 Detholiad o wefan Cyngor Plwyf St Osyth oddi ar *www.stosyth.gov.uk* (Hydref/Tachwedd 2000); **t.12** *b* sgrinlun Jaywick o wefan Asiantaeth yr Amgylchedd, *http://maps.environment-agency.gov.uk/wiyby/wiybyController*; **t.15** Cyfieithiad yw 'Holi gwestai 'rhyfel y traeth' ynglŷn â dwyn tywod' o erthygl o bapur newydd y *Metro* (Dydd Gwener, 31 Gorffennaf 2009); **t.19** Cyfieithiad yw 'Adroddiad yn rhybuddio bod newid hinsawdd yn bygwth ffordd o fyw arfordirol Awstralia' o erthygl o bapur newydd y *Guardian* (27 Hydref 2009); **t.21** *b* 'Safecoast – trends in flood risk', Gorffennaf 2008 oddi ar *www.safecoast.org*; **t.24** *gd* Sgrinlun o fap rhagolygon y tywydd diwygiedig y Swyddfa Dywydd oddi ar *www.metoffice.gov.uk/weather/uk/uk_forecast_weather.html*, © Hawlfraint y Goron 2010, y Swyddfa Dywydd; **t.29** Rhagolygon y tywydd ar gyfer Eryri © Hawlfraint y Goron 2010, y Swyddfa Dywydd; **t.54** *g* Allforion coed o Ynysoedd Solomon i China oddi ar *www.globaltimber.org.uk*; **t.70** Nifer yr ymwelwyr sy'n cyrraedd Cancún, México, 2008-09, gan Sefydliad Twristiaeth y Caribî; **t.71** Tarddiad ymwelwyr â Libanus, Mehefin 2009, a Nifer yr ymwelwyr â Libanus (cyfansymiau'r chwe mis o fis Ionawr i fis Mehefin), gan Fwrdd Twristiaeth Libanus; **t.73** *b* Map o gludiant awyr oddi ar *http://epp.eurostat.ec.europa.ed*; © Cymunedau Ewropeaidd, 2010, g sgrinlun o wefan mapio sŵn Defra © Hawlfraint y Goron; **t.81** Cynllun o Warchodfa Arfordir Tyrus oddi ar *http://downloaddestinationlebanon.com/destlib/reserves/MAP-inside-TYRE.pdf*; **t.85** Sgrinlun o Fwrdd Croeso De Affrica oddi ar *www.southafrica.net/sat/content/en/za/home*; **t.87** Map o Raglen Perifferi'r Gogledd 2007-2013 oddi ar *http://www.northernperiphery.eu*, © Nordregio; **t.90** *cch* Sgrinlun o unedau tai yn ardal Norwich oddi ar *http://rackheatheco-community.com*; **t.94** Twf Barcelona, Llywodraeth Ymreolaethol Barcelona; **t.95** Cyfieithiad o ddetholiad o'r *Lonely Planet Guide: Barcelona* gan Damien Simonis (Cyhoeddiadau Lonely Planet, 2002); **t.103** Sgrinluniau o Barcelona oddi ar *http://w20.bcn.cat:1100/GuiaMap*; **t.106** Cyfieithiad o ddyfyniadau o ddatganiad Primark (Mehefin 2008); *gd* "Primark Kings of Budget Clothing" o'r *Daily Record* (3 Rhagfyr 2005); **t.109** 'Cynnig am losgydd anferth gwerth £400m i Ffos-y-frân' – cyfieithiad o erthygl gan Jackie Bow o'r *Merthyr Express* (5 Chwefror 2009), © Media Wales Ltd; **t.119** Sgrinlun o *www.poverty.org.uk*; **t.129** 'David Bellamy yn beirniadu cynlluniau ar gyfer fferm wynt yn y Gogledd' – cyfieithad o erthygl o'r *Daily Post* (16 Rhagfyr 2008).

Atgynhyrchir deunydd Hawlfraint y Goron o dan Drwydded Dosbarth Rhif CO2P0000060 â chaniatâd Rheolydd Llyfrfa Ei Mawrhydi.

Atgynhyrchir y mapiau ar dudalennau 9, 12, 30, 47, 92, 101 a 109 o fapiau Arolwg Ordnans â chaniatâd Rheolydd Llyfrfa Ei Mawrhydi, © Hawlfraint y Goron. Cedwir pob hawl. Trwydded rhif 100036470.

Er y gwnaed pob ymdrech i sicrhau bod cyfeiriadau gwefannau'n gywir adeg mynd i'r wasg, ni ellid dal Hodder Education yn gyfrifol am gynnwys unrhyw wefan a grybwyllir yn y llyfr hwn. Weithiau mae'n bosibl dod o hyd i dudalen we a adleolwyd trwy deipio cyfeiriad tudalen gartref gwefan yn ffenestr LlAU (*URL*) eich porwr.

Polisi Hachette UK yw defnyddio papurau sydd yn gynhyrchion naturiol, adnewyddadwy ac ailgylchadwy o goed a dyfwyd mewn coedwigoedd cynaliadwy. Disgwylir i'r prosesau torri coed a gweithgynhyrchu gydymffurfio â rheoliadau amgylcheddol y wlad y mae'r cynnyrch yn tarddu ohoni.

Archebion: cysylltwch â Bookpoint Cyf, 130 Milton Park, Abingdon, Oxon OX14 4SB. Ffôn: (44) 01235 827720. Ffacs: (44) 01235 400454. Mae llinellau ar agor 9.00-5.00, dydd Llun i ddydd Sadwrn, gyda gwasanaeth ateb negeseuon 24 awr. Ewch i'n gwefan yn www.hoddereducation.co.uk.

© Andy Owen, Cathie Brooks, Andy Leeder, Glyn Owen a Dirk Sykes 2010 (Yr argraffiad Saesneg)
© CBAC 2010 (Yr argraffiad hwn ar gyfer CBAC)

Cyhoeddwyd am y tro cyntaf yn 2010 gan Hodder Education,
Cwmni Hachette UK,
338 Euston Road,
London NW1 3BH

Rhif argraffiad   5 4 3 2 1
Blwyddyn   2014 2013 2012 2011 2010

Cedwir pob hawl. Heblaw am ddefnydd a ganiateir o dan gyfraith hawlfraint y DU, ni ellir atgynhyrchu na thrawsyrru unrhyw ran o'r cyhoeddiad hwn mewn unrhyw ffurf na thrwy unrhyw gyfrwng, yn electronig nac yn fecanyddol, gan gynnwys llungopïo a recordio, neu ei chadw mewn unrhyw system storio ac adalw gwybodaeth, heb ganiatâd ysgrifenedig gan y cyhoeddwr neu o dan drwydded yr Asiantaeth Drwyddedu Hawlfraint Cyfyngedig. Mae rhagor o fanylion am drwyddedau o'r fath (ar gyfer atgynhyrchu reprograffig) ar gael gan yr Asiantaeth Drwyddedu Hawlfraint Cyfyngedig, Saffron House, 6-10 Kirby Street, London EC1N 8TS.

Llun y clawr: Dynion o lwyth y Samburu, Kenya, yn tywys pobl ar saffari camelod © Gary Cralle/Riser/Getty Images
Darluniau gan Art Construction a DC Graphic Design Cyf
Cysodwyd mewn Trade Gothic 10.5pt gan DC Graphic Design Cyf, Swanley Village, Kent
Argraffwyd yn yr Eidal

Mae cofnod catalog ar gyfer y teitl hwn ar gael gan y Llyfrgell Brydeinig

ISBN: 978 1 444 11842 1

Cynnwys

Cyflwyniad ... iv
Cydnabyddiaeth ffotograffau ... vi

A Dewisiadau Ffisegol

Thema 7 – Ein Morlin Newidiol — 1
- Beth yw prosesau arfordirol a pha dirffurfiau y maent yn eu creu? — 1
- Sut y mae arfordiroedd yn cael eu rheoli? — 8
- Sut y dylid rheoli amgylcheddau arfordirol yn y dyfodol? — 16

Thema 8 – Tywydd a Hinsawdd — 23
- Beth yw'r gwahaniaethau mewn hinsawdd o fewn y DU? — 23
- Sut y mae'r tywydd yn creu peryglon i bobl? — 31
- A fedrwn ni reoli peryglon tywydd? — 40

Thema 9 – Pethau Byw — 45
- Beth yw bïomau a sut y maent yn gwahaniaethu? — 45
- Sut y mae ecosystemau yn cael eu rheoli? — 52
- Beth yw'r canlyniadau tebygol os yw ecosystemau yn dal i gael eu difrodi? — 60

B Dewisiadau Dynol

Thema 10 – Twristiaeth — 67
- Pam y mae natur twristiaeth yn amrywio o le i le? — 67
- Beth yw effeithiau twristiaeth? — 76
- Sut y mae modd datblygu twristiaeth mewn modd cynaliadwy? — 80

Thema 11 – Newidiadau mewn Adwerthu a Bywyd Trefol — 89
- Ym mha ffyrdd gwahanol y mae canol dinasoedd Ewropeaidd yn cael eu hadnewyddu? — 89
- Beth yw patrymau adwerthu ar hyn o bryd mewn dinasoedd Ewropeaidd? — 96
- Sut y mae newidiadau yn newisiadau defnyddwyr Ewropeaidd yn cael effaith fyd-eang? — 104

Thema 12 – Newid Economaidd a Chymru — 111
- Beth yw'r mathau o waith sydd i'w cael yng Nghymru ar hyn o bryd? — 111
- Beth yw dyfodol cyflogaeth yng Nghymru? — 116
- Pa newidiadau sy'n debygol o ddigwydd yng nghyflenwad egni a'r galw amdano yng Nghymru? — 125

Geirfa ... 133
Mynegai ... 137

Cyflwyniad

Mae TGAU Daearyddiaeth ar gyfer Manyleb A CBAC yn gwrs daearyddiaeth newydd ar gyfer myfyrwyr yng Nghymru a Lloegr. Bydd y pynciau sydd wedi eu dewis yn eich helpu i ddeall y byd rydym yn byw ynddo – byd sy'n prysur newid. Mae'r llyfr hwn yn archwilio materion cyfredol sy'n newid bywydau miliynau o bobl: fel newid hinsawdd, peryglon daeargrynfeydd, llifogydd, pryderon iechyd, globaleiddio a thlodi.

Roeddwn wrth fy modd pan ofynnodd CBAC i mi helpu strwythuro'r cwrs newydd hwn ac rwyf wedi mwynhau ysgrifennu'r llyfr hwn yn fawr. Rwy'n gobeithio y bydd yn ddefnyddiol ar gyfer eich cwrs ac y bydd yn eich ysbrydoli i gymryd mwy o ddiddordeb mewn astudiaethau daearyddol ehangach.

Andy Owen

Prif nodweddion y llyfr

Mae'r llyfr hwn yn cynnwys nodweddion sydd â'r nod o'ch helpu i gael y gorau o'ch cwrs a'ch paratoi ar gyfer eich arholiadau. Y nodweddion hyn yw:

- Gweithgareddau SGD (*GIS*) sy'n egluro sut y mae technoleg ddigidol yn cael ei defnyddio i storio ac adalw gwybodaeth ddaearyddol.
- Cyngor gan un o'r arholwyr, sy'n dangos sut i gael y marciau gorau wrth ateb cwestiynau arholiad cyffredin.
- Adrannau sy'n gofyn i chi ragweld beth allai ddigwydd i ddaearyddiaeth yn y dyfodol, mewn 20, 50 neu 100 o flynyddoedd.
- Astudiaethau achos o leoedd go iawn i roi enghreifftiau o'r cysyniadau rydych wedi eu hastudio.

Systemau Gwybodaeth Ddaearyddol (SGD/*GIS*)

Mae System Gwybodaeth Ddaearyddol (SGD) yn ffordd o storio data daearyddol digidol ar gyfrifiadur neu weinydd. Yn y rhan fwyaf o systemau SGD, bydd y defnyddiwr yn gallu rhyngweithio â'r data i greu tabl, graff neu fap pwrpasol. Mae rhai cwmnïau'n gwerthu rhaglenni SGD sy'n eich galluogi i gasglu, storio a phrosesu data ar system gyfrifiadurol eich ysgol. Fodd bynnag, nid pob ysgol sydd â'r rhaglenni hyn, felly mae'r paneli SGD yn y llyfr hwn yn rhoi cyfeiriadau ambell i wefan SGD ddefnyddiol sydd ar gael yn ddi-dâl ar y rhyngrwyd. Ar y gwefannau hyn gallwch weld a phrosesu'r data a gasglwyd, ond ni allwch ychwanegu eich data eich hun yn y rhan fwyaf o achosion.

Mae'r gallu i gynllunio a chynnal ymholiad (neu ymchwiliad) daearyddol yn rhan hanfodol o'ch cwrs TGAU. Gallwch ddefnyddio'r gwefannau SGD hyn i ddod o hyd i ddata daearyddol a allai fod o gymorth i chi yn eich ymholiadau daearyddol eich hun.

Cyngor Arholwr

Diben y paneli Cyngor Arholwr yw eich helpu i baratoi ar gyfer cwestiynau safonol sy'n cael eu gofyn yn yr arholiadau. Maent wedi eu hysgrifennu gan Dirk Sykes, prif arholwr CBAC, sy'n gyfrifol am osod cwestiynau ac arwain tîm o arholwyr sy'n marcio'r arholiadau.

Cynnwys y paneli Cyngor Arholwr	Tudalen
Defnyddio diagramau i wella eich gradd	4
Disgrifio graff hinsawdd	25
Deall cynlluniau marcio	66
Deall termau allweddol	83
Trefnu eich ymholiad eich hun	102
Deall mapiau	110
Defnyddio adnoddau	115

Daearyddiaeth i'r Dyfodol

Datblygiad cyffrous diweddar ym maes addysg ddaearyddol yw'r syniad y dylem allu defnyddio ein dealltwriaeth o brosesau a phatrymau daearyddol i ragweld beth allai ddigwydd yn y dyfodol. Dyma ran bwysig iawn o'ch cwrs, ac oherwydd hynny mae llawer o dudalennau'r llyfr hwn yn trafod 'Daearyddiaeth i'r Dyfodol'. Mae cynllunio ar gyfer y dyfodol yn gwneud synnwyr, felly mae tudalennau Daearyddiaeth i'r Dyfodol yn ymdrin â materion fel:

- Faint fydd lefel y môr yn codi yn y dyfodol?
- Dyfodol cludiant awyr
- Creu cymunedau gwledig cynaliadwy
- A ddylem gael pŵer llanw ym moryd Hafren?

Astudiaethau achos

Enghraifft fanwl o gysyniad neu fater daearyddol yw astudiaeth achos. Bydd angen i chi ddysgu ambell i astudiaeth achos er mwyn dangos i'r arholwr eich bod yn gwybod am leoedd go iawn. Bydd angen i chi wybod:

- Enw'r lle a lleoliad eich astudiaeth achos yn y byd.
- Enghraifft dda o beth yw'r astudiaeth achos.
- Ychydig o ffeithiau neu ffigurau syml am yr astudiaeth achos.

Mae lleoliad yr astudiaethau achos (sydd y tu allan i'r DU) yn cael eu dangos ar y map o'r byd gyferbyn.

Ffigur 1 Lleoliad yr astudiaethau achos [y tu allan i'r DU] sydd yn y llyfr hwn

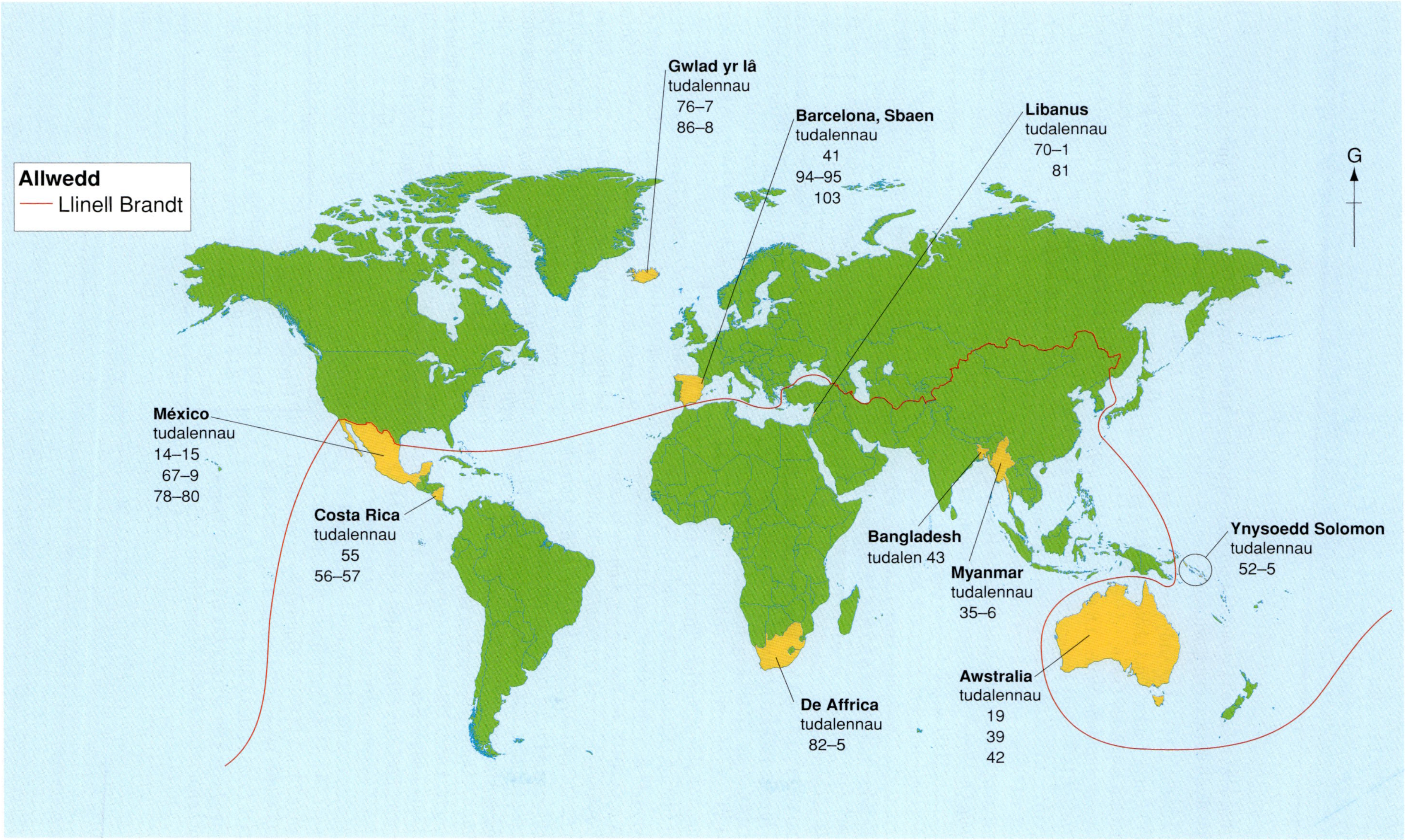

Allwedd
— Llinell Brandt

México
tudalennau
14–15
67–9
78–80

Costa Rica
tudalennau
55
56–57

Gwlad yr Iâ
tudalennau
76–7
86–8

Barcelona, Sbaen
tudalennau
41
94–95
103

Libanus
tudalennau
70–1
81

De Affrica
tudalennau
82–5

Bangladesh
tudalen 43

Myanmar
tudalennau
35–6

Ynysoedd Solomon
tudalennau
52–5

Awstralia
tudalennau
19
39
42

Cydnabyddiaeth ffotograffau

Hoffai'r cyhoeddwyr ddiolch i'r canlynol am roi caniatâd i atgynhyrchu deunyddiau o dan hawlfraint:

t.1 © Andy Owen; **t.2** *i gyd* © Andy Owen; **t.3** © Andy Owen; **t.4** © Patryk Galka/iStockphoto.com; **t.5** *i gyd* © Andy Owen; **t.6** *g* © Andy Owen, *bd a bch* **t.7** © Alamy/Jeremy Moore/PhotolibraryWales; **t.8** © Andy Owen; **t.9** © Andy Owen; **t.11** © Getty Images/Jason Hawkes; **t.13** © GeoPerspectives; **t.15** © PA Photos/AP/Israel Leal; **t.16** © Andy Owen; **t.17** *bch* a **t.19** *bch* © Oliver Malms/iStockphoto.com; **t.20** © Getty Images/Jason Hawkes; **t.23** *bch* © Britain On View/VisitBritain, *bd* © Purestock/photolibrary.com, 2009, *gch* © Fotolia.com/Paul Murphy, *gd* © Ingram Publishing Ltd; **t.24** *ch* © Andy Owen; **t.25** *gch* © Patryk Galka/iStockphoto.com; **t.26** © NEODAAS/Prifysgol Dundee; **t.27** *gch* © NASA; **t.29** © Photolibrary Wales/Steve Lewis; **t.30** *gch* © Glyn Owen; **t.32** © NASA/GSFC; **t.34** © Getty Images/David Goddard; **t.36** © Corbis/EPA/Yu Riq; **t.37** © Getty Images/Frans Lemmens; **t.38** Getty Images/Richard Martin-Roberts; **t.39** *gch* NASA MODIS Aqua, *gd* © Getty Images/AFP/Aris Messinis; **t.43** © Corbis/Tiziana a Gianni Baldizzone; **t.44** © Eye Ubiquitous/Mark Newham/Hutchison; **t.45** *bd* © FLPA/Paul Hobson, *pob un arall* © Andy Owen; **t.46** © Andy Owen; **t.48** *b* © Andy Owen, *c* © Jef Maion/www.maion.com, *g* © NHPA/Martin Harvey; **t.50** *ch* © Jacqui Owen, *d* © Andy Owen; **t.51** © FLPA/Tui De Roy/Minden Pictures; **t.52** © Corbis/Wolfgang Kaehler; **t.53** © Panos/Natalie Behring; **t.54** *i gyd* © Forests Monitor; **t.55** © Panos/Natalie Behring; **t.56** NASA/Goddard Space Flight Centre; **t.57** © Alamy/Celia Mannings; **t.58** © Andy Owen; **t.59** *b* © Alamy/KBImages, *g* © Andy Owen; **t.60** © Jacqui Owen; **t.63** © Photolibrary.com/CC Lockwood; **t.64** *ch* © Getty Images/Ben Cranke, *d* © Corbis/Royalty-Free; **t.65** © FLPA/Gerry Ellis/Minden Pictures; **t.66** © Patryk Galka/iStockphoto.com; **t.67** *i gyd* © Andy Owen; **t.68** *i gyd* © Rex Features/The Travel Library; **t.69** © Andy Owen; **t.70 a 71** © Corbis/Paule Seux/Hemis; **t.72** © Andy Owen; **t.74** *bch* © Oliver Malms/iStockphoto.com; **t.76** *i gyd* © Andy Owen; **t.77** *i gyd* © Andy Owen; **t.78** *b* © *Thin Black Lines* (Tide, 1988), *g* © Alamy/Travelwide; **t.79** © Andy Owen; **t.80** © Andy Owen; **t.83** © Patryk Galka/iStockphoto.com; **t.84** © Alamy/Stuart Abraham; **t.86** © Andy Owen; **t.87** *b* © Rex Features/SplashDownDirect/Heimir Harar, *c* © Andy Owen; **t.88** *bch* © Oliver Malms/iStockphoto.com, *bd* © Still Pictures/Nick Cobbing; **t.89** © Andy Owen; **t.90** *bch* Atgynhyrchwyd y ffotograff gyda chaniatâd Canolfan Siopa Chapelfield, *gch* Defnyddiwyd trwy garedigrwydd Cyngor Dinas Norwich, *cd* X-Leisure Limited, *gd* Amgylchedd, Cludiant a Datblygu/Cyngor Sir Norfolk; **t.91** *bch* © So-Shan Au, *gch* © Fotolia, *cd* Alamy/PhotoSpin, Inc., *gch* Getty Images/George Doyle/Stockdisc; **t.92** *i gyd* © Andy Leeder; **t.94** © Andy Owen; **t.95** *bch* © Andy Owen, *bd* Rex Features/Kevin Foy, *g* © Photolibrary.com/Buckstegen Christoph; **t.98** © Andy Owen; **t.99** logo © All The Little Shops; **t.100** Rex Features/Ray Tang; **t.101** Rex Features/Dimitris Legakis; **t.102** © Patryk Galka/iStockphoto.com; **t.105** © Getty Images/AFP/Simon Maina; **t.106** *bch* © Corbis/Sophie Elbaz/Sygma, *gch* logo War On Want oddi ar www.waronwant.org; **t.107** *i gyd* © PA Photos/Barry Batchelor; **t.108** logo Ailgylchu dros Gymru oddi ar www.craffamwastraff.org.uk; **t.110** © Patryk Galka/iStockphoto.com; **t.111** *bd* logo Go Wales, *ch* © Photolibrary Wales/Jeff Morgan, *gc* © Alamy/David Levenson, *d* © Hawlfraint y Goron (2010) Croeso Cymru; **t.115** © Patryk Galka/iStockphoto.com; **t.117** Photolibrary Wales/Adrian Beese; **t.120** © Cathie Brooks; **t.121** *bd* © Really Welsh Trading Co., *c* Dringo Dan Do yng Nghanolfan Gweithgareddau Llan-gors, ger Aberhonddu, Cymru. Ffôn: 0333 600 20 20. Gwefan: www.activityuk.com, *g* © Cathie Brooks; **t.122** © Oliver Malms/iStockphoto.com; **t.124** *bch* © Oliver Malms/iStockphoto.com, *gd* iStockphoto.com/Andrey Prokhorov; **t.126** © Oliver Malms/iStockphoto.com; **t.129** © Photolibrary Wales/David Angel; **t.130** *bch* Oliver Malms/iStockphoto.com; **t.130-1** *prif lun* © The Times a 27.01.2010/nisyndication.com; **t.132** © James Lees/Ymddiriedolaeth Adar Gwyllt a Gwlyptiroedd.

> **Geirfa**
> Mae'r eirfa ar dudalennau 133–136 yn egluro'r termau sydd mewn teip trwm yn y testun. Cofiwch ei defnyddio!

A Dewisiadau Ffisegol
Thema 7 Ein Morlin Newidiol

Beth yw prosesau arfordirol a pha dirffurfiau y maent yn eu creu?

Ffigur 1 Y morlin yn Vik, de Gwlad yr Iâ

Gweithgaredd

1. Astudiwch Ffigur 1.
   a) Disgrifiwch y tirffurfiau y gallwch eu gweld yn A a B.
   b) Awgrymwch pa brosesau sy'n digwydd yn A, B, C ac CH.

2. Mae pobl wedi pleidleisio dros draeth Vik fel un o 10 traeth gorau'r byd. Trafodwch y syniadau canlynol:
   a) Beth sy'n gwneud un traeth yn well na thraeth arall?
   b) Mae'r dirwedd hon wedi'i defnyddio mewn hysbysebion teledu. Sut y byddech chi'n defnyddio'r dirwedd hon mewn hysbyseb neu ffilm?
   c) Mae tua 60 y cant o boblogaeth Cymru yn byw ar neu ger yr arfordir. Rhestrwch fanteision ac anfanteision posibl byw ger yr arfordir.

Thema 7: Ein Morlin Newidiol

Pa brosesau sy'n cael eu cysylltu â'r môr?

Tonnau sy'n gyfrifol am y grym sy'n llunio ein morlin. Mae tonnau'n cael eu creu gan ffrithiant rhwng y gwynt ac arwyneb y môr. Mae gwyntoedd cryfach yn creu tonnau mwy. Mae tonnau mawr hefyd angen amser a lle i ddatblygu. Felly mae'n rhaid i'r gwynt chwythu am amser hir dros arwynebedd arwyneb mawr o ddŵr i greu tonnau mawr. Byddwn yn cyfeirio at y pellter y mae ton wedi datblygu drosto fel **cyrch**, felly mae'r tonnau mwyaf angen gwyntoedd cryfion a chyrch hir.

Mae'r dŵr mewn ton yn symud mewn cylch. Mae angen llawer o egni i symud y dŵr i fyny ac i lawr. Felly ychydig iawn o egni sydd gan donnau mewn dŵr dwfn i erydu morlin. Fodd bynnag, wrth i don symud i ddŵr bas ger y lan mae ei mudiant yn newid. Mae ffrithiant gyda gwely'r môr yn arafu'r dŵr o dan yr arwyneb tra bod y dŵr ar yr arwyneb yn symud yn ei flaen yn rhydd. Wrth i'r tonnau symud ymlaen a thorri maent yn achosi **erydiad**.

Gweithgaredd

1. Gwnewch gopi o Ffigur 2 a rhowch y labeli canlynol yn y mannau priodol.
   - Tonnau yn y dŵr dyfnach
   - Mudiant mewn cylch
   - Ton yn torri
   - Dŵr yn cael ei daflu ymlaen
   - Ffrithiant gyda gwely'r môr

Ffigur 2 Mudiant dŵr mewn ton

Prosesau erydiad arfordirol

Mae màs o 1 cilogram gan bob litr o ddŵr. Felly mae màs o 2 dunnell fetrig, sy'n debyg i bwysau car teulu mawr, gan don 2,000 litr (ton gymharol fach). Mae tonnau mawr sy'n taro troed clogwyn dro ar ôl tro yn gallu achosi difrod enfawr drwy broses **gweithred hydrolig**. Mae effaith taro cyson y tonnau ar y gylchfa gul hon yn creu **rhic tonnau**. Mae clogwyni sydd eisoes wedi'u gwanhau gan ffawtiau neu graciau yn gallu dymchwel ac mae pen y clogwyn yn **encilio** i gyfeiriad y tir. Mae encilio arfordirol yn digwydd yn arbennig o gyflym ar ddarnau o arfordir Môr y Gogledd yn Lloegr. Ar rai rhannau o'r morlin yma mae clogwyni yn encilio 2 m y flwyddyn ar gyfartaledd. Mae'r **llyfndir tonnau** yn Ffigur 3 wedi'i greu gan enciliad graddol y clogwyni.

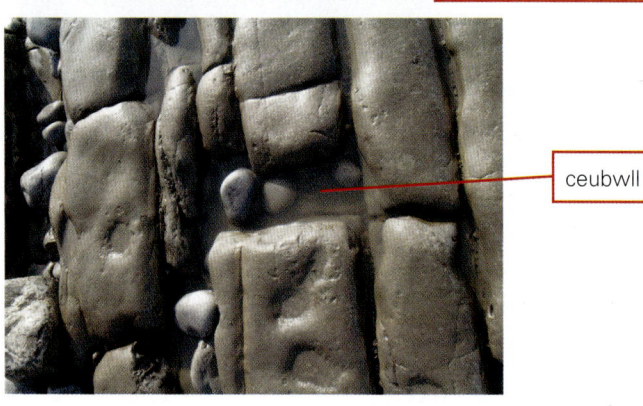

ffawtiau fertigol yn y llyfndir tonnau

ceubwll

Ffigur 3 Glan greigiog Arfordir Treftadaeth Morgannwg

Thema 7: Ein Morlin Newidiol

Prosesau erydu

- **Gweithred hydrolig** – mae tonnau'n taro yn erbyn y clogwyn, gan gywasgu'r dŵr a'r aer yn y craciau a gwahanu'r creigiau.

- **Sgrafelliad** – mae tonnau'n codi creigiau o wely'r môr neu'r traeth ac yn eu taro yn erbyn y clogwyni.

- **Cyrydiad** – mae mwynau fel calsiwm carbonad (prif elfen creigiau sialc a chalchfaen) yn hydoddi'n araf yn nŵr y môr.

- **Athreuliad** – mae'r môr yn codi tywod a cherigos ac yn eu taro yn erbyn ei gilydd, gan achosi iddynt fynd yn llai ac yn fwy crwn.

Ffigur 4 Pedair proses erydiad arfordirol

Anodiadau ar Ffigur 5:
- Mae planau haenu llorweddol a ffawtiau fertigol yn y graig yn llinellau o wendid sy'n gallu cael eu herydu'n gyflym gan weithred hydrolig.
- Mae màs enfawr o greigiau yn hongian dros y rhic. Dyma'r darn o glogwyn fydd yn dymchwel nesaf.
- Creigiau sydd wedi disgyn yn ddiweddar. Bydd y malurion hyn yn torri grym y tonnau ac felly, am gyfnod o leiaf, yn diogelu'r clogwyn y tu ôl iddynt yn erbyn nerth y tonnau.
- Mae tonnau'n defnyddio cerigos o'r traeth i erydu rhic wrth droed y clogwyn drwy broses sgrafellu.

Ffigur 5 Tystiolaeth o erydiad mewn clogwyni ar Arfordir Treftadaeth Morgannwg

Ar fap, mae'r llinell las sy'n dangos morlin y DU yn edrych fel nodwedd sefydlog a pharhaol. Mewn gwirionedd, mae'r morlin yn amgylchedd sy'n newid drwy'r amser. Weithiau, mae'n gallu newid dros nos wrth i sawl tunnell fetrig o ddefnydd traeth gael eu herydu neu wrth i ddarn mawr o glogwyn ddisgyn yn dilyn stormydd.

Gweithgaredd

2 Astudiwch Ffigurau 3 a 4.
 a) Defnyddiwch y termau erydu cywir i gwblhau'r anodiadau isod.
 Mae ffawtiau yn y graig yn mynd yn fwy llydan yn ystod y broses...sef pan fydd...
 Mae clogfeini ar y traeth yn grwn oherwydd...
 Mae'r ceubwll hwn wedi'i sgwrio i mewn i'r graig gan...
 b) Gwnewch fraslun syml o Ffigur 3 ac ychwanegwch eich anodiadau.

3 Trafodwch Ffigur 5 a'i anodiadau.
 a) Gwnewch restr (neu linell amser) yn nodi'r hyn sy'n digwydd ar y clogwyn hwn yn y drefn gywir.
 b) Gwnewch restr arall (neu linell amser) yn awgrymu beth fydd yn digwydd i'r clogwyn hwn dros y blynyddoedd nesaf.
 c) Bydd y morlin hwn yn encilio tua 20–40 m dros y 100 mlynedd nesaf. Gwnewch gyfres o ddiagramau syml i ddangos sut y mae'r broses hon o encilio yn creu'r llyfndir tonnau creigiog o flaen y clogwyn.

Thema 7: Ein Morlin Newidiol

Cyngor Arholwr

Defnyddio diagramau i wella eich gradd

Mae Daearyddiaeth yn bwnc gweledol iawn ac mae'r gallu i greu diagramau a llinfapiau o ansawdd da yn sgìl daearyddol pwysig. Mae'n bosibl y bydd angen i chi gynnwys diagram fel rhan o'ch ateb yn yr arholiad, a bydd yr arholwr yn chwilio am ddiagram clir, cywir a manwl gyda labeli. Mae'n rhaid i ddiagramau a brasluniau fod yn glir a dangos nodweddion pwysig. Bydd labeli ac anodiadau yn helpu i ddisgrifio ac egluro'r nodweddion daearyddol pwysig.

Anodi a labelu

Gair gorchymyn yw *anodwch* sy'n gofyn i chi ychwanegu nodiadau eglurhaol. Mae'n fwy na *labelu* sy'n gofyn am un gair neu ymadrodd byr yn unig.

Cwestiwn enghreifftiol

Gwnewch ddiagramau anodedig i ddisgrifio ac egluro sut y mae natur y graig a phrosesau erydiad yn newid safle clogwyn y môr dros amser. [6]

Ateb myfyriwr 1

[Diagram: braslun clogwyn yn dangos Siâl calchaidd a Calchfaen carbonifferaidd, uchder 4.80m, gydag anodiadau:]
- Creigiau garw oherwydd diffyg sgrafelliad – allan o gyrraedd y môr.
- Ymylon llyfn o ganlyniad i sgrafelliad.
- Mae planau haenu llorweddol yn sefydlogi'r adeiledd.
- Ogof wedi'i ffurfio gan wendidau yn y creigiau.

Ateb myfyriwr 2

[Tri diagram yn dangos Tir a Môr dros amser, gydag anodiadau:]
- Mae'r broses hon yn parhau gan greu tandoriad.
- Mae'r môr yn ymosod ar ac yn erydu gwaelod y clogwyn.
- Mae'r tandoriad yn mynd yn ddyfnach ac yn ddyfnach ac mae'r clogwyn yn disgyn yn y pen draw.

Sylwadau'r arholwr!

Gwneud braslun maes da

Mae ateb 1 yn fraslun maes da. Mae'n daclus, yn fanwl ac mae'r anodiadau'n glir er yn brin o fanylion. Er enghraifft, gallai'r ymgeisydd fod wedi egluro bod siâl yn graig fwy meddal sy'n erydu'n haws, sy'n golygu bod gan broffil y clogwyn flociau o galchfaen mwy gwydn sy'n 'ymestyn allan' ac felly mae'r proffil yn debyg i risiau. (Roedd y braslun wedi'i seilio ar Forlin Treftadaeth Morgannwg.)

Mae'r diagramau yn ateb 2 yn glir ac yn dangos dilyniant dros amser. Fodd bynnag, gallai'r ymgeisydd fod wedi eu gwella drwy gynnwys manylion am natur y graig, fel y gofynnwyd yn y cwestiwn, er enghraifft, haenu llorweddol. Nid oes digon o fanylion yn yr anodiadau ac maent yn disgrifio yn hytrach nag yn egluro. Byddai modd eu gwella drwy ychwanegu manylion e.e. yn niagram 1 gallai'r ymgeisydd egluro bod y môr yn ymosod ar y clogwyn rhwng llanw uchel a llanw isel gan erydu drwy brosesau sgrafelliad a gweithred hydrolig. Mae'r ateb hwn yn werth 4 marc, lefel 2.

Cynllun Marcio

Lefel Un (1-2 farc) Mae'n bosibl nad yw'r diagramau o ansawdd da. Gall anodiadau fod yn ddisgrifiadol yn bennaf, gan ddangos dealltwriaeth gyfyngedig. Eglurhad cyfyngedig o brosesau.

Lefel Dau (3-4 marc) Diagramau clir. Mae anodiadau'n dangos dealltwriaeth o'r newidiadau i glogwyn môr dros amser. Gall prosesau gael eu nodi ond nid eu hegluro'n llawn.

Lefel Tri (5-6 marc) Diagramau clir a manwl. Mae anodiadau'n dangos dealltwriaeth o sut y mae natur y creigiau a phrosesau erydu yn newid safle clogwyn y môr. Eglurhad clir o'r prosesau.

Thema 7: Ein Morlin Newidiol

Cyngor Arholwr

Mae clogwyni o greigiau mwy meddal a chleiau wedi'u herydu'n hawdd

Yr hyn sy'n weddill o res gul o galchfaen gwydn iawn

Ffigur 6 Cildraeth ar forlin Jwrasig Dorset

Ymarfer arholiad

1. Dychmygwch eich bod yn ymweld â morlin Jwrasig Dorset. Gwnewch fraslun maes o'r ffotograff yn Ffigur 6. Anodwch eich braslun maes yn eich geiriau eich hun i egluro'r prosesau a arweiniodd at ffurfio'r cildraeth yn y ffotograff. Mae dwy label eisoes wedi'u cynnwys i'ch helpu. [6]

2. Astudiwch Ffigur 7.
   a) Nodwch a labelwch y tirffurfiau canlynol ar Ffigur 7:
   clogwyn môr, traeth, pentir, stac. [4]
   b) Anodwch y ffotograff i ddisgrifio ac egluro sut y gall prosesau erydu arwain at newidiadau i'r pentir dros amser. [4]

3. Gyda chymorth diagramau wedi'u labelu, eglurwch sut y mae prosesau gwahanol a natur creigiau yn cyfrannu at ffurfio baeau a phentiroedd. [6]

Ffigur 7 Pentiroedd, baeau a staciau yn Ynysoedd Aolia, yr Eidal

Thema 7: Ein Morlin Newidiol

Prosesau traethau a thwyni tywod

Mae traethau yn amgylcheddau dynamig. Mewn geiriau eraill, mae egni'r gwynt a'r tonnau wrthi drwy'r amser yn symud gwaddod ac yn newid siâp y traeth. Yn y mannau lle y mae'r tonnau yn cyrraedd y traeth ar ongl, mae rhywfaint o'r gwaddod yn cael ei symud ar hyd y morlin mewn proses o'r enw **drifft y glannau**. Fodd bynnag, mae'r rhan fwyaf o'r gwaddod yn cael ei symud i fyny ac i lawr y traeth. Mae pob ton yn cludo gwaddod i fyny'r traeth yn y **torddwr** ac i lawr eto yn y **tynddwr**. Mae'r holl symud hyn yn defnyddio llawer o egni'r don, felly mae traeth llydan, trwchus yn amddiffyniad naturiol da yn erbyn erydiad arfordirol.

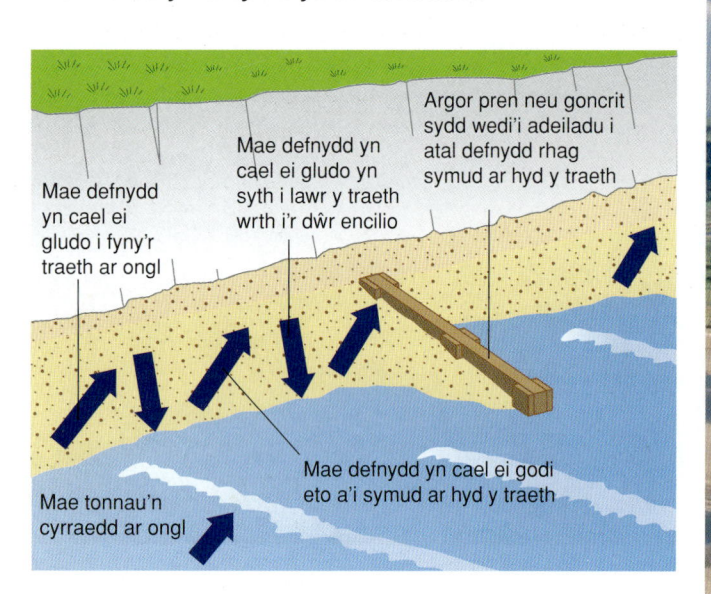

Ffigur 8 Gwaddod yn cael ei gludo gan broses drifft y glannau

Ffigur 9 Yr olygfa o draeth y Borth a welir o'r clogwyni i'r de o'r gefnen gerigos

Thema 7: Ein Morlin Newidiol

Y Borth — Astudiaeth achos o waddod yn symud yn y Borth ar arfordir Ceredigion

Mae'r tywod a'r cerigos ar draethau'n dod o'r amgylchedd lleol fel arfer. Gall rhywfaint o'r gwaddod ddod o glogwyni cyfagos os ydynt yn cael eu herydu gan y tonnau. Mae llawer o siltiau a thywod mwy mân yn cael eu cludo i lawr i'r arfordir gan afonydd. Mae'r gwaddod hwn yn cael ei **ddyddodi** yn y foryd wedyn neu mewn **bar alltraeth** wrth geg yr afon. Bydd yn cael ei olchi i'r traeth gan dorddwr y tonnau a'i ddyddodi ar y traeth.

Yn y Borth ar arfordir Ceredigion, mae yna gefnen gerigos sy'n ffurfio **tafod** ar ochr ddeheuol y foryd. Daeth y cerigos hyn o glogwyni i'r de. Mae Ffigur 9 yn dangos y prosesau sy'n cyflenwi ac yn cludo defnydd ar y morlin hwn.

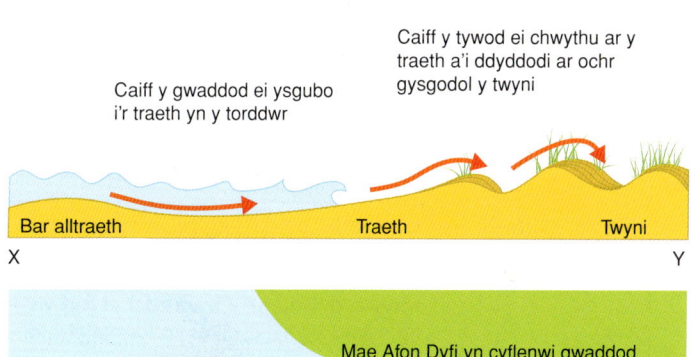

Caiff y gwaddod ei ysgubo i'r traeth yn y torddwr

Caiff y tywod ei chwythu ar y traeth a'i ddyddodi ar ochr gysgodol y twyni

Bar alltraeth — Traeth — Twyni
X — Y

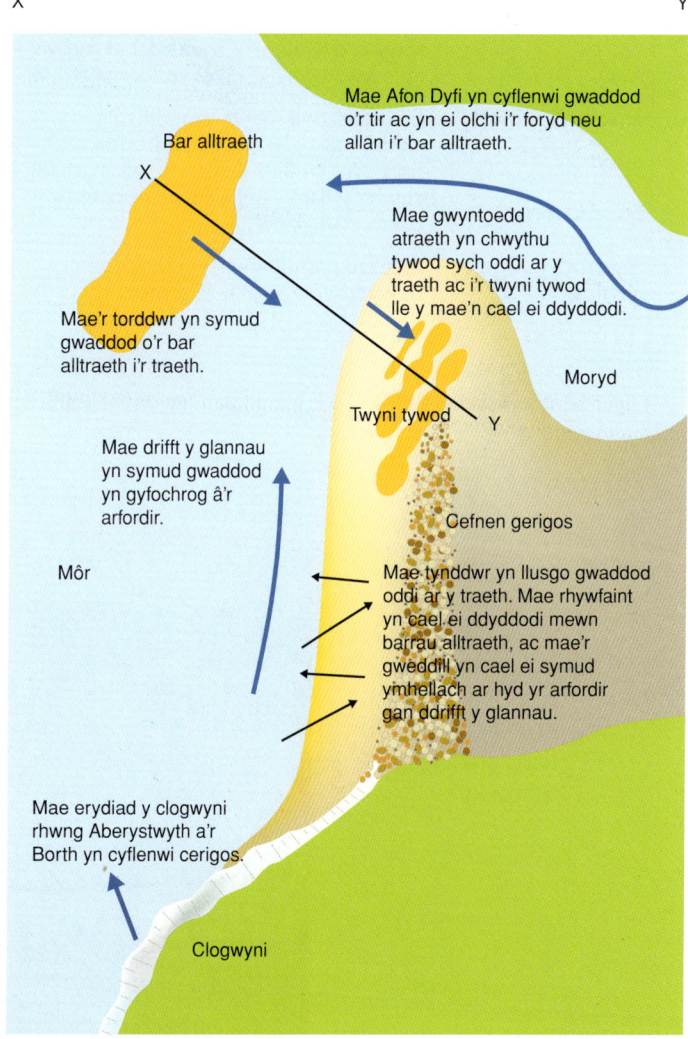

Ffigur 10 Y twyni tywod yn Ynyslas o gyfeiriad Aberdyfi ar ochr ogleddol moryd Afon Dyfi

Mae Afon Dyfi yn cyflenwi gwaddod o'r tir ac yn ei olchi i'r foryd neu allan i'r bar alltraeth.

Bar alltraeth

Mae gwyntoedd atraeth yn chwythu tywod sych oddi ar y traeth ac i'r twyni tywod lle y mae'n cael ei ddyddodi.

Mae'r torddwr yn symud gwaddod o'r bar alltraeth i'r traeth.

Moryd

Twyni tywod

Mae drifft y glannau yn symud gwaddod yn gyfochrog â'r arfordir.

Môr

Cefnen gerigos

Mae tynddwr yn llusgo gwaddod oddi ar y traeth. Mae rhywfaint yn cael ei ddyddodi mewn barrau alltraeth, ac mae'r gweddill yn cael ei symud ymhellach ar hyd yr arfordir gan ddrifft y glannau.

Mae erydiad y clogwyni rhwng Aberystwyth a'r Borth yn cyflenwi cerigos.

Clogwyni

Ffigur 11 Gwaddod y traeth yn cael ei gludo yn y Borth ac Ynyslas ar arfordir Ceredigion

Gweithgaredd

1. Disgrifiwch y tirffurfiau a welir yn A, B ac C ar Ffigurau 9 a 10.

2. Astudiwch Ffigurau 8, 9 ac 11. Defnyddiwch ddiagram anodedig i egluro ffurfiant y gefnen gerigos lle y mae pentref y Borth wedi'i adeiladu.

3. Astudiwch Ffigurau 10 ac 11. Gwnewch fraslun o Ffigur 10. Anodwch y braslun i egluro'r prosesau sydd wedi creu'r twyni tywod yn C.

Thema 7: Ein Morlin Newidiol

Sut y mae arfordiroedd yn cael eu rheoli?
Cynlluniau Rheoli Traethlinau

Mae cymunedau arfordirol yn disgwyl i'r llywodraeth helpu i'w hamddiffyn rhag erydiad a llifogydd arfordirol. Fodd bynnag, mae rheoli'r morlin yn ddrud iawn. Yn ogystal, nid oes unrhyw ddyletswydd gyfreithiol ar y llywodraeth i adeiladu amddiffynfeydd arfordirol i amddiffyn pobl neu eu heiddo. Cyfrifoldeb cynghorau lleol Cymru a Lloegr yw paratoi **Cynllun Rheoli Traethlin (CRhT)** ar gyfer eu darn nhw o arfordir. Wrth benderfynu a oes angen adeiladu amddiffynfeydd arfordirol newydd ai peidio (neu atgyweirio hen amddiffynfeydd) mae'n rhaid i'r cyngor lleol bwyso a mesur manteision adeiladu'r amddiffynfeydd yn erbyn y costau. Gallant ystyried ffactorau fel:

- Faint o bobl sy'n cael eu bygwth gan erydiad a beth yw gwerth eu heiddo?
- Beth fyddai cost ailadeiladu isadeiledd fel ffyrdd neu reilffyrdd pe baent yn cael eu dinistrio?
- A oes nodweddion hanesyddol neu naturiol a ddylai gael eu gwarchod? A oes gan y nodweddion hyn werth economaidd, er enghraifft drwy ddenu ymwelwyr i'r ardal?

Dewis	Disgrifiad	Sylw
Gwneud dim	Gwneud dim a gadael i'r tir gael ei erydu'n raddol.	Mae hwn yn ddewis posibl os yw gwerth y tir yn llai na'r gost o adeiladu amddiffynfeydd morol, sy'n gallu bod yn ddrud iawn.
Cadw'r llinell	Defnyddio peirianneg galed fel argorau (grwynau) pren neu graig a waliau môr concrit i amddiffyn y morlin, neu roi mwy o dywod ar y traeth fel ei fod yn amsugno egni'r tonnau yn fwy effeithiol.	Mae'n costio tua £6,000 y metr i adeiladu waliau môr. Wrth i lefel y môr godi, mae angen cynnal a chadw amddiffynfeydd o'r fath yn gyson, a bydd angen adeiladu rhai mwy yn y pendraw. Oherwydd hyn, dim ond pan fydd y tir sy'n cael ei warchod yn arbennig o werthfawr y defnyddir peirianneg galed fel arfer.
Encilio'r llinell	Gwneud twll mewn amddiffynfa arfordirol sydd eisoes yn bodoli fel bod dŵr yn llifo dros y tir yn naturiol rhwng y llanw isel a'r llanw uchel (y parth rhynglanw).	Mae twyni tywod a morfeydd heli yn rhwystr naturiol i lifogydd ac yn helpu i amsugno egni'r tonnau. Maent yn addasu'n naturiol i lefelau'r môr sy'n newid drwy broses erydu wrth yr ochr atfor a phroses ddyddodi ymhellach i mewn i'r tir.
Symud y llinell ymlaen	Adeiladu amddiffynfeydd arfordirol newydd yn agosach at y môr.	Mae angen project peirianneg enfawr i wneud hyn a dyma'r dewis drutaf. Mantais y dewis hwn yw y byddai tir newydd, gwastad ar gael i'w ddefnyddio fel porthladd neu faes awyr o bosibl.

Ffigur 12 Y dewisiadau sydd ar gael i gynghorau lleol wrth baratoi Cynllun Rheoli Traethlin

Gweithgaredd

1 Defnyddiwch Ffigurau 13 a 14.
   a) Disgrifiwch yr adeileddau hyn.
   b) Eglurwch sut y maent wedi helpu i amddiffyn y Borth rhag erydiad a llifogydd.

Ffigur 13 Argorau pren ar draeth y Borth

Thema 7: Ein Morlin Newidiol

Rheoli yn y Borth, Ceredigion

Mae pentref y Borth wedi'i adeiladu ar ben deheuol cefnen gerigos, neu dafod, sy'n ymestyn i foryd Afon Dyfi. Mae argorau (grwynau) pren yn dal y tywod ar y traeth. Mae'r tywod yn amsugno egni'r tonnau ac yn atal tonnau rhag erydu'r gefnen gerigos. Fodd bynnag, mae'r argorau mewn cyflwr gwael ac ni fyddant yn effeithiol am lawer hirach. Beth y dylid ei wneud?

Mae Cynllun Rheoli Traethlin Ceredigion yn gwahanu'r arfordir yn Unedau Rheoli (URh) bach. Mae Ffigur 15 yn dangos ffiniau pump o'r Unedau Rheoli hyn.

Ffigur 14 Y wal fôr bren ar ben uchaf y gefnen gerigos.

Gweithgaredd

2 Gweithiwch mewn parau.
   Defnyddiwch Ffigur 15 i ddarparu tystiolaeth map sy'n awgrymu bod yr arfordir hwn yn werth ei amddiffyn. Copïwch a llenwch y tabl isod ac ychwanegwch o leiaf bum darn arall o dystiolaeth.

URh	
16.2	Byddai'n ddrud adeiladu gorsaf drenau newydd yn lle'r un yn 609901
16.3	
16.4	Mae'r maes gwersylla yn 6192 yn darparu swyddi lleol
17.1	

3 Darllenwch Ffigur 12 yn ofalus. Beth fyddai eich dewis ar gyfer URh16.2?

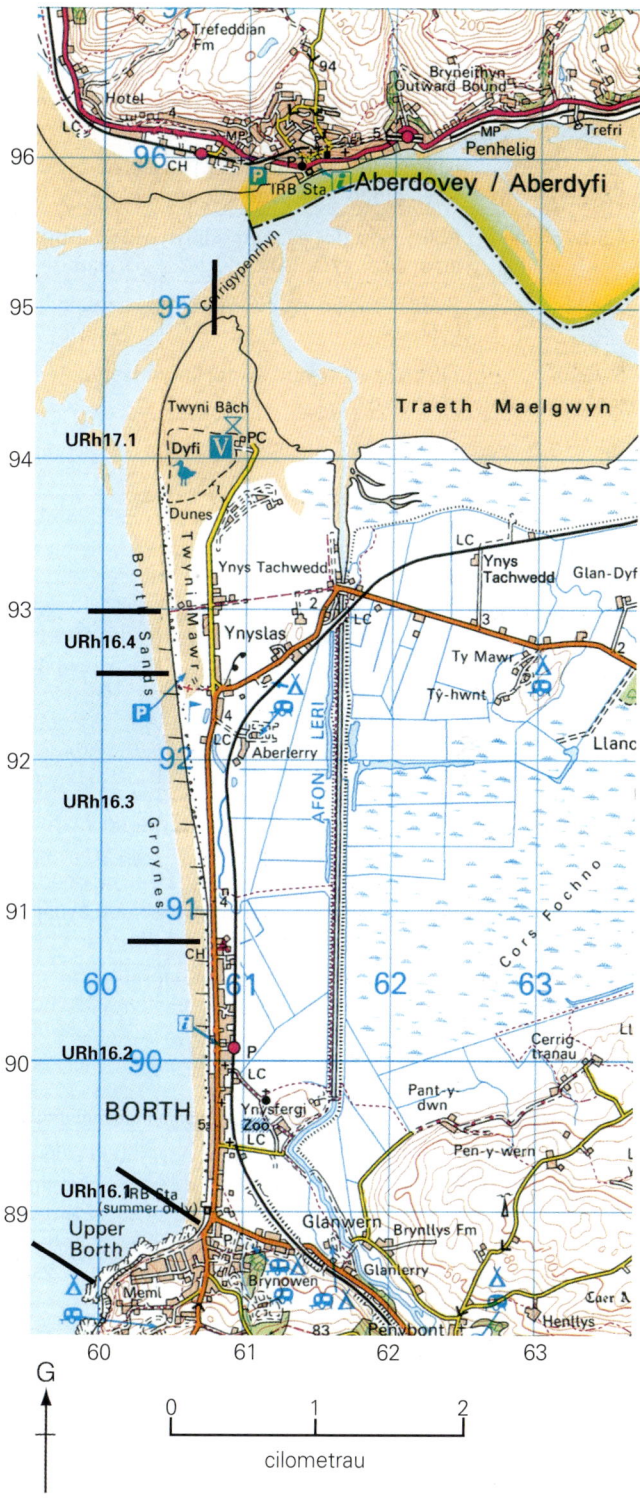

Ffigur 15 Rhanfap Arolwg Ordnans ar gyfer y Borth. Graddfa 1:50,000 Taflen 135

Thema 7: Ein Morlin Newidiol

Pa ddull rheoli arfordirol sy'n addas i'r Borth?

Penderfynodd Cyngor Ceredigion fod angen ystyried ymhellach ddau ddewis posibl ar gyfer URh16.2. Darllenwch y sylwadau yn Ffigur 17 cyn penderfynu beth fyddech chi'n ei wneud.

Gwneud dim	Colli eiddo a cholled economaidd yn y tymor byr. Newid i Gors Fochno.	Ystyried ymhellach
Cadw'r llinell	Polisi cyfredol sy'n amddiffyn eiddo a busnesau. Amharu ar brosesau arfordirol gyda llai o ddrifft y glannau.	Ystyried ymhellach
Encilio	Byddai encilio yn effeithio ar gartrefi sy'n union y tu ôl i'r llinell amddiffyn gyfredol.	Heb ei ystyried ymhellach
Symud ymlaen	Dim angen symud y morlin ymlaen ac eithrio i wella'r cyfleusterau i ymwelwyr.	Heb ei ystyried ymhellach

Ffigur 16 Penderfyniad gwreiddiol Cyngor Ceredigion ar gyfer URh16.2

> Mae tywod o ben deheuol y traeth yn cael ei erydu'n raddol gan ddrifft y glannau ac yn cael ei symud i gyfeiriad y gogledd. Mae'r broses hon yn digwydd yn gyflymach nag y mae tywod newydd yn cael ei ddyddodi. Mae'r traeth yn mynd yn fwy cul ac yn ei chael hi'n fwy anodd amddiffyn y gefnen gerigos (y mae pentref y Borth yn sefyll arni) yn erbyn erydiad. Os nad yw'r cyngor yn gweithredu, bydd tonnau adeg stormydd yn torri drwy'r gefnen gerigos a bydd dŵr y môr yn llifo dros dre'r Borth a Chors Fochno. Gallai hynny ddigwydd o fewn y 10 i 15 mlynedd nesaf. Bydd dŵr y môr yn llifo dros y fawnog yng Nghors Fochno pan fydd y llanw'n uchel a bydd ecosystem bresennol y gors yn diflannu. Dros y blynyddoedd nesaf bydd mwy o dyllau yn ymddangos yn y gefnen gerigos oherwydd erydiad. Bydd tafod newydd o gerigos yn ffurfio ymhellach i'r dwyrain yn y pen draw. Bydd y twyni tywod yn Ynyslas yn cael eu torri i ffwrdd mwy na thebyg, gan ffurfio ynys fechan.

Gwyddonydd

> Mae traeth a thirwedd y tafod, gan gynnwys y twyni tywod yn Ynyslas, yn ased economaidd pwysig i'r pentref. Yr amgylchedd naturiol hwn sy'n denu miloedd o ymwelwyr bob blwyddyn. Os nad yw'r cyngor yn gweithredu bydd fy nghartref i a chartrefi llawer o bobl eraill yn dioddef o lifogydd a bydd pobl leol yn colli eu bywoliaeth.

Perchennog busnes gwely a brecwast

> Mae angen amddiffyn y fawnog yng Nghors Fochno rhag llifogydd. Mae'n ecosystem o bwysigrwydd cenedlaethol a rhyngwladol. Mae'n cael ei diogelu fel Ardal Gadwraeth Arbennig ac yn cael ei chydnabod gan UNESCO. Nid yw 'gwneud dim' yn ddewis derbyniol.

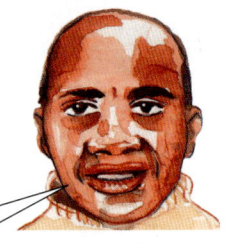

Gwyddonydd

> Rydym yn amcangyfrif bod eiddo ym mhentref y Borth yn werth £10.75 miliwn. Ar ben hynny, byddai llawer o fusnesau lleol yn colli incwm o dwristiaeth os nad ydym yn gweithredu. Mae'n costio tua £7 miliwn i gadw'r llinell. Fodd bynnag, rydym yn poeni y bydd adeiladu argorau newydd yn atal drifft y glannau. Mae'n rhaid i ni ystyried effaith hynny. Ar hyn o bryd mae'r gwaddod yn symud i Ynyslas lle y mae'n creu amddiffynfa naturiol i'r foryd gyfan (gan gynnwys pentref Aberdyfi sy'n fwy o ran maint) yn erbyn stormydd de-orllewinol.

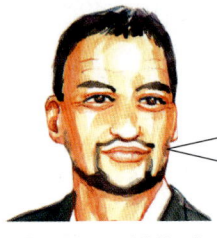

Cynghorydd lleol

Ffigur 17 Sylwadau ar reoli URh16.2 yn y dyfodol

Gweithgaredd

1. Mewn parau, darllenwch Ffigur 17 cyn llenwi copi o'r tabl hwn.

	Gwneud dim	Cadw'r llinell
Effeithiau economaidd		
Effeithiau cymdeithasol		
Effeithiau amgylcheddol		

2. Nodwch pa ddewis y byddech chi'n ei argymell. Eglurwch pam mai eich dewis chi yw'r un gorau ar gyfer y darn hwn o'r arfordir.

3. A fyddech wedi gwneud penderfyniad gwahanol ar gyfer URh16.3 neu 17.1? Eglurwch pa ddewis rheoli y mae'n werth ei ystyried ar gyfer pob un o'r darnau hyn o'r morlin.

Thema 7: Ein Morlin Newidiol

Essex

Rheoli'r perygl o lifogydd arfordirol: astudiaeth achos yn Essex

Tref glan-môr yn Essex yw Jaywick. Mae'r môr wedi gorlifo dros y tir gwastad hwn sawl gwaith. Digwyddodd y llifogydd gwaethaf ym mis Ionawr 1953 pan foddodd 37 o bobl yn ystod **ymchwydd storm**. Mae gwasgedd isel yn yr atmosffer yn cael effaith fawr iawn ar y môr. Wrth i'r gwasgedd aer ddisgyn yn ystod storm, mae lefelau'r môr yn codi mewn chwydd anferth o'r enw ymchwydd storm.

Ffigur 18 Morfeydd heli o'r awyr. Dyma'r math o amgylchedd sydd i'w ddarganfod yn sgwâr grid 0913 yn Ffigur 23.

Ffigur 19 Ymchwydd storm oherwydd gwasgedd isel

Morfeydd heli a fflatiau llaid yw llawer iawn o'r tir ar ymylon y plwyf, ac mae'r rhain wedi bod yn orlifdir naturiol ers canrifoedd. Wrth i'r ardal gael ei datblygu cafodd adeiladau eu codi ar y gorlifdiroedd hyn heb ystyried beth allai ddigwydd pe bai lefel y môr yn codi'n annisgwyl. Dyna ddigwyddodd rhwng 31ain Ionawr a'r 1af Chwefror 1953, digwyddiad tywydd gwaethaf y ganrif ddiwethaf. Cafodd arfordir yr Alban ac yna dwyrain Lloegr ei daro gan gyfuniad o lanw uchel ac ardal o wasgedd isel dwfn yn symud i'r de-ddwyrain o Wlad yr Iâ i Fôr y Gogledd a bu i ymchwydd storm daro'r arfordir. Gorlifodd y dŵr dros 1,000 milltir o'r morlin, bu'n rhaid symud dros 30,000 o bobl o'u cartrefi a bu farw 307 o bobl. Yn Essex, gorlifodd y dŵr dros 50,000 erw o dir a bu farw 113 o bobl.

Credir bod pobl yn byw mewn dros 200 o'r 1,700 o fyngalos chalet yn Jaywick ar y pryd, a'r dref hon gafodd ei tharo waethaf. Torrodd wal y môr mewn 22 o leoedd ar hyd glan moryd Afon Colne a gorlifodd y dŵr ar draws morfeydd St Osyth i gefn Jaywick. Nid oedd neb yn disgwyl i'r dŵr ddod o'r cyfeiriad hwn, ac i wneud pethau'n waeth wedyn, cafwyd mwy o doriadau yn y lan ar hyd traeth St Osyth. Boddodd 35 o bobl yn Jaywick. Boddodd y ddau berson oedd yn rhedeg y siop groser ym Mae Point Clear hefyd.

Ffigur 20 Rhan o wefan llywodraeth leol St Osyth yn disgrifio llifogydd 1953

Ffigur 21 Rhagfynegi codiad yn lefel y môr yn Jaywick

Blwyddyn	2007	2032	2057	2082	2107
Codiad yn lefel y môr (cm)	0	13	35	65	102

Gweithgaredd

4. Defnyddiwch Ffigur 19 i roi dau eglurhad ar gyfer y codiad yn lefel y môr yn ystod ymchwydd storm.

5. Defnyddiwch Ffigur 21 i wneud graff o'r codiad yn lefel y môr sy'n cael ei ragfynegi yn Jaywick.

6. Dychmygwch eich bod yn byw yn Jaywick. Darllenwch Ffigur 20. O ystyried bod llawer o'r tir yn forfa heli ac yn fflatiau llaid, a yw'n synhwyrol i bobl barhau i fyw yma? Crynhowch y dadleuon o blaid pob un o'r strategaethau rheoli arfordirol canlynol:
   a) Cadw'r llinell
   b) Encilio'r llinell.

Thema 7: Ein Morlin Newidiol

Rheoli'r arfordir yn Jaywick

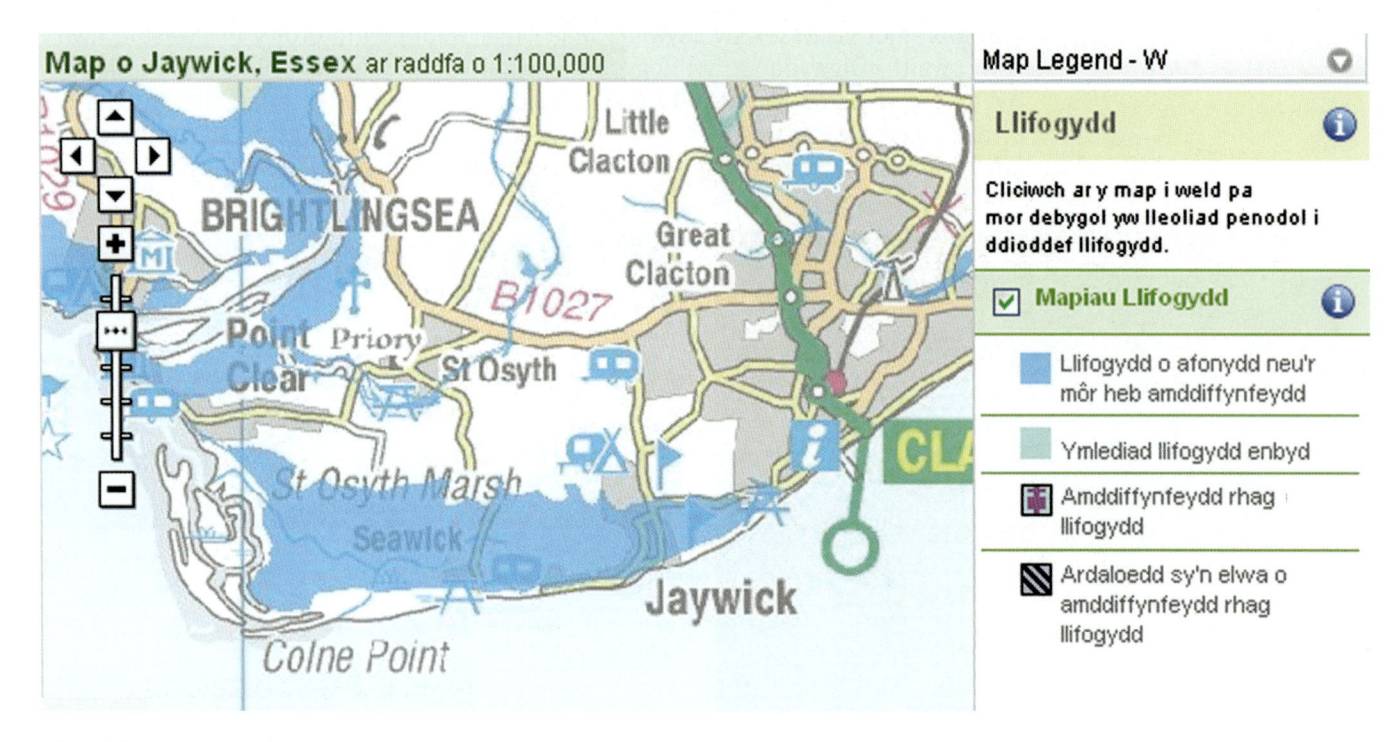

Ffigur 22 Sgrinlun o wefan Asiantaeth yr Amgylchedd yn dangos ardaloedd ger Jaywick sydd mewn perygl o lifogydd arfordirol

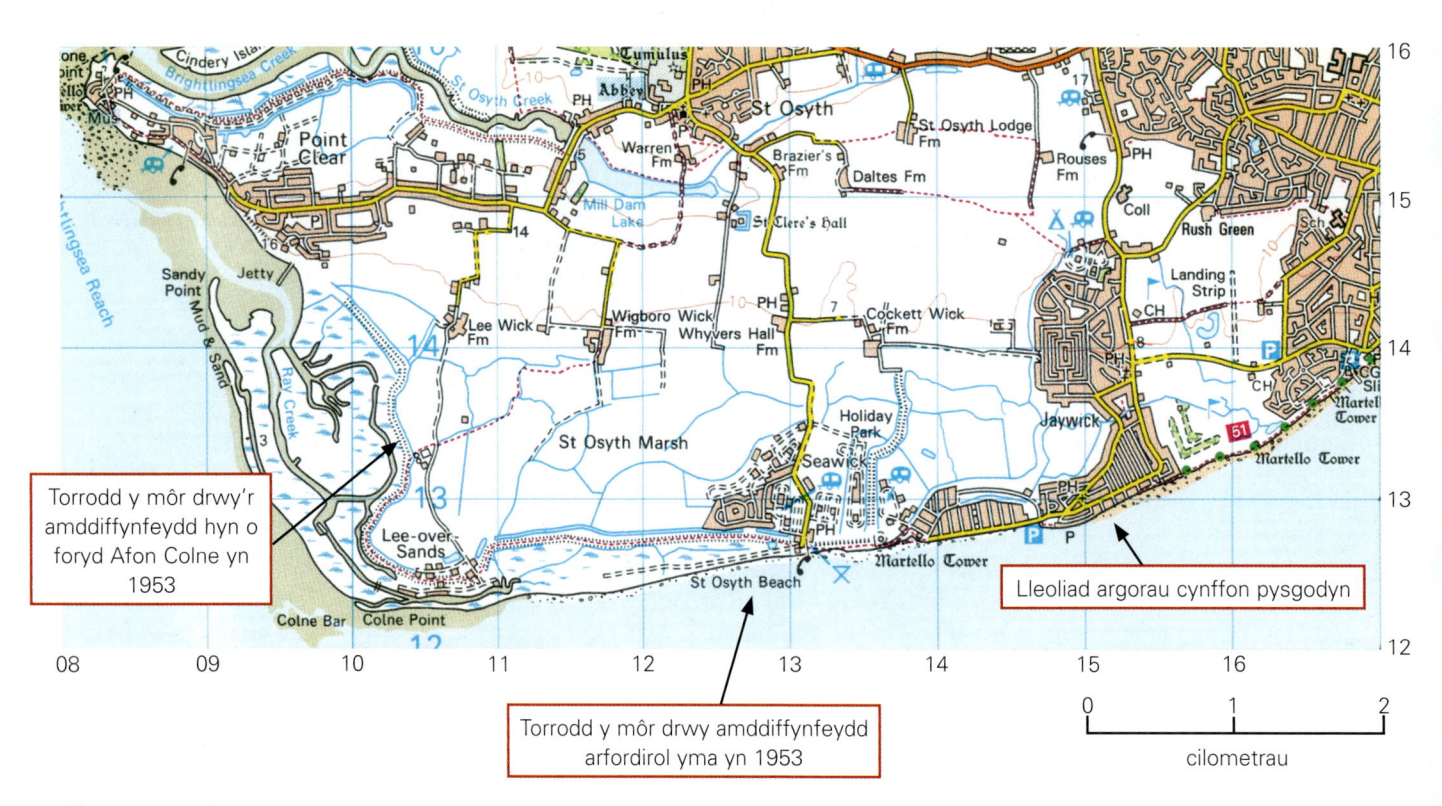

Torrodd y môr drwy'r amddiffynfeydd hyn o foryd Afon Colne yn 1953

Torrodd y môr drwy amddiffynfeydd arfordirol yma yn 1953

Lleoliad argorau cynffon pysgodyn

Ffigur 23 Rhanfap Arolwg Ordnans o Colne Point a Jaywick. Graddfa 1:50,000 Taflen 169

Thema 7: Ein Morlin Newidiol

Ffigur 24 Ffotograff o Jaywick a dau forglawdd o'r awyr

(Labels on photo: B, C, Argorau cynffon pysgodyn, Riff artiffisial)

Ers 1953 bu'n rhaid cryfhau amddiffynfeydd y môr yn Jaywick sawl gwaith. Mae erydiad parhaus y tywod o'r traeth yn lleihau amddiffyniad wal y môr ac mae cerigos yn ymosod arno wrth gael eu taro yn ei erbyn gan y tonnau (sgrafelliad). Yn ystod y blynyddoedd diwethaf mae erydiad arfordirol wedi cael ei reoli drwy ddefnyddio dulliau **peirianneg galed** a **meddal**. Ystyr peirianneg galed yw defnyddio adeileddau artiffisial fel **waliau môr** a **morgloddiau** i arafu erydiad neu atal llifogydd. Peirianneg feddal yw defnyddio defnyddiau naturiol fel tywod i gymryd lle gwaddod sydd wedi'i erydu o'r traeth.

Mae Ffigur 24 yn dangos dau forglawdd o siapiau gwahanol. Ychwanegwyd morglawdd arall yn 2009. Defnyddir blociau o wenithfaen o Sweden i adeiladu'r morgloddiau. Mae pob bloc yn pwyso 6-8 tunnell fetrig ac maent yn rhy drwm i gael eu herydu gan symudiadau'r tonnau. Maent wedi eu cynllunio i arafu'r tonnau ac i annog dyddodiad tywod rhwng y morglawdd a'r traeth. Maent hefyd yn arafu, ond nid yn atal, drifft y glannau. Yn y cynllun diweddaraf, sugnwyd 250,000 tunnell fetrig o dywod o far tywod alltraeth cyn cael eu pwmpio drwy bibellau i'r traeth. Costiodd y cynllun cyfan £10 miliwn ac mae'n amddiffyn 2,600 o adeiladau. Dylai atal llifogydd sy'n 4.1 m yn uwch na lefel arferol y môr. Dyma'r math o lifogydd sy'n cael eu hachosi gan wasgedd aer isel a thonnau enfawr. Gallai llifogydd fel hyn ddigwydd unwaith bob 200 mlynedd ar gyfartaledd.

Gweithgaredd

1 Disgrifiwch y dirwedd yn Ffigur 23.

2 Roedd mwyafrif y marwolaethau yn 1953 ar stad dai Broadlands yn B (Ffigur 24). Defnyddiwch y rhanfap Arolwg Ordnans i nodi cyfeiriad grid yr ardal hon.

3 Cymharwch led y traeth yn C ar y map a'r ffotograff. Beth mae hyn yn ei awgrymu am lwyddiant neu fethiant y beirianneg galed?

4 Defnyddiwch Ffigurau 22 a 23 i nodi aneddiadau sydd mewn perygl o lifogydd arfordirol.

5 Defnyddiwch dystiolaeth o Ffigurau 20, 22, 23 a 24 i greu llinfap o Jaywick a'r ardal a ddioddefodd lifogydd yn 1953. Anodwch y llinfap i ddangos o le daeth y llifogydd, yr ardaloedd a effeithiwyd a pham y lledaenodd y llifogydd mor gyflym.

6 a) Defnyddiwch dystiolaeth o'r map Arolwg Ordnans a Ffigur 24 i nodi cyfeiriad drifft y glannau.
   b) Awgrymwch sut y gallai'r morgloddiau yn Jaywick effeithio ar brosesau arfordirol yn Colne Point.

7 Brasluniwch Ffigur 24. Anodwch y braslun i ddangos sut y mae'r cynllun rheoli arfordirol yn amddiffyn y darn hwn o'r morlin.

13

Thema 7: Ein Morlin Newidiol

México

Rheoli traeth Cancún

Mae ardal wyliau Cancún ym México wedi'i hadeiladu ar fardraeth hir, tenau yng ngogledd-ddwyrain gorynys Yucatán. Fel tafodau hir a **tombolos** eraill, ffurfiwyd bardraeth Cancún-Nizuc gan broses drifft y glannau sy'n cludo gwaddod yn gyfochrog â'r arfordir. Mae'r traeth tywod gwyn yn atyniad mawr i ymwelwyr. Mae hefyd yn helpu i amsugno egni'r tonnau ac amddiffyn yr ardal wyliau rhag ymchwydd storm. O ganlyniad, mae angen rheoli'r traeth yn ofalus.

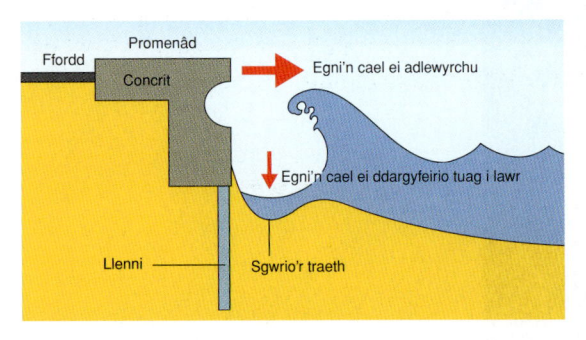

Cafodd traeth Cancún ei erydu'n ddifrifol gan Gorwynt Gilbert yn 1988 ac eto gan Gorwynt Wilma, a darodd yr ardal yn 2005. Fodd bynnag, mae gwyddonwyr yn credu bod pobl ar fai hefyd am y ffaith bod tywod yn cael ei golli o'r bardraeth. Cafodd tywod ei gymryd o'r traeth yn ystod y 1970au a'r 80au i'w ddefnyddio i adeiladu'r gwestai. Adeiladodd rhai gwestai waliau môr fertigol i amddiffyn eu heiddo. Mae'r rhain yn dargyfeirio egni'r tonnau tuag i lawr gan sgwrio tywod o'r traeth. Mae gwyddonwyr yn ofni bod y newidiadau hyn wedi gadael yr ardal yn fwy agored i erydiad arfordirol a llifogydd yn ystod stormydd trofannol.

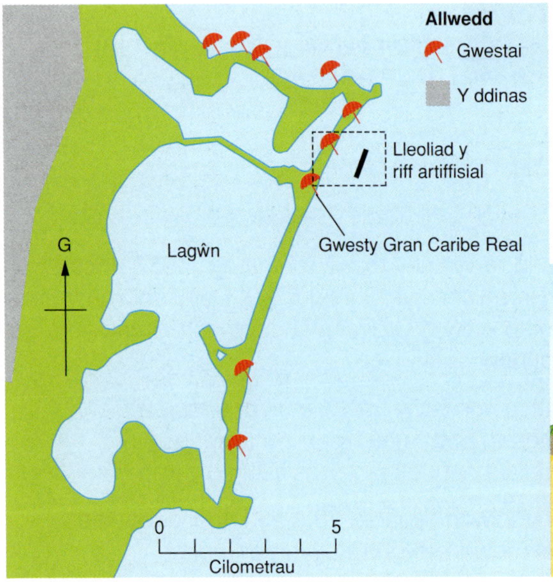

Ffigur 25 Gall waliau môr a gynlluniwyd yn wael arwain at erydiad y traeth

Riffiau artiffisial

Yn 1998 aeth peirianwyr ati i bwmpio cymysgedd o ddŵr y môr a thywod i mewn i sawl tiwb ffabrig o'r enw *sandtainers*. Gosodwyd y tiwbiau hyn mewn dwy linell i wneud pâr o riffiau artiffisial yn gyfochrog â'r lan. Roedd y riff gorffenedig yn 800 m o hyd. Roedd yn annog gwaddod i gael ei ddyddodi y tu ôl i'r riff ac ar y traeth hefyd.

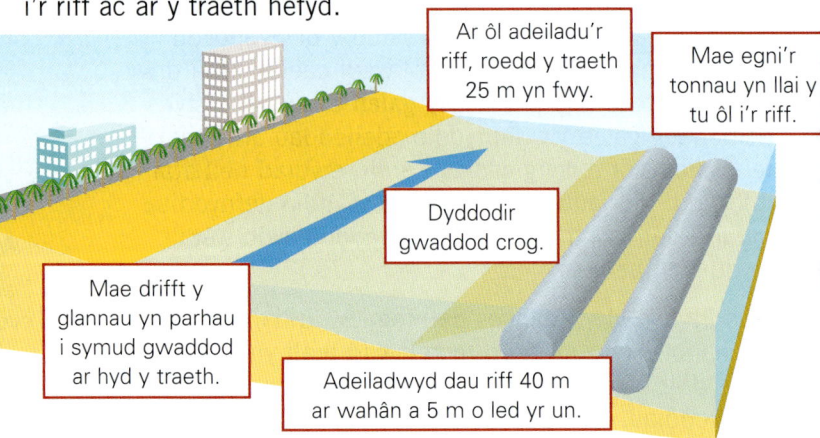

Ffigur 26 Map o fardraeth Cancún-Nizuc a manylion y riff artiffisial a adeiladwyd yn 1998

Gweithgaredd

1. Disgrifiwch sut y mae'r morlin yn Cancún wedi effeithio ar yr economi lleol.
2. Gwnewch gopi o Ffigur 26. Nodwch gyfeiriad drifft y glannau arno. Defnyddiwch eich diagram i egluro sut y ffurfiwyd y tirffurf hwn.
3. Darllenwch Ffigur 27. Defnyddiwch eich map o fardraeth Cancún-Nizuc i egluro sut y byddai adeiladu morglawdd neu argor y tu allan i'r Gwesty Gran Caribe Real yn:
   a) cynyddu busnes y gwesty
   b) effeithio ar y gwestai ymhellach ar hyd y traeth (nodwch a fyddai'n effeithio ar westai i'r gogledd neu i'r de).
4. Defnyddiwch yr astudiaeth achos hon i egluro pam y dylai'r cyngor lleol benderfynu sut y mae'r arfordir yn cael ei reoli yn hytrach na thirfeddianwyr unigol.

Thema 7: Ein Morlin Newidiol

Ailgyflenwi'r traeth

Ar 21 Hydref 2005, cafodd Cancún ei tharo gan Gorwynt Wilma, a difrodwyd gwestai a thraethau'r ardal yn ddifrifol. Roedd rhaid gwario $1.5 biliwn i atgyweirio'r difrod a achoswyd gan Wilma. Un o'r problemau mwyaf oedd ceisio atgyweirio'r difrod i'r traeth. Roedd ymchwydd y storm wedi erydu miliynau o dunelli o dywod o draeth Cancún. Roedd y traeth gwreiddiol yn 20 m o led gyda thywod gwyn mân. Cafodd y tywod i gyd ei erydu gan donnau'r storm, gan adael y llyfndir tonnau creigiog oddi tanodd.

Defnyddiwyd dull o'r enw **ailgyflenwi'r traeth** i atgyweirio'r traeth. Gwnaed y gwaith gan gwmni peirianneg o Wlad Belg, Jan de Nul, a defnyddiwyd cwch i garthu tywod o wely'r môr a'i bwmpio yn ôl i'r traeth. Sugnwyd tua 2.7 miliwn m^3 o dywod o ddau fanc tywod alltraeth. Roedd y traeth newydd yn 45 m o led ac yn 12 km o hyd. Cymerodd y gwaith chwe mis gan orffen ym mis Mehefin 2006. Mae ailgyflenwi'r traeth yn enghraifft o beirianneg feddal, sy'n defnyddio defnyddiau naturiol, tywod yn yr achos hwn, yn hytrach na defnyddiau artiffisial fel concrit.

Holi gwestai 'rhyfel y traeth' ynglŷn â dwyn tywod

Syfrdanwyd nifer o ymwelwyr pan welsant dâp safle trosedd o amgylch eu darn bach o baradwys ar draeth Cancún ddydd Iau. Gyda chymorth aelodau o lynges México, aeth swyddogion gorfodi amgylcheddol ati i gau dwsinau o fetrau o'r tywod gwyn o flaen gwesty sy'n cael ei gyhuddo o gronni tywod ar ei draeth yn anghyfreithlon.

Gwariodd México $19 miliwn UDA ar ailgyflenwi traethau Cancún a gafodd eu golchi i ffwrdd gan Gorwynt Wilma yn 2005. Ond mae llawer o'r tywod a bwmpiwyd o wely'r môr wedi'i olchi i ffwrdd ers hynny, ac mae perchenogion rhai adeiladau wedi adeiladu morgloddiau mewn ymgais i gadw tywod ar y traeth. Yn aml iawn, fodd bynnag, mae'r arfer hwn yn golygu bod traethau ymhellach i lawr na'r morgloddiau yn dechrau colli tywod.

'Heddiw rydym wedi penderfynu cau'r darn hwn o dywod a gronnwyd yn anghyfreithlon,' meddai Patricio Patron, twrnai cyffredinol México dros amddiffyn yr amgylchedd. 'Roedd y gwesty hwn yn dweud wrth ei ymwelwyr: "Dewch yma, mae gennym dywod ... does gan y gwestai eraill ddim tywod, gan ein bod ni wedi'i ddwyn."'

Dywedodd Patron fod pump o bobl wedi'u cadw yn y ddalfa o dan amheuaeth o ddefnyddio pympiau i symud tywod o waelod y môr i'r traeth o flaen Gwesty Gran Caribe Real. Mae'r gwesty hefyd o dan amheuaeth o adeiladu morglawdd yn anghyfreithlon, gan rwystro llif naturiol tywod i draethau gwestai eraill.

Ffigur 27 Adroddiad newyddion ynglŷn â gwrthdaro dros reoli'r traeth yn Cancún, México, 31 Gorffennaf 2009

Gweithgaredd

5 Defnyddiwch dystiolaeth o dudalennau 8-15 i gwblhau'r tabl canlynol. Dylech sicrhau eich bod yn disgrifio ac yn egluro pob mantais ac anfantais.

Math o reolaeth	Enghreifftiau	Manteision	Anfanteision
Peirianneg galed	Morgloddiau yn Jaywick	Caiff cartrefi eu hamddiffyn felly...	
	Argorau yn y Borth		
	Waliau môr yn Cancún		
Peirianneg feddal	Ailgyflenwi'r traeth		Mae'n rhaid ailadrodd y broses mewn ychydig o flynyddoedd oherwydd...
	Riff *sandtainer* artiffisial yn Cancún		

Thema 7: Ein Morlin Newidiol

Sut y dylid rheoli amgylcheddau arfordirol yn y dyfodol?
Pam y mae lefelau'r môr yn newid a sut y bydd y newidiadau hyn yn effeithio ar bobl?

Pam y mae lefelau'r môr yn newid?

Mae lefelau'r môr yn codi. Dechreuodd gwyddonwyr yn Amsterdam yn yr Iseldiroedd fesur lefel y môr yn 1700, a chymerwyd mesuriadau tebyg yn Lerpwl yn 1768. Mae mesuriadau o Ewrop ac UDA dros y 100 mlynedd diwethaf yn profi bod lefelau'r môr wedi codi tua 180 mm (1.8 mm y flwyddyn ar gyfartaledd). Newid hinsawdd yw'r rheswm pennaf am hyn. Mae tymheredd uwch yn cael dwy effaith:

- Mae dŵr cynnes yn ehangu ychydig o ran cyfaint, felly wrth i'r cefnforoedd gynhesu mae'r lefel yn codi ychydig hefyd.
- Mae'r llenni iâ sy'n gorchuddio rhannau mawr o Antarctica a Grønland yn ymdoddi. Wrth i'r iâ ymdoddi, mae dŵr sydd wedi cael ei storio fel iâ am ddegau o filoedd o flynyddoedd yn llifo i'r cefnforoedd.

Ffigur 28 Mae'r mynyddoedd iâ hyn wedi torri i ffwrdd o len iâ anferth Vatnajokull yng Ngwlad yr Iâ. Wrth iddynt ymdoddi, mae eu dŵr yn llifo i Gefnfor Gogledd Iwerydd, gan gynyddu faint o ddŵr sydd yn y cefnfor hwnnw.

Pam y mae rhai morlinau mewn mwy o berygl nag eraill?

Yn ogystal â'r codiad cyffredinol o 1.8 mm y flwyddyn yn lefelau'r môr, mae rhai morlinau mewn mwy o berygl nag eraill oherwydd ffactorau lleol. Mae hyn oherwydd bod rhai arfordiroedd yn ymsuddo. Mae mwy nag un rheswm posibl dros **ymsuddiant**.

- Mae morydau a deltâu afonydd yn ymsuddo o dan eu pwysau eu hunain. Mae delta afon, fel un Afon Mississippi yn UDA, wedi'i wneud o filiynau o dunelli metrig o waddod wedi'i gywasgu'n llac a dŵr. Wrth i fwy o waddod gael ei ddyddodi, mae'r gronynnau yn cywasgu mwy ac mae'r dŵr yn cael ei wasgu allan. Mae rhannau o ddinas New Orleans yn UDA yn ymsuddo 28 mm y flwyddyn.
- Mewn rhai ardaloedd o Loegr mae'r gramen wedi bod yn ymsuddo ers i'r iâ ymdoddi 10,000 o flynyddoedd yn ôl ar ddiwedd yr Oes Iâ. Roedd rhannau o ogledd y DU o dan haenau trwchus o iâ trwm ac roedd y gramen yn cael ei gywasgu i lawr. Pan ymdoddodd yr iâ, dechreuodd y gramen yn y rhan hon o'r DU godi'n araf. Ar yr un pryd, dechreuodd rhan ddeheuol y DU ymsuddo. Enw'r broses hon yw **adlam olrewlifol**. Mae de-ddwyrain Lloegr yn ymsuddo tua 2 mm y flwyddyn oherwydd hyn.

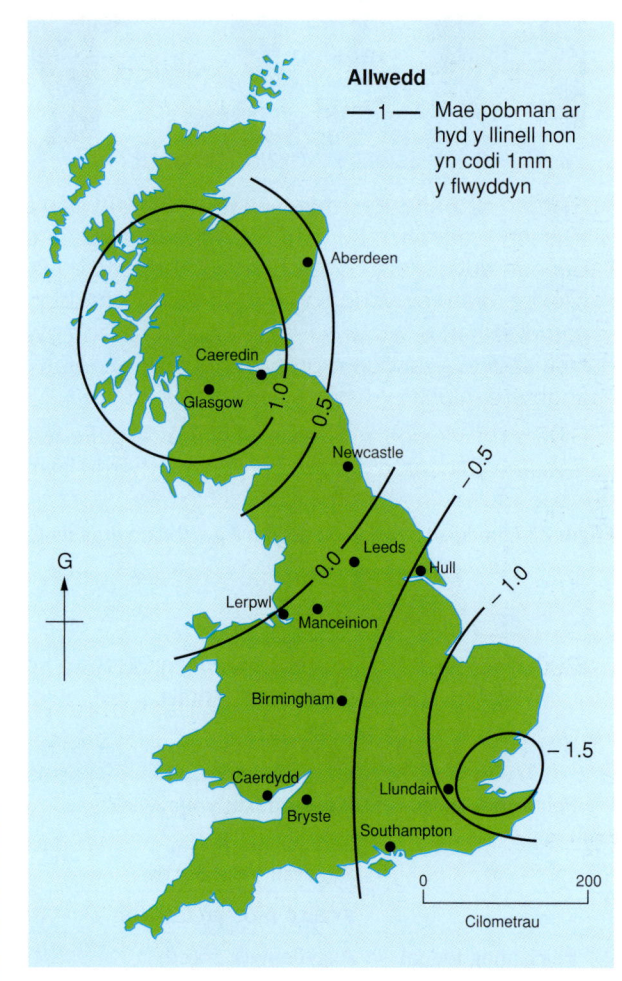

Ffigur 29 Lefel yr adlam olrewlifol (mm y flwyddyn). Mae rhifau positif yn golygu bod y tir yn codi mewn perthynas â lefel y môr ac mae rhifau negatif yn golygu bod y tir yn suddo.

Gweithgaredd

1. Defnyddiwch Ffigur 29 i ddisgrifio'r rhannau o'r DU lle:
   a) mae'r tir yn codi gyflymaf
   a) mae'r tir yn suddo gyflymaf.

2. Gwnewch boster neu gyflwyniad ar gyfrifiadur sy'n egluro pam y mae lefelau'r môr yn codi.

Thema 7: Ein Morlin Newidiol

Daearyddiaeth i'r dyfodol

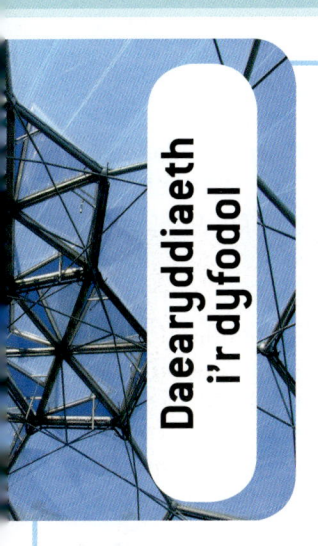

Faint fydd lefel y môr yn codi yn y dyfodol?

Mae yna amrywiaeth barn sylweddol ynglŷn â faint fydd lefel y môr yn codi yn y dyfodol. Mae gwyddonwyr yn defnyddio modelau cyfrifiadurol i ragfynegi beth fydd yn digwydd. Maent yn cofnodi data sydd eisoes wedi'u harsylwi ynglŷn â phethau fel allyriadau carbon deuocsid, lefelau'r môr a'r tymheredd, ar y model cyfrifiadurol, sydd wedyn yn cynhyrchu rhagfynegiad. Y broblem yw bod y prosesau sy'n digwydd yn ein hatmosffer, ein cefnforoedd a'n llenni iâ yn gymhleth iawn ac mae'n anodd eu modelu'n gywir mewn rhaglen gyfrifiadurol. Mae rhai o'r rhagfynegiadau gwahanol hyn wedi'u dangos yn rhan borffor Ffigur 31. Mae gwyddonwyr yn cytuno y byddai lefel y môr yn codi rhwng 6 a 7 m ar draws y byd pe bai llen iâ Grønland yn ymdoddi'n gyfan gwbl. Mae'n debyg y byddai'r broses hon yn cymryd cannoedd neu filoedd o flynyddoedd, er bod tystiolaeth ddiweddar yn awgrymu bod iâ Grønland yn ymoddi'n gyflymach na'r disgwyl.

Symudiad tir fertigol oherwydd adlam olrewlifol (mm y flwyddyn)	Codiad yn lefel y môr (mm y flwyddyn)			
	1990–2025	2025–2055	2055–2085	2085–2115
–0.5	3.5	8.0	11.5	14.5

Ffigur 30 Rhagfynegiad o'r newid yn lefel y môr yng Nghymru a de-orllewin Lloegr. Ffynhonnell: Defra

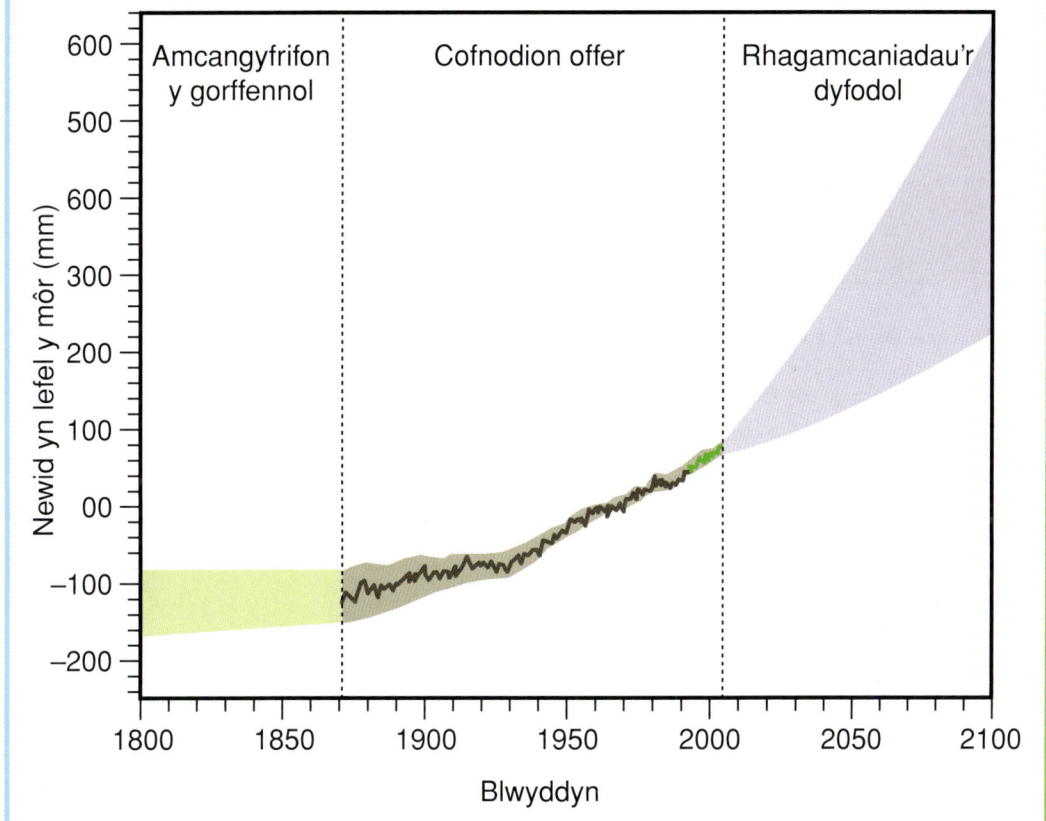

Ffigur 31 Codiad yn lefel y môr

Gweithgaredd

1. **a)** Dewiswch dechneg briodol i roi data Ffigur 30 ar ffurf graff.
   b) Cyfrifwch nifer y blynyddoedd ym mhob un o'r pedwar cyfnod amser. Lluoswch hyn â chyfanswm y codiad yn lefel y môr bob blwyddyn ym mhob cyfnod. Faint fydd lefel y môr wedi codi ar gyfartaledd yng Nghymru erbyn 2115?

2. Astudiwch Ffigur 31.
   a) Disgrifiwch siâp y graff rhwng 1870 a 2000.
   b) Defnyddiwch ffigurau'r graff i ddisgrifio amrediad yr amcangyfrifon ar gyfer y codiad yn lefel y môr erbyn 2010.

Thema 7: Ein Morlin Newidiol

Sut y bydd y newidiadau hyn i'n morlin ni yn effeithio ar bobl?

Bydd codiad yn lefelau'r môr yn cyflymu erydiad arfordirol. Bydd mwy o dir fferm yn cael ei golli a bydd angen mwy o amddiffynfeydd y môr drud i geisio atal erydiad ein trefi a'n dinasoedd. Mae newid hinsawdd hefyd yn creu atmosffer cynhesach, gan arwain at fwy o stormydd, fel yr ymchwydd storm erchyll a achosodd lifogydd yn Jaywick yn 1953.

Mewn ardaloedd trofannol, bydd yr atmosffer cynhesach yn arwain at gorwyntoedd mwy o faint a mwy aml a fydd yn achosi llifogydd mewn ardaloedd arfordirol. Gallai hyn gael effaith wael ar economi dwristaidd ardal y Caribî wrth i draethau gael eu herydu. Mae'r tir yn isel iawn ar ynysoedd bach fel y Maldives yng Nghefnfor India ac Ynysoedd Marshall yn y Cefnfor Tawel. Byddai codiad o 1 m yn lefel y môr erbyn 2100 yn golygu bod 75 y cant o dir y gwledydd hyn o dan y dŵr.

Y cymunedau arfordirol a fyddai'n cael eu heffeithio waethaf fyddai'r rhai a leolir ar brif ddeltâu afon y byd. Mae pobl sy'n byw yma yn cael eu heffeithio gan ymsuddiant y tir meddal yn ogystal â'r codiad yn lefel y môr. Mae miliynau o bobl yn byw ar ddeltâu yn Bangladesh, yr Aifft, Nigeria, Gwlad Thai a Cambodia. Bydd pobl yn gorfod ffoi. Byddent yn **ffoaduriaid amgylcheddol**.

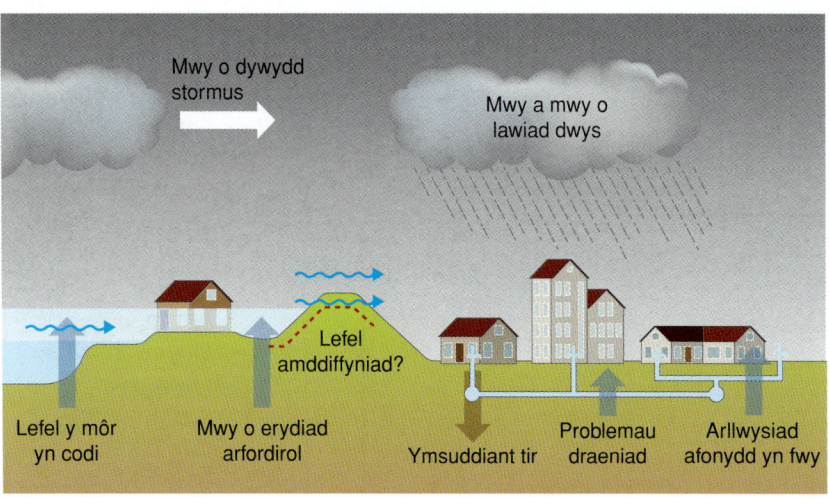

Ffigur 32 Rhai o effeithiau newid hinsawdd ar ein morlin erbyn 2050

Gweithgaredd

1 Defnyddiwch Ffigur 32 i ddisgrifio pum effaith wahanol y codiad yn lefel y môr ar gymunedau arfordirol yn y DU.

Gweithgaredd

2 Defnyddiwch Ffigur 33 ac atlas i enwi:
   a) pum sir yn Lloegr sy'n wynebu erydiad arfordirol eithafol
   b) tair sir yng Nghymru sy'n wynebu cyfraddau erydu uchel iawn.

3 Awgrymwch sut y gallai codiad yn lefel y môr effeithio ar:
   a) bobl dlawd sy'n byw mewn ardaloedd arfordirol isel yn Bangladesh
   b) y diwydiant ymwelwyr yn y Caribî.

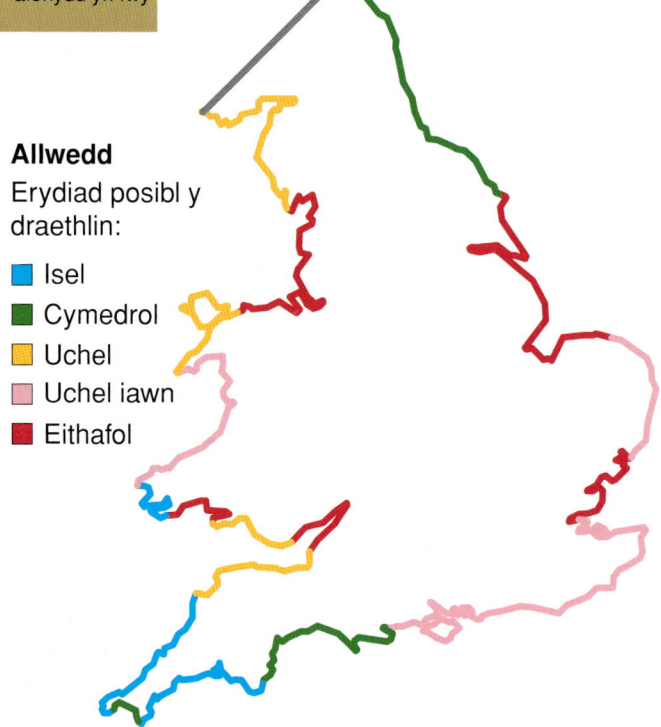

Allwedd
Erydiad posibl y draethlin:
- Isel
- Cymedrol
- Uchel
- Uchel iawn
- Eithafol

Ffigur 33 Erydiad arfordirol os yw allyriadau carbon deuocsid yn parhau i gynyddu a lefelau'r môr yn codi

Thema 7: Ein Morlin Newidiol

Daearyddiaeth i'r dyfodol

Beth yw'r ffordd fwyaf gynaliadwy o reoli ein morlin wrth i lefelau'r môr godi?

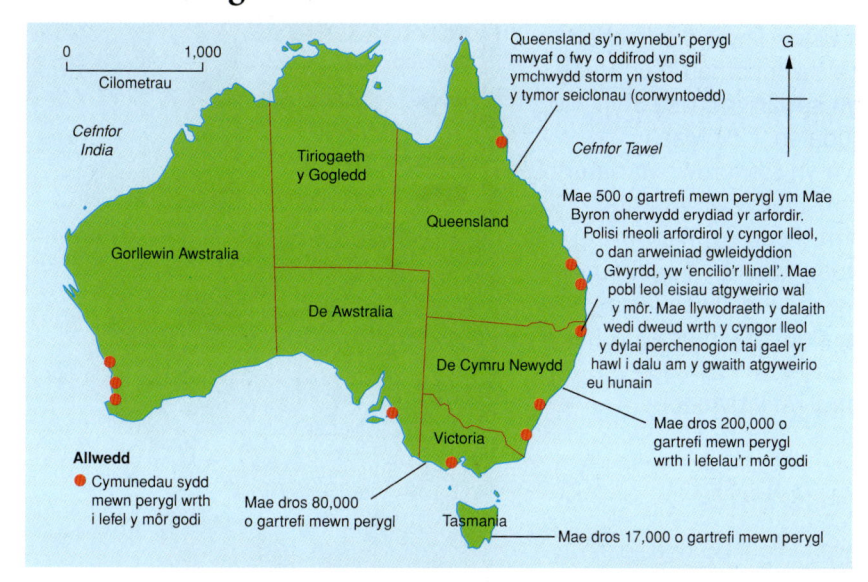

Ffigur 34 Ardaloedd sydd, yn ôl llywodraeth Awstralia, o dan fygythiad wrth i lefel y môr godi

Anodiadau ar y map:
- Queensland sy'n wynebu'r perygl mwyaf o fwy o ddifrod yn sgil ymchwydd storm yn ystod y tymor seiclonau (corwyntoedd)
- Mae 500 o gartrefi mewn perygl ym Mae Byron oherwydd erydiad yr arfordir. Polisi rheoli arfordirol y cyngor lleol, o dan arweiniad gwleidyddion Gwyrdd, yw 'enciliio'r llinell'. Mae pobl leol eisiau atgyweirio wal y môr. Mae llywodraeth y dalaith wedi dweud wrth y cyngor lleol y dylai perchenogion tai gael yr hawl i dalu am y gwaith atgyweirio eu hunain
- Mae dros 200,000 o gartrefi mewn perygl wrth i lefelau'r môr godi
- Mae dros 80,000 o gartrefi mewn perygl
- Mae dros 17,000 o gartrefi mewn perygl

Allwedd: Cymunedau sydd mewn perygl wrth i lefel y môr godi

Gweithgaredd

1. Gweithiwch mewn parau ac astudiwch Ffigurau 34 a 35. Gwnewch boster neu gyflwyniad PowerPoint yn crynhoi prif effeithiau'r codiad yn lefel y môr ar arfordir Awstralia. Dylai eich poster/cyflwyniad gynnwys:
   - graffiau i gynrychioli'r data
   - crynodeb o'r effeithiau economaidd a chymdeithasol
   - eglurhad o safbwyntiau Cyngor Bae Byron a safbwynt gwrthgyferbyniol preswylwyr Bae Byron.

Adroddiad yn rhybuddio bod newid hinsawdd yn bygwth y ffordd o fyw ar arfordir Awstralia

Mae adroddiad pwyllgor amgylcheddol llywodraeth Awstralia yn rhybuddio bod miloedd o filltiroedd o'r morlin o dan fygythiad oherwydd bod lefelau môr yn codi, ac mae'n awgrymu gwahardd pobl rhag byw mewn ardaloedd bregus.

Mae diwylliant y traeth gymaint yn rhan o hunaniaeth Awstralia â'r gwylltir a barbeciws, ond efallai y bydd rhaid i hynny newid yn ôl adroddiad y llywodraeth sy'n crybwyll y posibilrwydd annifyr o wahardd dinasyddion rhag byw mewn ardaloedd arfordirol sydd mewn perygl oherwydd codiad yn lefel y môr. Yn ôl adroddiad y pwyllgor newid hinsawdd seneddol, mae gwerth $150bn AWS (£84bn) o eiddo mewn perygl wrth i lefelau'r môr godi a nifer y stormydd gynyddu. Gydag 80% o bobl Awstralia yn byw ar hyd y morlin, mae'r adroddiad yn rhybuddio bod 'angen gweithredu ar unwaith'.

Nid oes gan Awstralia unrhyw gynllun arfordirol cenedlaethol er gwaetha'r perygl y gallai llawer o dir arfordirol ddiflannu. Am bob centimetr y bydd lefel y môr yn codi, disgwylir y bydd metr neu fwy o'r draethlin yn diflannu. Os bydd lefelau'r môr yn codi 80 cm erbyn 2100, bydd tua 711,000 o gartrefi, busnesau ac adeiladau sy'n llai na 6 m yn uwch na lefel y môr ac o fewn 3 km i'r arfordir yn agored i lifogydd, erydiad, llanw uchel ac ymchwydd storm. Mae'r adroddiad yn dadlau bod angen polisi cenedlaethol yn Awstralia er mwyn ymateb i'r codiad yn lefel y môr yn sgil newid hinsawdd. Yn ôl y pwyllgor ar newid hinsawdd, dŵr, yr amgylchedd a'r celfyddydau, gallai hyn orfodi pobl i adael eu cartrefi a chael eu gwahardd rhag codi adeiladau wrth ymyl y traeth.

Ymysg 47 o argymhellion yr adroddiad mae'r posibilrwydd y gallai'r llywodraeth ystyried 'enciliadau gorfodol' a gwahardd 'parhau i feddiannu tir neu godi adeiladau newydd ar y tir yn y dyfodol oherwydd perygl y môr'.

Mae rhai aelodau o glymblaid geidwadol Plaid Ryddfrydol a Phlaid Genedlaethol Awstralia, a bleidleisiodd yn erbyn cynllun masnachu allyriadau carbon llywodraeth Rudd yn gynharach eleni, yn parhau i amau a oes problem yn bodoli o gwbl. Yn ôl yr AS Rhyddfrydol Tony Abbott, uwch aelod o'r glymblaid ac ymgeisydd am yr arweinyddiaeth, nid oes angen pryderu. 'Rwy'n ymwybodol o'r sefyllfa ynglŷn â lefelau'r môr yn codi, ond dwi ddim yn poeni gormod. Mewn gwirionedd, mae lefelau'r môr wedi codi dros 20 cm ar hyd arfordir De Cymru Newydd dros y ganrif ddiwethaf. Oes rhywun wedi sylwi? Nac oes. Wrth reswm, byddai'n fwy difrifol pe bai lefelau'r môr yn codi 80 cm, ond rwy'n hyderus bod gennym ni'r adnoddau i ymdopi,' dywedodd Abbott wrth ABC news.

Ffigur 35 Darn o erthygl o'r *Guardian*, 27 Hydref 2009

Thema 7: Ein Morlin Newidiol

Ai adlinio rheoledig yw'r dewis mwyaf cynaliadwy ar gyfer y dyfodol?

Mae gan forlin Essex lawer o gilfachau, morfeydd heli a thwmpathau llaid (fel y gallwch weld yn sgwâr grid 0913 yn Ffigur 23 ar dudalen 12.) Mae'r nodweddion hyn yn storio dŵr yn naturiol ac yn helpu i amsugno dŵr yn ystod ymchwydd storm. Fodd bynnag, wrth i lefelau'r môr godi, maent yn cael eu herydu'n gyflym, fel y gallwch weld yn Ffigur 37. Mae erydiad y morfeydd heli hyn yn gadael Essex yn fwy agored i lifogydd arfordirol yn y dyfodol.

Gweithgaredd

1 Defnyddiwch Ffigur 36 i ddisgrifio lleoliad Tollesbury.

2 Copïwch Ffigur 37.
   a) Cyfrifwch faint o forfa heli fydd ar ôl ym mhob moryd erbyn 2050.
   b) Gwnewch fraslun syml o Ffigur 36. Ychwanegwch farrau at eich map i gynrychioli faint o dir fydd wedi'i erydu yn y morydau erbyn 2050. Rhowch eich barrau yn y mannau cywir.

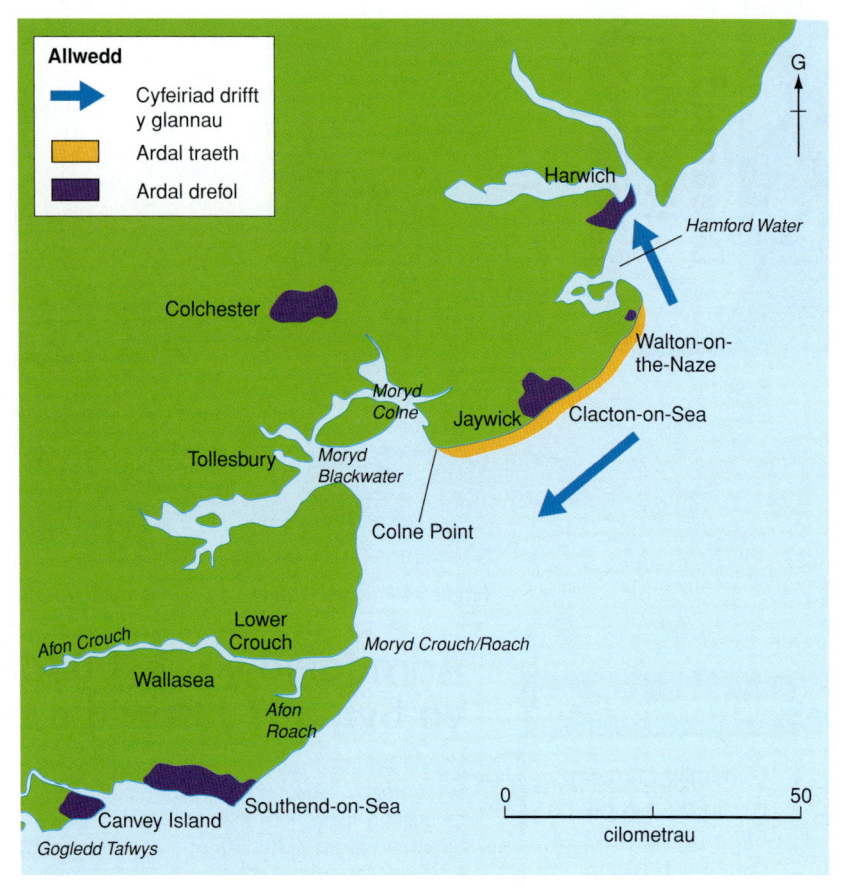

Ffigur 36 Lleoliad dulliau rheoli gwahanol ar arfordir Essex

Moryd	Arwynebedd yn 1998 (hectarau)	Arwynebedd (hectarau) wedi'i erydu erbyn 2050 ar y raddfa gyfredol	Arwynebedd (hectarau) sydd ar ôl erbyn 2050
Gogledd Tafwys	181	-175	
Crouch/Roach	308	-198	
Blackwater	684	-274	
Colne	695	-247	
Hamford Water	621	-722	

Ffigur 37 Rhagfynegiad o erydiad morfeydd heli ym morydau Essex yn y dyfodol

Gweithgaredd

3 Defnyddiwch Ffigur 39 i ddisgrifio:
   a) dosbarthiad yr ardaloedd lle y mae amddiffynfeydd wedi methu
   b) cyfanswm a gwerth y tir a fydd yn dioddef llifogydd.
4 Awgrymwch pam y byddai cost difrod gan lifogydd yn Essex yn llai nag yn Llundain.
5 Eglurwch sut y gallai adlinio rheoledig yn Essex amddiffyn pobl sy'n byw yn Llundain yn y dyfodol.

Ffigur 38 Morfeydd heli o'r awyr

Thema 7: Ein Morlin Newidiol

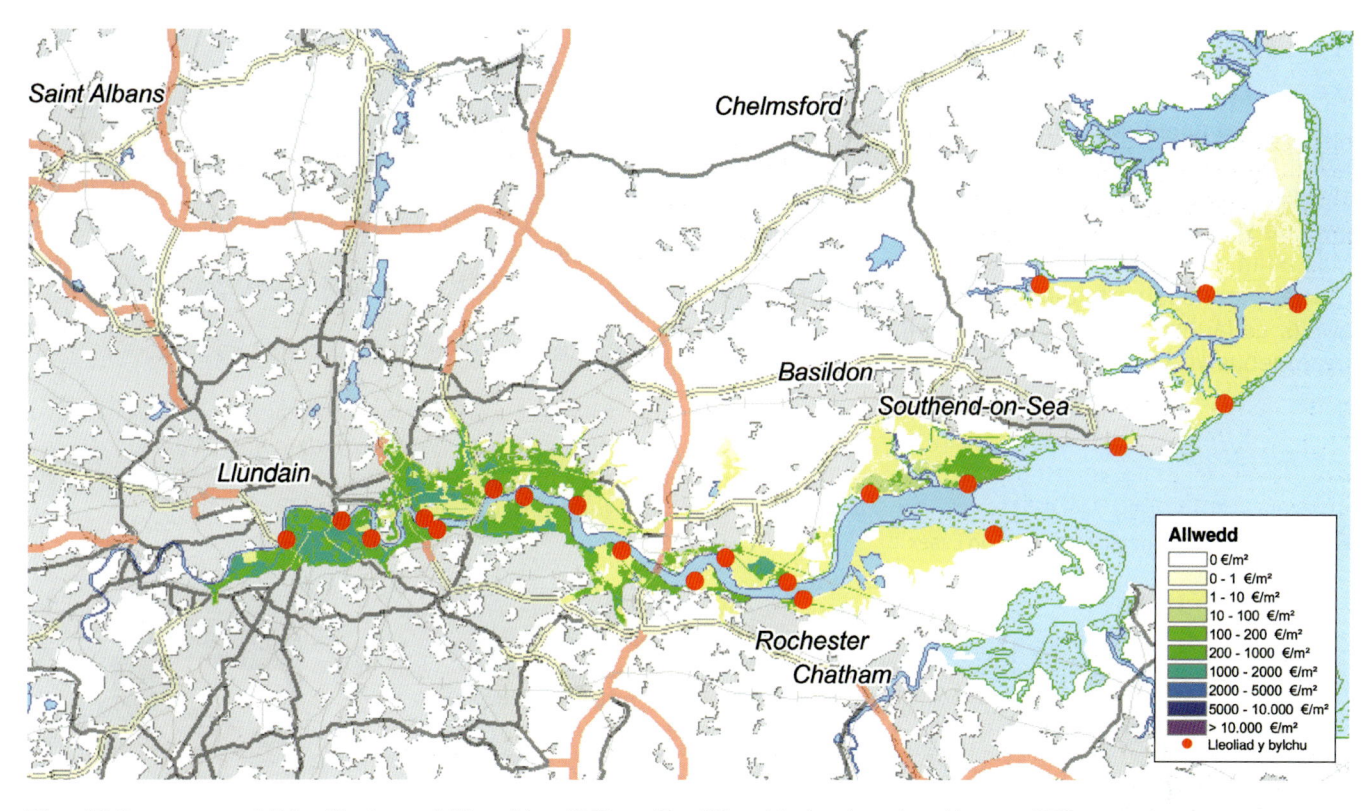

Ffigur 39 Cost amcangyfrifol y difrod yn sgil llifogydd yn 2050 yn dilyn llifogydd tebyg i ymchwydd storm 1953

Mae'r dull **adlinio rheoledig** yn cael ei dreialu ger Tollesbury ym moryd Blackwater ac yn Wallasea ym moryd Afon Crouch. Mae hen argloddiau pridd wedi cadw'r môr oddi ar y caeau isel hyn ers canrifoedd. Erbyn hyn mae tyllau wedi cael eu gwneud yn yr argloddiau. Dyma enghraifft o 'encilio'r llinell' sy'n un dewis posibl ym mhob Cynllun Rheoli Traethlin.

Mae dŵr y môr yn symud yn araf ar draws y tir adeg llanw uchel, gan ddyddodi llaid. Mae'r broses hon yn ailgreu fflatiau llaid a morfeydd heli naturiol. Bydd y dyddodion llaid yn amsugno egni'r tonnau ac yn gweithredu fel byffer naturiol yn erbyn erydiad. Bydd y morfeydd hefyd yn helpu i storio dŵr yn ystod ymchwydd storm. Yn ystod ymchwydd storm llifogydd enfawr, fel yr un a achosodd lifogydd yn Jaywick yn 1953, byddai dŵr yn gorlifo dros y morfeydd heli hyn. Byddent yn storio llifddwr, gan olygu y byddai llai o lifddwr yn mynd i foryd afon Tafwys. Dylai hyn helpu i amddiffyn llawer o gartrefi a busnesau ym moryd Afon Tafwys a Llundain rhag llifogydd.

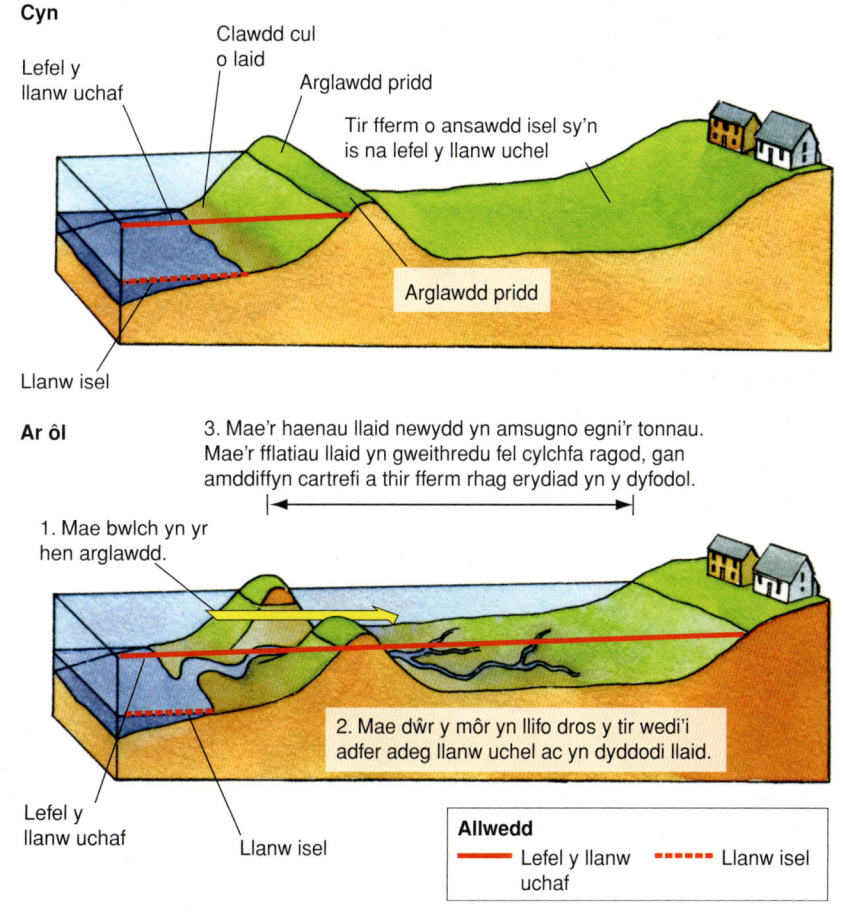

Ffigur 40 Sut y mae adlinio rheoledig yn amddiffyn yr arfordir

Thema 7: Ein Morlin Newidiol

A yw pawb o blaid adlinio rheoledig?

Mae adlinio rheoledig yn rhatach o lawer na pheirianneg galed. Mae rhai gwyddonwyr yn credu bod y dull hwn yn fwy cynaliadwy hefyd. Mae'n rhaid atgyweirio waliau môr yn gyson, a bydd angen eu gwneud yn fwy ac yn gryfach wrth i lefelau'r môr godi. Mae adlinio rheoledig yn creu cylchfa ragod naturiol rhwng cymunedau arfordirol a'r môr. Fel rydym wedi gweld, gallai hyd yn oed helpu i atal llifogydd trychinebus yn Llundain.

> **Gweithgaredd**
>
> 1. Gweithiwch mewn parau.
>   a) Awgrymwch pam y mae angen cymaint o dai.
>   b) Rhestrwch bum grŵp a allai wrthwynebu cynlluniau ar gyfer tai newydd a phum grŵp a allai elwa ar y cynlluniau.
> 2. Sut y byddech chi'n rheoli morlin Essex? Lluniwch adroddiad sy'n cynnwys:
>   a) disgrifiad o fanteision ac anfanteision adlinio rheoledig
>   b) eglurhad o'r safbwyntiau gwahanol ynglŷn â sut y dylid rheoli'r arfordir hwn
>   c) y rheswm pam y mae eich penderfyniad yn gynaliadwy yn eich barn chi.

Ffigur 41 Sylwadau am reoli arfordirol yn Essex

Ffermwr: Mae'r gost o gynnal a chadw'r amddiffynfeydd môr ar hyd sawl rhan o arfordir Essex yn fwy na manteision yr amddiffynfeydd hynny. Tir fferm o ansawdd isel yw'r tir. Nid yw'n gwneud synnwyr i barhau i dalu am waith cynnal a chadw ar adeileddau fel argorau.

Llefarydd y Llywodraeth (Defra): Dylai'r cyngor fod yn cryfhau amddiffynfeydd môr ar hyd holl arfordir Essex fel y maen nhw wedi'i wneud yn Jaywick. Mae fy nheulu i wedi byw yma ac wedi ffermio'r tir hwn ers cenedlaethau. Mae'r hen arglawdd wedi rhwystro'r môr ers blynyddoedd lawer. Dwi ddim yn credu y bydd codiad o ychydig gentimetrau yn lefel y môr yn gwneud unrhyw wahaniaeth.

Gweinidog tai'r Llywodraeth: Mae argyfwng tai yn y DU. Amcangyfrifir bod angen o leiaf 223,000 o dai neu fflatiau ychwanegol bob blwyddyn. Dyna 3 miliwn o dai ychwanegol rhwng 2007 a 2020. Mae'r galw mwyaf am dai newydd yn ne-ddwyrain Lloegr. Un lleoliad lle'r rydym yn awyddus i weld llawer o dai newydd yw Porth Afon Tafwys sydd y naill ochr i foryd Afon Tafwys. Rydym angen cynllun rheoli arfordirol a fydd yn amddiffyn pob un o'r tai newydd hyn am y 100 mlynedd nesaf o leiaf.

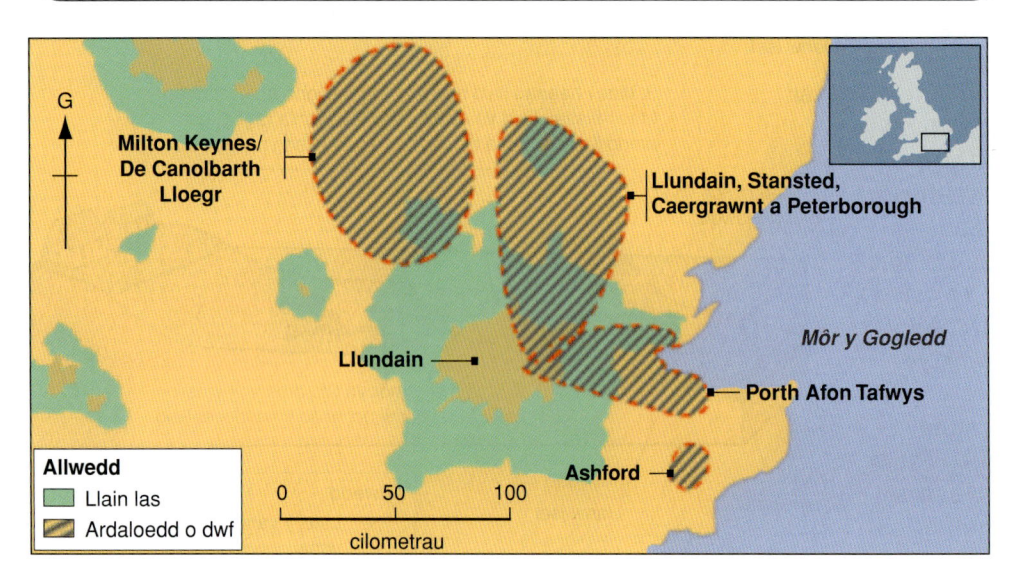

Ffigur 42 Ardaloedd allweddol ar gyfer tai newydd yn ne-ddwyrain Lloegr

Allwedd:
- Llain las
- Ardaloedd o dwf

Thema 8
Tywydd a Hinsawdd

Beth yw'r gwahaniaethau mewn hinsawdd o fewn y DU?

Beth yw'r gwahaniaeth rhwng tywydd a hinsawdd?

Hinsawdd yw'r hyn rydym yn disgwyl ei gael a thywydd yw'r hyn rydym yn ei gael mewn gwirionedd – dyna un ateb syml!

Tywydd yw ein profiad o awr i awr, o ddydd i ddydd, o dymheredd, gorchudd cwmwl, dyodiad (sy'n cynnwys glaw ac eira), gwynt (cyfeiriad a chyflymder), heulwen a gwasgedd aer.

Mae'r tywydd yn y DU yn gallu bod yn newidiol iawn. Cofnodwyd y diwrnod poethaf erioed yn Faversham, Caint, ar 10 Awst 2003. Fe ddaeth yn ystod cyfnod hir o dywydd poeth a sych iawn. Roedd haf 2007 yn llawer mwy gwlyb, gyda llifogydd eang ar hyd Afonydd Hafren, Tafwys ac Ouse.

Mae'r ffotograffau yn Ffigur 1 yn dangos enghreifftiau o'r amodau tywydd gwahanol yn y DU.

Ffigur 1 Rhai o'r amodau tywydd yn y DU

Gweithgaredd

1. Pa elfennau sy'n rhan o'r tywydd?
2. Disgrifiwch yn llawn yr amodau tywydd sydd i'w gweld yn y ffotograffau yn Ffigur 1.
3. Defnyddiwch www.metoffice.gov.uk i ymchwilio i gofnodion tymheredd a glawiad ar gyfer dwy ardal gyferbyniol o'r DU.

Thema 8: Tywydd a Hinsawdd

Casglu data tywydd

Mae'r tywydd yn dylanwadu ar sawl agwedd ar ein bywydau. P'un ai a yw hi'n wlyb neu'n sych, yn boeth neu'n oer, mae'n effeithio ar lawer o'n penderfyniadau bob dydd:

- Pa ddillad y dylem eu gwisgo?
- A fydd hi'n ddiogel teithio os yw hi'n bwrw eira?
- A fydd y gêm griced yn hwyr yn dechrau?

Felly rydym yn mesur agweddau ar y tywydd, fel tymheredd a gwasgedd aer, er mwyn rhagweld beth fydd y tywydd yn ei wneud nesaf. Mae mwy a mwy o'r data hyn yn cael eu casglu gan gyfarpar **synhwyro o bell**, fel y dangosir isod. Mae'r tywydd yn cael ei ddangos ar fap tywydd, neu **siart synoptig**, ar y teledu ac mewn papurau newydd.

Mae **hinsawdd** yn ymwneud â chofnodi'r tywydd dros gyfnodau hir o amser ac yna cyfrifo cyfartaleddau, patrymau a thueddiadau. Mae gan

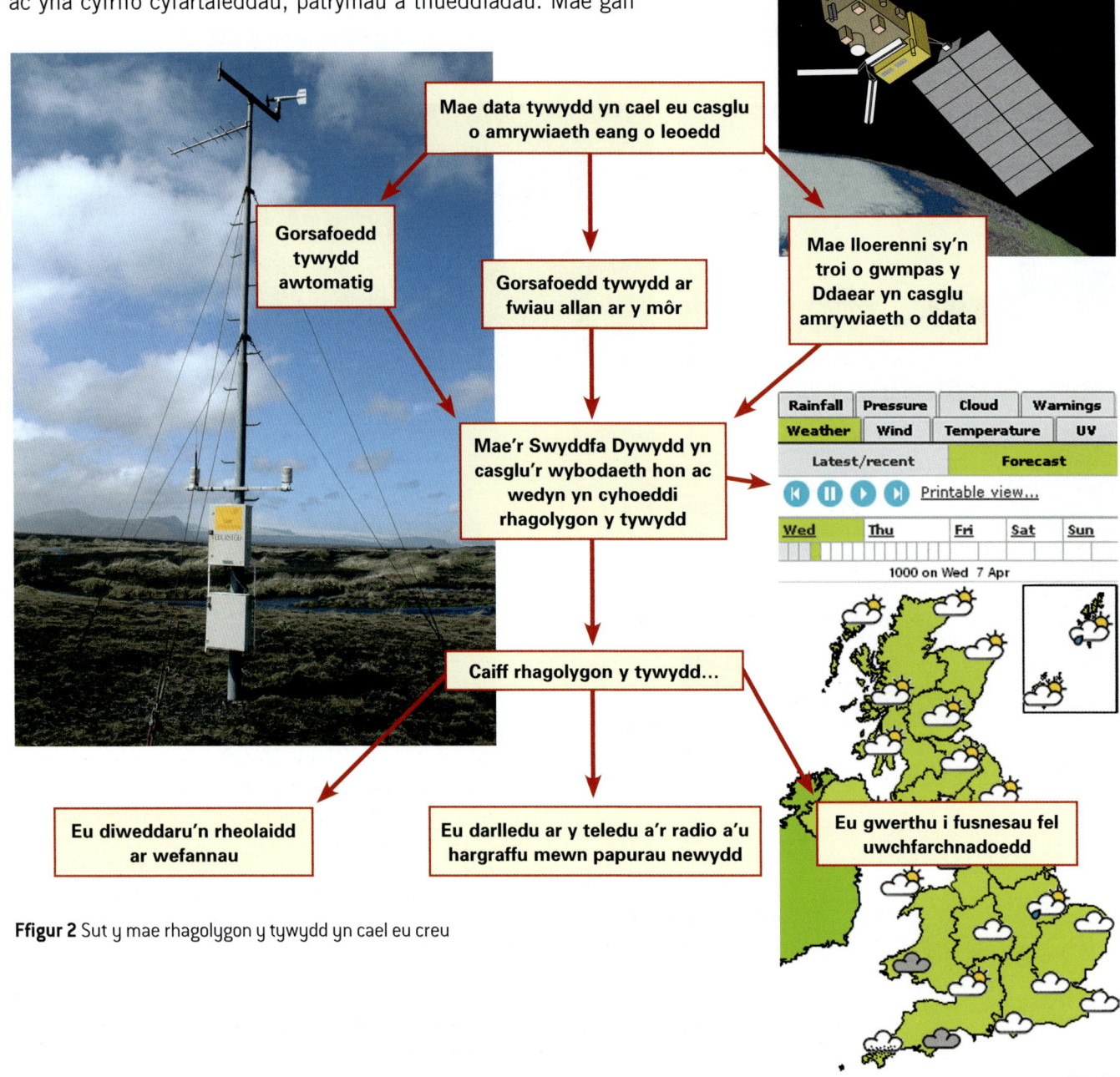

Ffigur 2 Sut y mae rhagolygon y tywydd yn cael eu creu

Thema 8: Tywydd a Hinsawdd

ranbarthau gwahanol o'r byd hinsawdd wahanol ac unigryw iawn. Mae hinsawdd Gwlad yr Iâ ar ymyl y Cylch Arctig yn cynnwys gaeafau oer a hafau claear. Mewn cyferbyniad, mae lleoedd ar hyd y cyhydedd yn aros yn boeth drwy gydol y flwyddyn.

Gweithgaredd

1 Astudiwch Ffigur 3. Ysgrifennwch ragolygon byr am y tywydd ar gyfer papur newydd neu paratowch ragolygon munud o hyd ar gyfer rhaglen radio.

2 Eglurwch sut y gallai niwl achosi problemau ar gyfer:
   a) cerbydau
   a) gweithgareddau hamdden.

3 Defnyddiwch www.metoffice.gov.uk i astudio lluniau lloeren a lluniau radar glawiad presennol. Defnyddiwch y lluniau i anodi llinfap syml o'r DU. Labelwch eich map gyda disgrifiadau o'r tywydd mewn pedwar lle gwahanol.

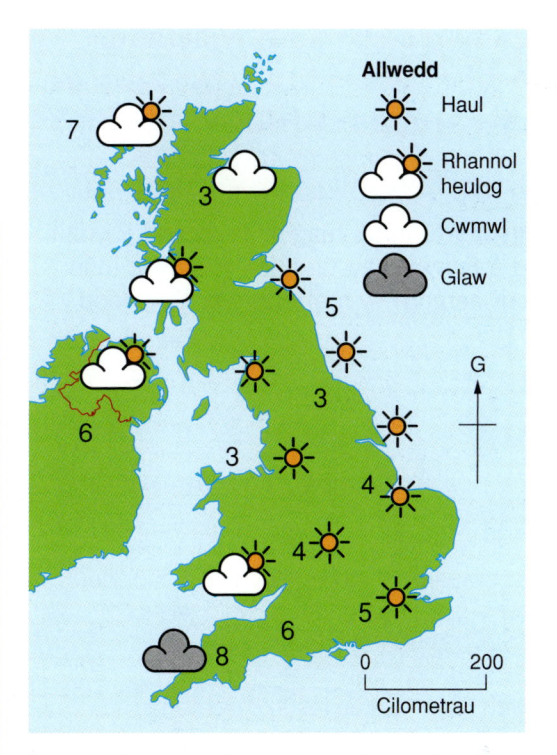

Ffigur 3 Siart synoptig ar gyfer y DU yn nodi rhagolygon y tywydd ar gyfer canol dydd

Cyngor Arholwr

Disgrifio graff hinsawdd

Mae gan graff hinsawdd bedair nodwedd y mae angen i chi eu disgrifio. Astudiwch y graff a gofynnwch i'ch hun:

1 Beth yw cyfanswm y glawiad blynyddol? Gallwch gyfrifo hyn drwy adio gwerthoedd pob un o'r barrau glawiad.
2 A oes tymhorau gwlyb a sych penodol? Os felly, pryd maent yn digwydd, ac am faint o amser maent yn para?
3 Beth yw'r amrediad tymheredd blynyddol? Dyma'r gwahaniaeth yn y tymheredd rhwng amseroedd poethaf ac amseroedd oeraf y flwyddyn.
4 A yw'r tymheredd yn dangos patrwm tymhorol penodol? Os felly, ar ba adeg o'r flwyddyn y mae'r tymhorau poeth ac oer?

- Byddwch yn derbyn mwy o farciau os gallwch feintioli eich ateb. Mae hyn yn golygu defnyddio ffigurau ystyrlon o'r graff i ychwanegu meintiau at eich disgrifiad.
- Dim ond y graff y mae'n rhaid i chi ei ddisgrifio. Peidiwch â cheisio egluro'r nodweddion oni bai bod y cwestiwn wedi gofyn i chi eu hegluro.

Cwestiwn enghreifftiol

Astudiwch Ffigur 4. Disgrifiwch brif nodweddion hinsawdd Reykjahlid. [4]

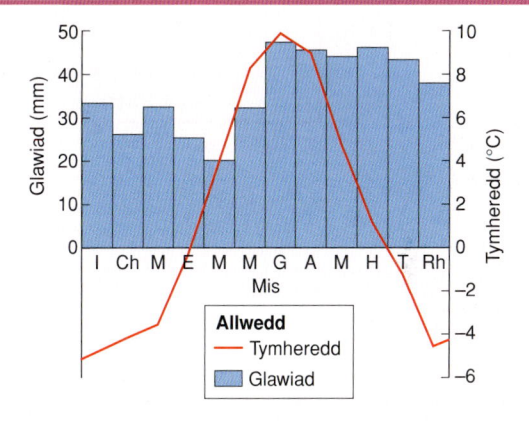

Ffigur 4 Graff hinsawdd ar gyfer Reykjahlid yng ngogledd-canolbarth Gwlad yr Iâ

Ateb myfyriwr

Cyfanswm glawiad blynyddol Reykjahlid yw tua 430mm.✓ Rhwng mis Rhagfyr a mis Ebrill mae'r tymheredd mor isel gall glaw ddisgyn fel eira.✓ Mae glawiad yn yr haf ychydig yn uwch✓ nag yn y gaeaf. Mae yna wahaniaeth mawr✓ rhwng tymheredd yr haf a'r gaeaf. Mae'r tymheredd cynhesaf ym mis Awst, sef tua 10° ac mae'r isaf ym mis Ionawr, sef tua -5°C✓, gwahaniaeth o tua 15°C.✓

Sylwadau'r arholwr!

Dyma ddisgrifiad ardderchog sy'n derbyn y 4 marc llawn yn hawdd.

Thema 8: Tywydd a Hinsawdd

Pa ffactorau sy'n creu'r amrywiaethau mewn tywydd a hinsawdd a geir o fewn ac o gwmpas Ynysoedd Prydain?

Sut y mae aergyrff yn effeithio ar y tywydd?

Pan fydd **aergyrff** yn symud tuag at Ynysoedd Prydain maent yn dod â thywydd eu tarddle gyda nhw. Mae yna bedwar prif aergorff sy'n effeithio ar Ynysoedd Prydain.

Gweithgaredd

1. a) Enwch y pedwar aergorff sy'n effeithio ar Ynysoedd Prydain.
   b) Defnyddiwch atlas neu fap ar y rhyngrwyd. Ar gyfer pob aergorff, enwch le, gwlad, môr neu gefnfor y gallai'r aergorff fod wedi teithio drosto cyn cyrraedd y DU.

2. Gweithiwch mewn parau i egluro'r amodau tywydd sy'n gysylltiedig â phob aergorff.

Pegynol-arforol
Aer o'r gogledd neu'r gogledd-orllewin. Yn rhoi amodau claear neu oer gyda chyfnodau maith o law. Aergorff cyffredin iawn.

Pegynol-gyfandirol
Aer o'r dwyrain neu'r gogledd-ddwyrain. Yn rhoi amodau oer/oer iawn a sych.

Trofannol-arforol
Aer o'r gorllewin neu'r de-orllewin. Yn rhoi amodau mwyn neu gynnes gyda chyfnodau maith o law. Aergorff cyffredin iawn.

Trofannol-gyfandirol
Aer o'r de neu'r de-ddwyrain. Yn rhoi amodau poeth a sych.

Ffigur 5 Aergyrff sy'n effeithio ar Ynysoedd Prydain

Sut y mae lledred yn effeithio ar dymheredd?

Mae'r rhan fwyaf o Ynysoedd Prydain yn gorwedd rhwng lledred 50°G a 60°G. Mae'r gwahaniaeth hwn o 10° mewn lledred yn golygu bod ardaloedd y de yn gynhesach na'r gogledd fel arfer. Mae Ffigur 6 yn dangos y gwahaniaeth yn y tymheredd cyfartalog rhwng Rhydychen yn Lloegr a Kirkwall yn yr Alban. Fodd bynnag, gall y patrwm tymheredd hwn gael ei ystumio o ganlyniad i ddau ffactor arall sy'n effeithio ar hinsawdd:

- agosrwydd i'r môr
- uchder.

Lle	Lledred	Uchafbwynt tymheredd	Isafbwynt tymheredd
Rhydychen	51°G	14.1°C	6.7°C
Kirkwall	59°G	10.5°C	5.3°C

Ffigur 6 Tymheredd cyfartalog dwy ddinas yn y DU (1971–2000)

Gweithgaredd

3. Astudiwch Ffigur 6.
   a) Defnyddiwch atlas i ddisgrifio lleoliad Rhydychen a Kirkwall.
   b) Disgrifiwch ac eglurwch y gwahaniaethau yn y tymheredd rhwng y ddau le.

4. a) Defnyddiwch Ffigur 8 i gyfrifo'r amrediad tymheredd blynyddol ar gyfer:
      i) Plymouth
      ii) Praha.
   b) Eglurwch y gwahaniaethau yn y tymheredd rhwng Plymouth a Praha.
   c) Defnyddiwch Ffigur 8 i'ch helpu i awgrymu sut y gallai'r tymheredd oerach yn y gaeaf yn Praha effeithio ar bobl, cludiant a busnesau.

Thema 8: Tywydd a Hinsawdd

Sut y mae'r môr yn effeithio ar dymheredd?

Mae ceryntau cefnforoedd yn gallu trosglwyddo gwres o ledredau cynnes i rai mwy claear. Yn y gaeaf mae arfordir gorllewin Prydain yn cael ei gadw'n gynhesach o lawer na lleoedd eraill mewn lledredau tebyg gan gerrynt dŵr cynnes o'r fath, sef y Drifft Gogledd Iwerydd (neu Lif y Gwlff). Mae'r môr hefyd yn gallu cadw ei wres yn y gaeaf ac mae'n oeri yn araf iawn. Mae lleoedd tuag at ganol Ewrop sydd ymhellach o'r môr yn cael gaeafau oerach o lawer. Er enghraifft, mae Plymouth a Praha yn rhannu'r un lledred (50°G), ond mae eu tymereddau yn y gaeaf yn wahanol iawn. Mae effaith gynhesu'r môr yn gallu cael effaith fawr ar hinsawdd. Er enghraifft, lleolir Gerddi Inverewe i'r gogledd o Gairloch ar arfordir gogledd-orllewin yr Alban ar ledred o 58°G. Hyd yn oed yn y lledred uchel hwn, mae amrywiaeth o blanhigion egsotig fel palmwydd yn gallu ffynnu.

Tymheredd cyfartalog °C	Plymouth	Praha
Ionawr	6	-2·5
Gorffennaf	16	18

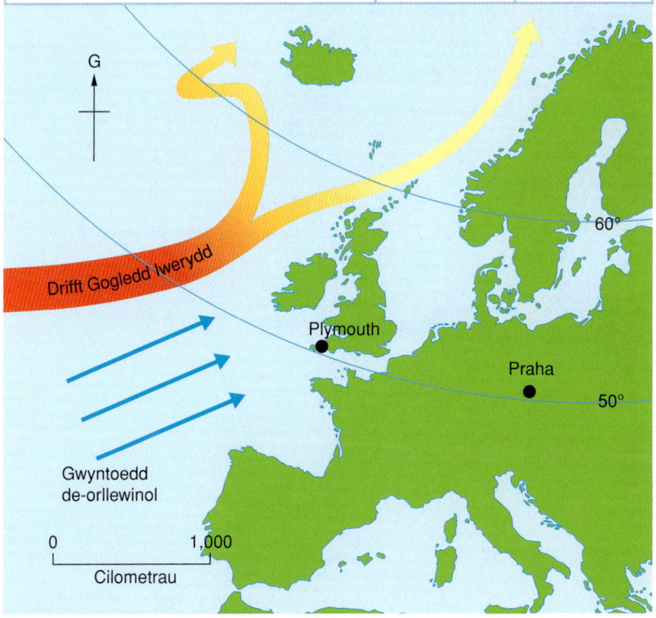

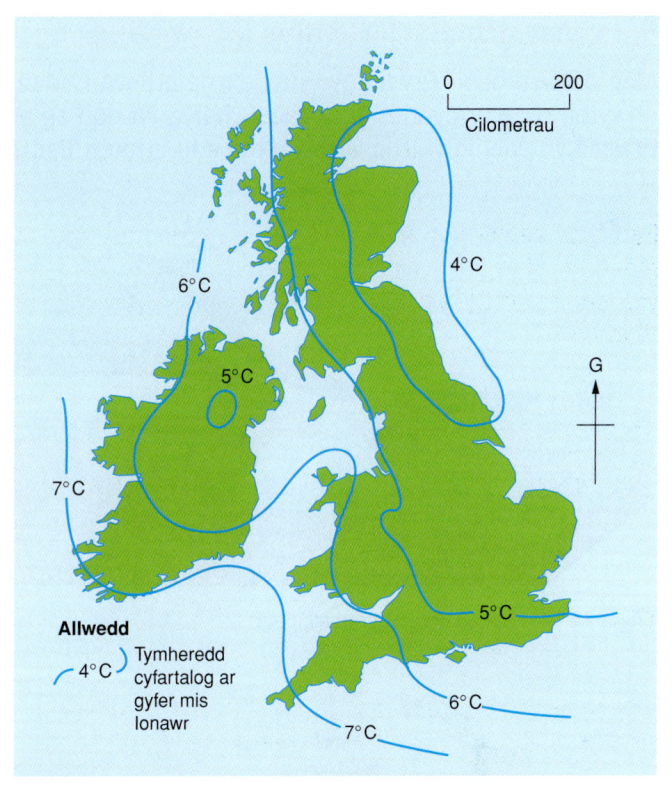

Ffigur 7 Tymheredd cyfartalog ar gyfer mis Ionawr

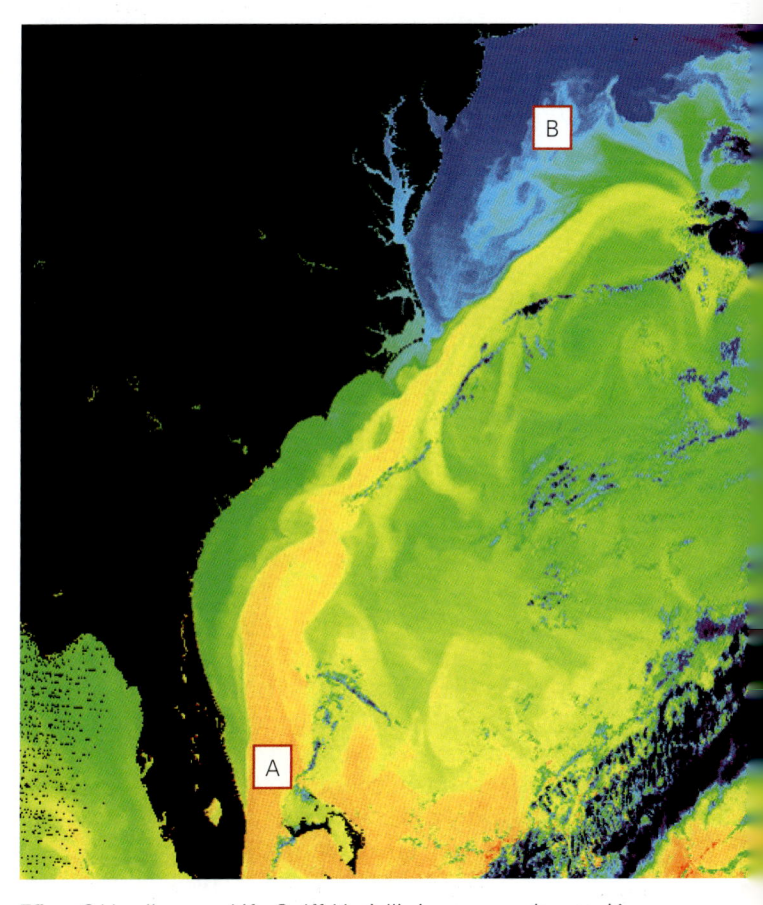

Ffigur 8 Cymharu Plymouth a Praha

Ffigur 9 Llun lloeren o Lif y Gwlff. Mae'r lliwiau oren yn dangos dŵr cynnes. Mae dŵr oer yn las. Mae'r tir yn ddu.

Gweithgaredd

5. **a)** Defnyddiwch Ffigur 7 i ddisgrifio patrwm tymheredd mis Ionawr ar gyfer Ynysoedd Prydain.
   b) Yr enw am y llinellau ar y map yw *isothermau*. Meddyliwch am ddiffiniad ar gyfer y term hwn.
6. Astudiwch Ffigur 9. Disgrifiwch beth sy'n digwydd yn A a B.

Thema 8: Tywydd a Hinsawdd

Sut y mae uchder yn effeithio ar lawiad?

Mae prifwyntoedd Prydain yn dod o'r de-orllewin. Mae'r gwyntoedd hyn, sy'n chwythu o'r môr cynnes yn y gaeaf, hefyd yn dod ag amodau llaith. Mae **glawiad tirwedd** yn cael ei ffurfio wrth i wyntoedd atraeth llaith gyrraedd tir uchel.

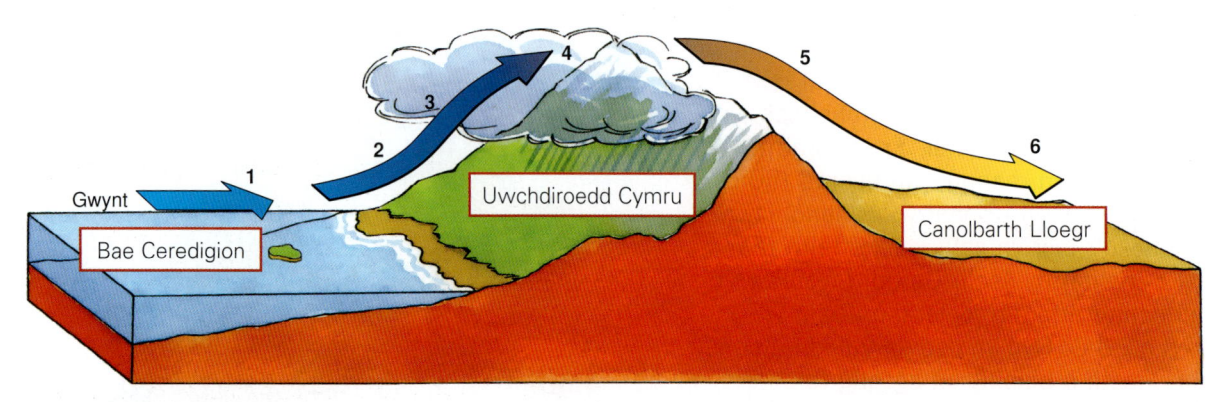

Ffigur 10 Trawstoriad drwy Gymru a Lloegr

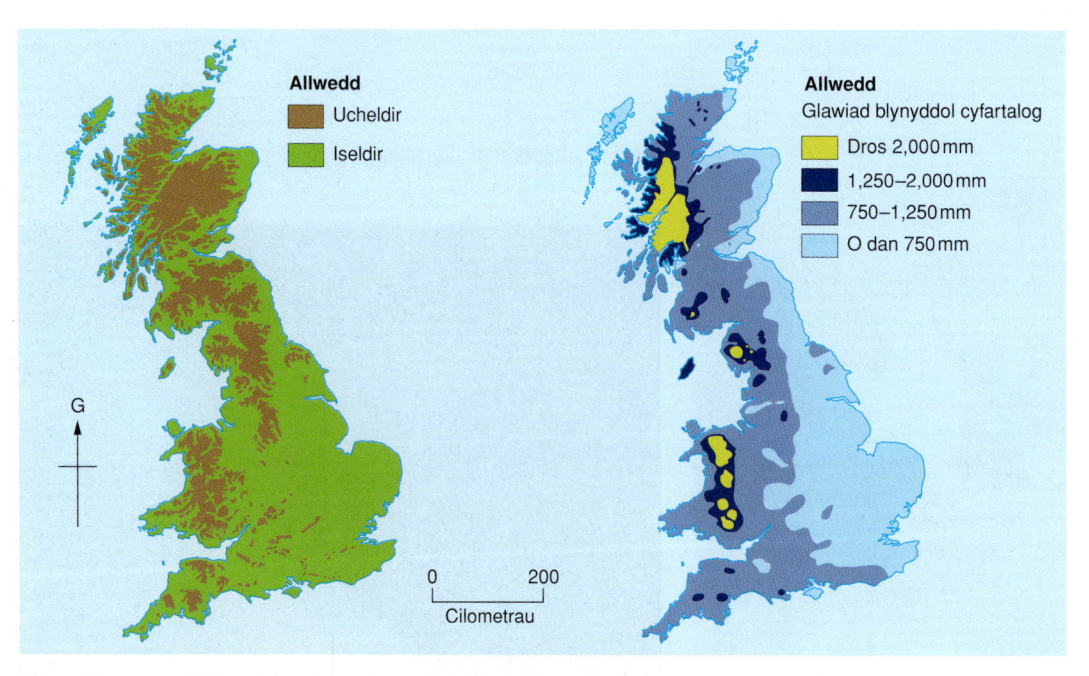

Ffigur 11 Dosbarthiad ardaloedd uwchdir y DU a glawiad blynyddol cyfartalog

Gweithgaredd

1. Copïwch Ffigur 10. Rhowch y labeli ychwanegol isod yn y mannau priodol ar eich diagram. Byddwch yn barod i egluro eich penderfyniadau.
   - Mae'r mynyddoedd yn gorfodi'r aer i godi
   - Y cysgod glaw – ardal o lawiad isel
   - Mae'r gwynt yn chwythu o'r de-orllewin yn aml
   - Mae cymylau ac wedyn glaw yn ffurfio
   - Mae'r aer yn suddo ac yn cynhesu
   - Wrth i'r aer godi mae'n oeri ac mae anwedd dŵr yn cyddwyso

2. Astudiwch Ffigur 11 ac atlas.
   a) Nodwch brif ranbarthau mynyddig Ynysoedd Prydain. Nodwch ac enwch y rhanbarthau ar fap amlinell.
   b) Disgrifiwch ac eglurwch y berthynas rhwng tirwedd a glawiad sydd i'w gweld yn y ddau fap.

Sut y mae uchder yn effeithio ar dymheredd?

Mae ardaloedd ucheldir Ynysoedd Prydain yn tueddu i fod yn oerach o lawer na'r iseldir. Mae'r tymheredd yn gostwng 1°C ar gyfer pob 100 m o uchder. Mae hyn oherwydd bod **pelydriad heulog** (gwres yr haul) yn pasio'n uniongyrchol drwy'r atmosffer, gan gynhesu arwyneb y Ddaear. Mae aer cynnes yn codi o arwyneb y Ddaear fel ceryntau darfudiad. Mae'r aer yn oeri wrth iddo godi.

Eryri
Dydd Mercher

Tywydd

Yn gymylog gyda glaw neu law mân achlysurol yn ystod y bore. Mae rhai cyfnodau sychach a brafiach yn debygol mewn mannau yng nghysgod tir uchel. Bydd glaw a glaw mân yn disgyn yn fwy cyson ac yn drymach yn ystod y prynhawn.

Gwelededd

Bydd y gwelededd yn dda ar dir isel, ond yn gymedrol yn y glaw ac yn wael yn y niwl mynydd.

Niwl mynydd

Bydd y niwl mynydd yn ysbeidiol gyda gwaelodion cwmwl tua 600 i 700 metr yn ystod y bore. Bydd gwaelodion cwmwl yn disgyn i 300 i 400 metr yn y gorllewin yn nes ymlaen wrth i'r glaw ddisgyn yn drymach.

Gwyntoedd cryfaf dros 500 metr

Bydd gwyntoedd cryf i dymhestlog o'r de yn chwythu ar gyflymder o 30 i 40 milltir yr awr, gan godi i 50 neu 60 milltir yr awr ar adegau dros gopaon a chefnenau agored.

Tymheredd

Dyffrynnoedd	Dros 20 gradd Celsius
900 metr	Dros 12 gradd Celsius
Rhewbwynt	Yn uwch na'r copaon.

Ffynhonnell: Y Swyddfa Dywydd

Ffigur 12 Rhagolygon y tywydd ar gyfer Eryri, 19 Awst 2009

Gweithgaredd

3 a) Defnyddiwch Ffigur 12 i ddisgrifio sut y mae uchder yn effeithio ar y tywydd yn Eryri.
   b) Awgrymwch sut y dylai cerddwr sy'n ymweld â'r mynydd baratoi am daith gerdded.

4 Ben Nevis yw'r mynydd uchaf ym Mhrydain ac mae'n 1,344 m o uchder. Beth ddylai'r gwahaniaeth yn y tymheredd fod rhwng y copa a lefel y môr?

Ffigur 13 Copa'r Wyddfa yn y gaeaf

Thema 8: Tywydd a Hinsawdd

Agwedd – dylanwad lleol ar hinsawdd?

Agwedd yw'r cyfeiriad y mae lle neu lethr yn ei wynebu. Mae dylanwad agwedd i'w weld yn glir mewn astudiaeth achos o Ddyffryn Llangollen yn y gogledd-ddwyrain. Mae Llethr A ar y rhanfap Arolwg Ordnans (Ffigur 15) yn wynebu tua'r gogledd sy'n golygu bod ganddi agwedd ogleddol. Mae gan Lethr B, ar y llaw arall, agwedd ddeheuol. Yn y gaeaf mae llethrau sy'n wynebu tua'r de yn gynhesach na'r rhai sy'n wynebu tua'r gogledd. Y rheswm am hyn yw bod yr haul yn isel yn yr awyr yn y gaeaf ac mae'n disgleirio ar y llethr sy'n wynebu tua'r de yn unig. Mae'r ochr sy'n wynebu tua'r gogledd o dan gysgod, ac mae hyn yn gostwng y tymheredd.

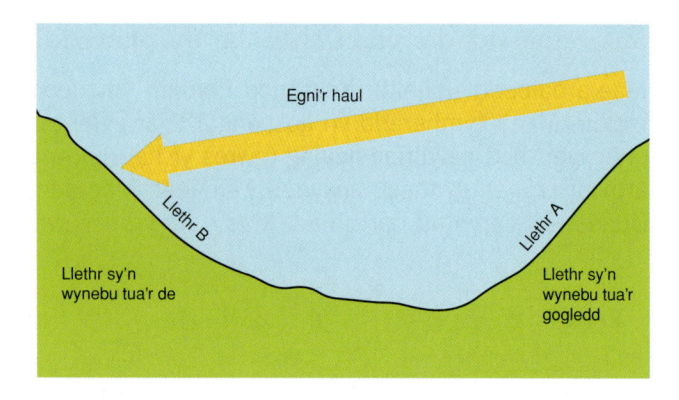

Ffigur 14 Pam mae agwedd yn ffactor sy'n rheoli tymheredd y gaeaf?

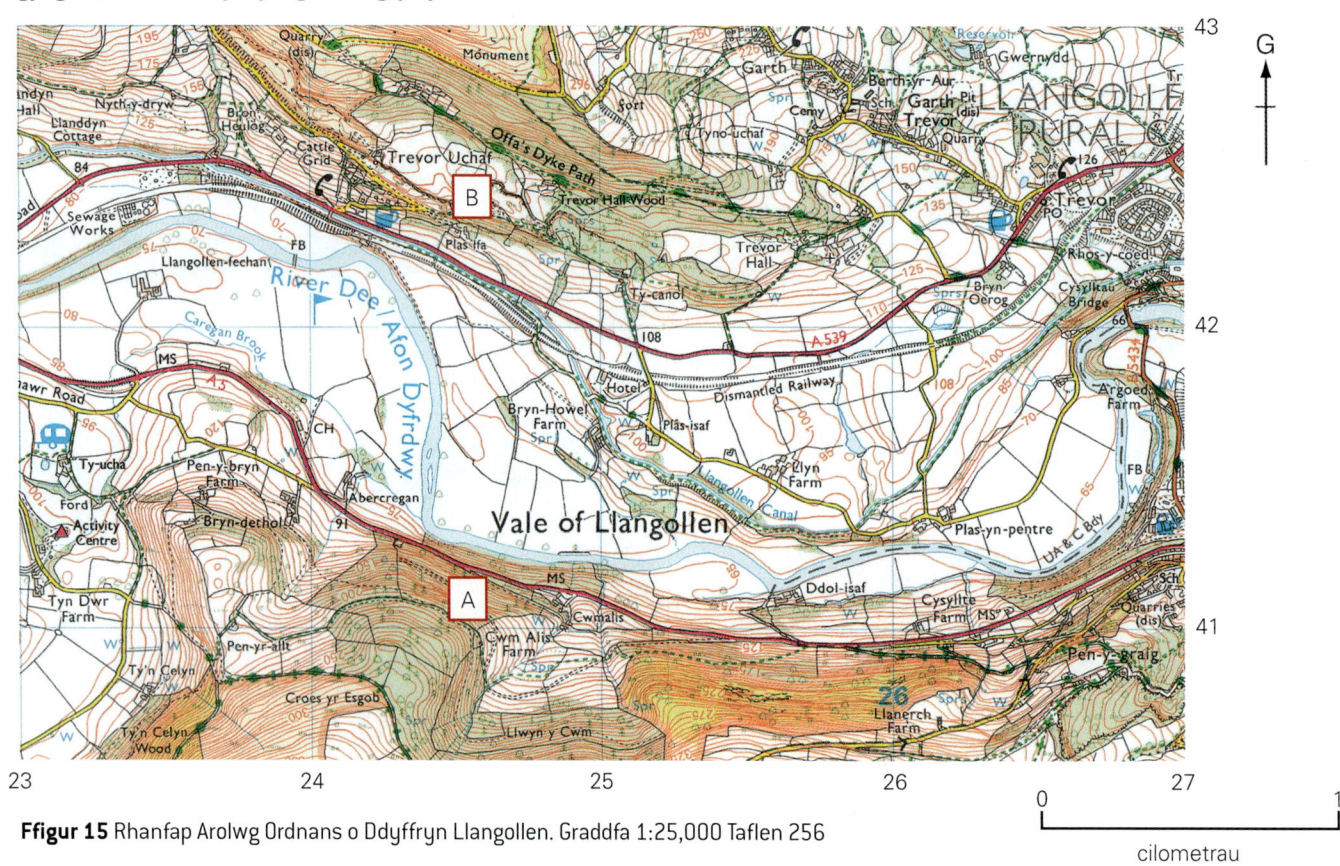

Ffigur 15 Rhanfap Arolwg Ordnans o Ddyffryn Llangollen. Graddfa 1:25,000 Taflen 256

Ffigur 16 Yr olygfa tuag at lethr A – y llethr sy'n wynebu tua'r gogledd

Gweithgaredd

1. Sut y mae'r map AO yn Ffigur 15 yn dangos bod llethr A (Ffigur 16) yn serth iawn?

2. Defnyddiwch Ffigur 14 i egluro pam y mae tymheredd llethr A yn is yn y gaeaf.

3. Mae yna nifer o goetiroedd ar y map yn Ffigur 15.
   a) Nodwch gyfeirnod grid ar gyfer coetir ar lethr sy'n wynebu tua'r gogledd.
   b) Awgrymwch a chynlluniwch ymchwiliad y gallech ei gynnal i ddangos bod gan goetiroedd eu hinsawdd eu hunain.

Sut y mae'r tywydd yn creu peryglon i bobl?
Pa fath o dywydd sy'n gysylltiedig â gwasgedd isel ac uchel?

Mae lledred Ynysoedd Prydain o fewn ardal sy'n cael cymysgedd o wasgedd uchel ac isel. Mae'r systemau gwasgedd hyn yn dod â phatrymau tywydd gwahanol iawn.

Gwasgedd uchel

Enw arall am ardaloedd o wasgedd uchel yw **antiseiclonau**. Mae antiseiclonau yn dod â chyfnodau o dywydd sych, sefydlog. Mae gwyntoedd yn ysgafn fel arfer (os oes gwynt o gwbl) ac maent yn chwythu mewn cyfeiriad clocwedd. Yn yr haf mae prinder cymylau yn arwain at amodau cynnes a heulog iawn. Os yw antiseiclon yn aros dros Ynysoedd Prydain yn y gaeaf mae'r tywydd yn heulog a sych ond yn oer, yn enwedig yn y nos. O ganlyniad, mae rhew a niwl yn eithaf cyffredin.

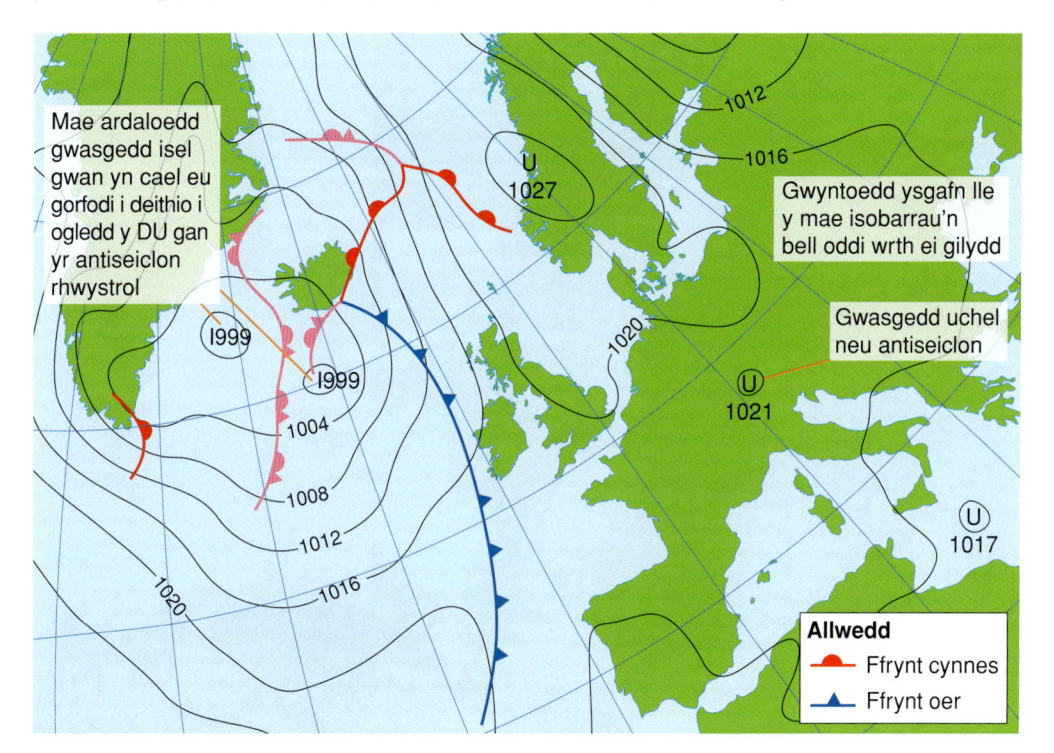

Ffigur 17 Map tywydd yn dangos antiseiclon ym mis Awst 2003

Gweithgaredd

4 a) Defnyddiwch atlas i ddisgrifio lleoliad pob ardal o wasgedd uchel yn Ffigur 17.
   b) Gwnaeth y tywydd yn Ffrainc yn Awst 2003 dorri record. Defnyddiwch y rhyngrwyd i ymchwilio i amodau'r tywydd yn y cyfnod hwn.

5 Eglurwch sut y gall awyr glir ac amodau llonydd olygu bod rhew a niwl yn ffurfio.

Thema 8: Tywydd a Hinsawdd

Gwasgedd isel

Mae ardaloedd o wasgedd isel yn yr atmosffer yn cael eu ffurfio pan fydd aer yn codi oddi ar arwyneb y Ddaear. Mae'n gyffredin i sawl cell o wasgedd isel, neu **ddiwasgeddau**, ffurfio yng Ngogledd Iwerydd ar unrhyw adeg. Gallant symud i'r dwyrain wedyn i gyfeiriad Ynysoedd Prydain gan ddod â thywydd newidiol o wynt, cymylau a glaw. Tu mewn i'r diwasgedd mae yna frwydr rhwng aergyrff cynnes ac oer anferth. Mae'r aergyrff hyn yn cylchdroi'n araf o amgylch ei gilydd mewn cyfeiriad gwrthglocwedd. Wrth i'r aer ysgafnach, cynhesach godi ac oeri, mae ei leithder yn cyddwyso, gan ffurfio pentyrrau enfawr o gymylau. Wrth edrych arnynt oddi uchod, mae'r pentyrrau crwm o gymylau yn rhoi siâp nodweddiadol i'r diwasgedd (Ffigur 19).

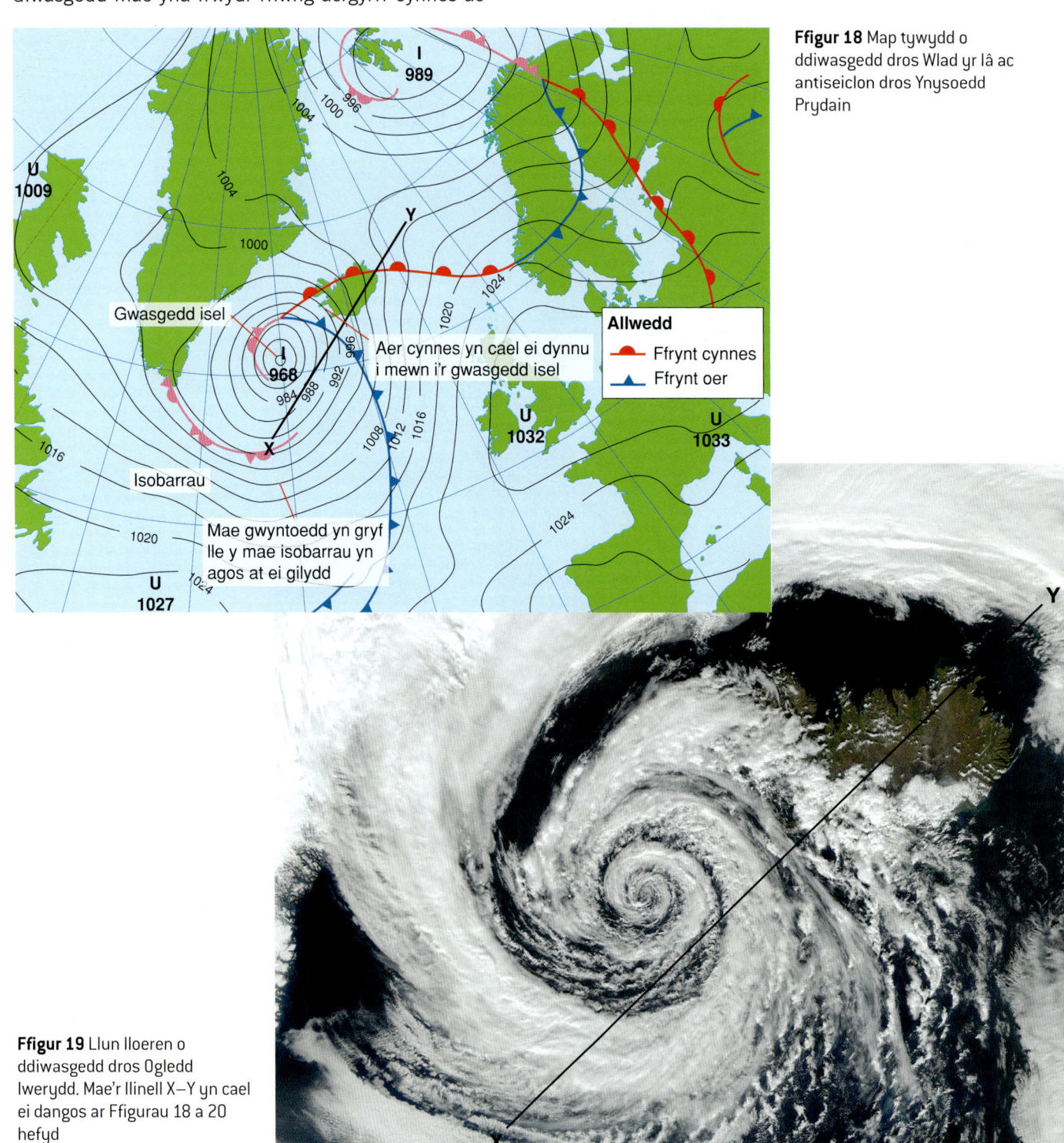

Ffigur 18 Map tywydd o ddiwasgedd dros Wlad yr Iâ ac antiseiclon dros Ynysoedd Prydain

Ffigur 19 Llun lloeren o ddiwasgedd dros Ogledd Iwerydd. Mae'r llinell X–Y yn cael ei dangos ar Ffigurau 18 a 20 hefyd

Thema 8: Tywydd a Hinsawdd

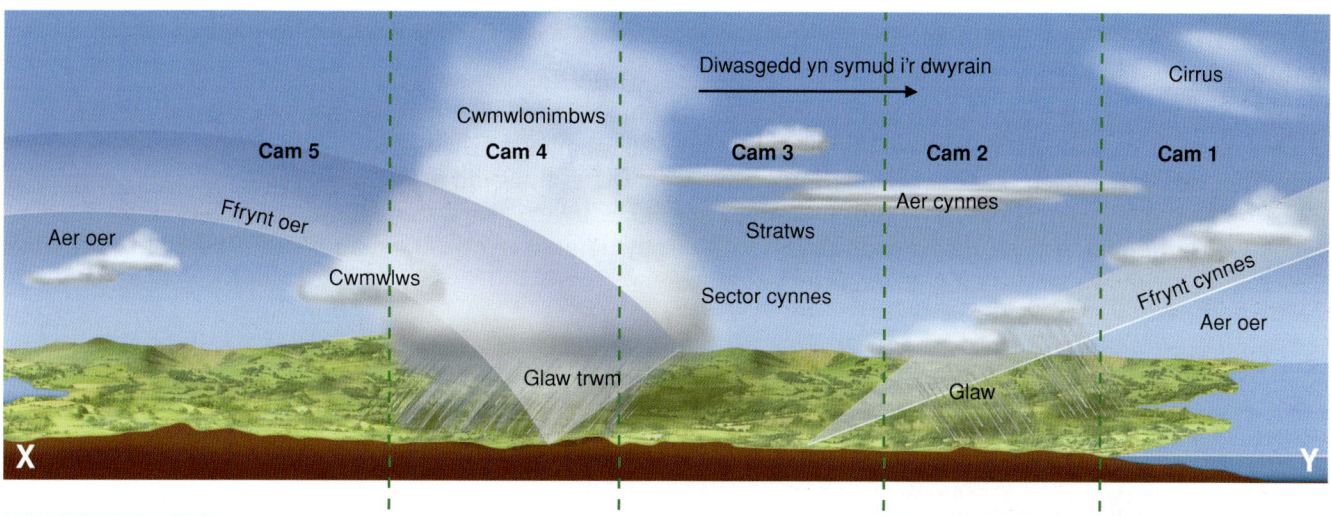

	Cam 5	Cam 4	Cam 3	Cam 2	Cam 1
Aergorff	Oer	Oer			
Tymheredd °C		7	11	6	5
Cryfder y gwynt		Cryf iawn	Cryf		
Cyfeiriad y gwynt	DDOn	D	DDDdn	DDdn	Dn
Cymylau/glaw		Cymylau trwchus, isel a glaw trwm	Rhywfaint o gymylau uchel ac awyr glir. Dim glaw		

Ffigur 20 Y tywydd sy'n gysylltiedig â thaith ddwyreiniol y diwasgedd a ddangosir yn Ffigur 19

Nodwedd	Seiclonau neu ddiwasgeddau	Antiseiclonau
Gwasgedd aer		Uchel, yn uwch na 1020 mb (milibar) fel arfer
Symudiad aer	Yn codi	
Cryfder y gwynt	Cryf	
Cylchrediad y gwynt		Clocwedd
Tywydd nodweddiadol y gaeaf		Oer a sych. Awyr glir yn ystod y dydd. Rhew yn y nos.
Tywydd nodweddiadol yr haf	Mwyn a gwlyb. Cymylog â chyfnodau o law trwm wedi'u gwahanu gan gawodydd.	

Ffigur 21 Cymharu diwasgeddau ac antiseiclonau

Gweithgaredd

1. **a)** Defnyddiwch Ffigur 20 i egluro sut y caiff glaw ei ffurfio ar ffrynt cynnes.
   b) Gwnewch eich diagram eich hun i ddangos sut y caiff glaw ei ffurfio ar ffrynt oer.

2. **a)** Gwnewch gopi o'r tabl yn Ffigur 20. Defnyddiwch y dystiolaeth yn Ffigurau 18, 19 a 20 i gwblhau'r darnau sydd ar goll.
   b) Dychmygwch eich bod yn ddyn neu'n ferch y tywydd yng ngogledd-orllewin Gwlad yr Iâ. Paratowch ragolygon y tywydd yn eich ardal ar gyfer yr oriau nesaf.

3. Gwnewch gopi mawr o Ffigur 21 a defnyddiwch y wybodaeth ar dudalennau 31–3 i lenwi'r bylchau.

Thema 8: Tywydd a Hinsawdd

Beth yw'r peryglon tywydd sy'n gysylltiedig â systemau gwasgedd aer uchel ac isel?

Yn ystod haf 2007 roedd y jetlif lawer ymhellach i'r de nag arfer, gan ddod â chyfres o ddiwasgeddau oedd yn symud yn araf. Achosodd y rhain lawiad na welwyd ei debyg o'r blaen ar 13–15 Mehefin ac eto ar 24–25 Mehefin. Disgynnodd hyd yn oed mwy o law ar 19 ac 20 Gorffennaf. Yn wir, disgynnodd dros 100 mm o law mewn sawl rhan o ganolbarth Lloegr ar 20 Gorffennaf: mwy na'r cyfanswm arferol ar gyfer y mis cyfan. Erbyn hyn roedd y tir yn llawn dŵr ac ni allai amsugno rhagor. Gorlifodd afonydd a dioddefodd y DU ei llifogydd gwaethaf ers degawdau. Yn ogystal â glaw trwm, gall systemau gwasgedd isel ddod â hyrddiau o wynt a thonnau mawr niweidiol i'r arfordir.

Ffigur 22 Llifogydd yn Tewkesbury ar gydlifiad Afonydd Hafren ac Avon

Gweithgaredd

1. Defnyddiwch dudalennau 31–4 i enwi'r holl beryglon tywydd sy'n gysylltiedig â gwasgedd aer isel ac uchel.

2. Defnyddiwch Ffigur 23. Disgrifiwch ddosbarthiad y lleoedd oedd â:
   a) llai na 70 y cant o'r glawiad arferol
   b) mwy nag 85 y cant o'r glawiad arferol.

3. Awgrymwch sut y gallai llifogydd a sychder effeithio ar:
   a) bensiynwr yn byw ar ei ben ei hun
   b) busnes bach, er enghraifft siopwr
   c) ffermwr gwartheg neu âr.

4. Ymchwiliwch i'r rhesymau pam y mae rhannau o ddwyrain Lloegr yn arbennig o agored i lifogydd arfordirol.

Yn ystod haf 2006, roedd rhannau o Loegr yn dioddef y cyfnod gwaethaf o **sychder** ers 30 mlynedd. Roedd y prinder dŵr ar ei waethaf yn ne-ddwyrain Lloegr. Erbyn mis Chwefror 2006, roedd y rhanbarth hwn wedi dioddef pedwar mis ar ddeg yn olynol o lawiad is na'r cyfartaledd o ganlyniad i amodau antiseiclonig cyson. Roedd mis Mehefin a Gorffennaf yn anarferol o boeth wedyn.

Ffigur 23 Dosbarthiad anomaledd glawiad (canran cyfansymiau glawiad cyfartalog) yng Nghymru a De Lloegr

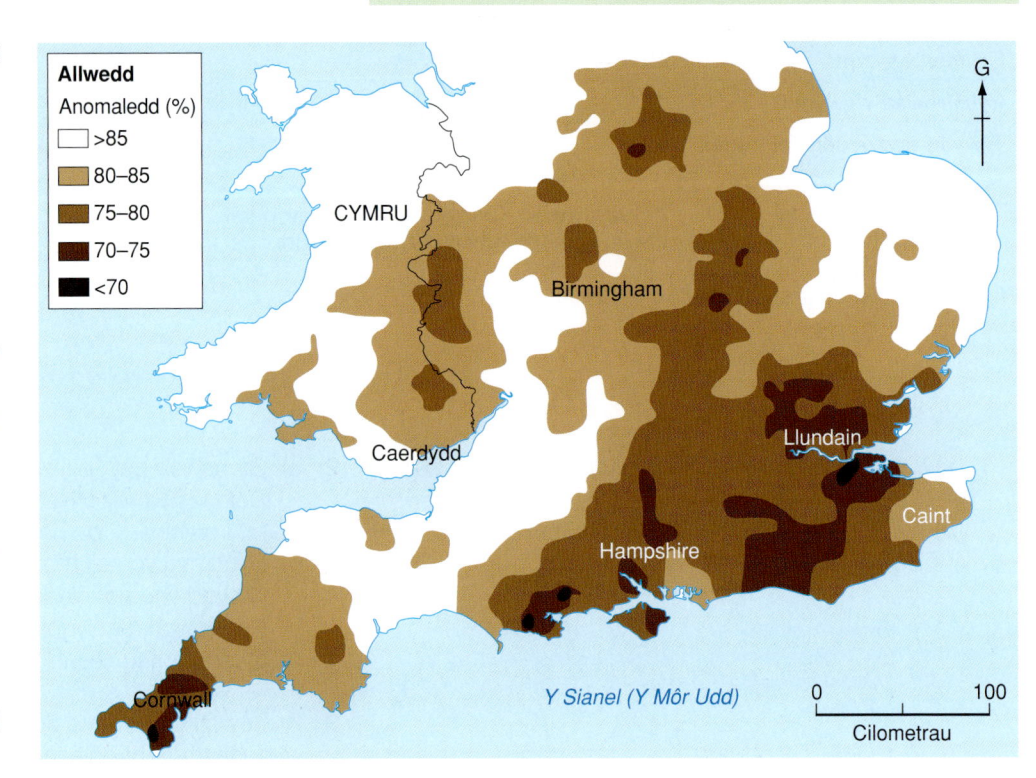

Allwedd
Anomaledd (%)
- >85
- 80–85
- 75–80
- 70–75
- <70

Thema 8: Tywydd a Hinsawdd

Myanmar — Beth yw'r peryglon tywydd sy'n gysylltiedig â stormydd trofannol?

Mae stormydd difrifol sy'n digwydd mewn rhanbarthau trofannol (corwyntoedd, seiclonau neu deiffwnau) yn cael eu hachosi gan wasgedd aer isel iawn. Maent yn cael eu hegni gan y moroedd trofannol cynnes oddi tanynt. Mae'n rhaid i dymheredd y môr gyrraedd o leiaf 26°C am ychydig wythnosau er mwyn creu storm o'r fath. Mae'r dŵr cynnes yn gweithredu fel tanwydd. Mae'n cynhesu'r aer uwchben, sy'n codi, gan greu cymylau storm a glawiad trwm. Mae'r storm yn colli ei chryfder wrth symud dros y tir ac yn colli ei chyflenwad tanwydd.

Tua dechrau mis Mai 2008, croesodd Seiclon Nargis Fae Bengal a tharo arfordir Myanmar (Burma). Oherwydd y gwasgedd aer isel iawn, roedd llai o wasgedd ar arwyneb y cefnfor o uwchben. O ganlyniad, chwyddodd y cefnfor i fyny o dan y storm, gan greu **ymchwydd storm**, a chododd lefel y môr 3.6 m. Yn anffodus, tarodd y storm yr arfordir yn ystod llanw uchel, gan olygu bod yr ymchwydd storm yn uwch na lefel y gwastadeddau arfordirol gwastad. Wrth i'r storm symud ar hyd morlin deheuol Myanmar lle'r oedd llawer o bobl yn byw, achosodd yr ymchwydd storm lifogydd ymhell i mewn i'r tir. Yn ogystal â hyn, creodd gwyntoedd cryf y storm, a gyrhaeddodd 215 km/awr yn eu hanterth, donnau enfawr yn y cefnfor. Credir i'r tonnau hyn gyrraedd uchder o 7.6 m yn uwch na lefel ymchwydd y storm.

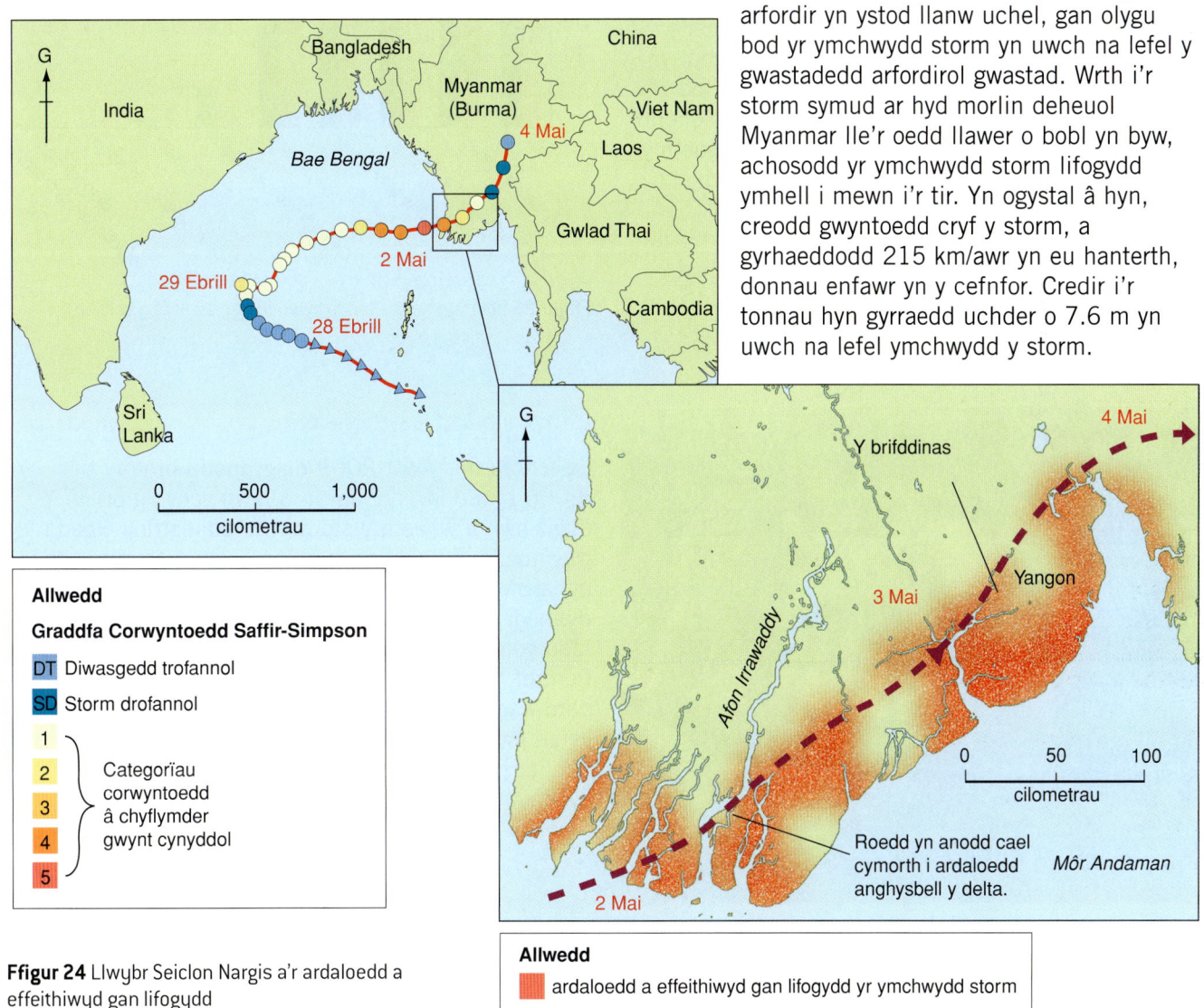

Allwedd
Graddfa Corwyntoedd Saffir-Simpson
- DT Diwasgedd trofannol
- SD Storm drofannol
- 1
- 2
- 3 Categorïau corwyntoedd
- 4 â chyflymder gwynt cynyddol
- 5

Allwedd
ardaloedd a effeithiwyd gan lifogydd yr ymchwydd storm

Ffigur 24 Llwybr Seiclon Nargis a'r ardaloedd a effeithiwyd gan lifogydd

Gweithgaredd

5 Amlinellwch beth achosodd y tywydd difrifol a effeithiodd ar Myanmar ym mis Mai 2008.

6 a) Disgrifiwch lwybr Seiclon Nargis.
   b) Disgrifiwch ddosbarthiad y tir a effeithiwyd gan lifogydd.

7 Ymchwiliwch ymhellach i gorwyntoedd/seiclonau. Canolbwyntiwch ar:
   - pa rannau o'r trofannau y mae corwyntoedd yn effeithio arnynt
   - astudiaeth achos o gorwynt diweddar
   - Graddfa Corwyntoedd Saffir-Simpson.

Thema 8: Tywydd a Hinsawdd

Sut y mae peryglon tywydd yn effeithio ar bobl, ar yr economi a'r amgylchedd?

Sut y cafodd pobl eu heffeithio gan Seiclon Nargis?

Cafodd Seiclon Nargis a'i lifogydd difrifol effaith ar bobl yn y tymor byr a'r tymor hir. Difrodwyd tua 800,000 o gartrefi a chafodd llawer o oroeswyr eu dadleoli. Symudodd mwyafrif y bobl hyn i fyw gydag aelodau'r teulu a symudodd 260,000 i wersylloedd ffoaduriaid. Er mawr syndod, roedd 80 y cant o'r cartrefi a ddifrodwyd wedi'u hailadeiladu erbyn diwedd Mehefin 2008. Llifodd dŵr dros y tir, gan ddinistrio cnydau reis. Bu farw tua 130,000 o bobl – boddi wnaeth y rhan fwyaf ohonynt. Roedd dros hanner y rhai a oroesodd yn yr ardaloedd a darwyd waethaf yn brin o fwyd. Nododd 65 y cant o'r boblogaeth fod ganddynt broblemau iechyd ar ddechrau mis Mehefin. Roedd y rhain yn cynnwys 37 y cant o'r boblogaeth yn dioddef twymyn a 34 y cant yn dioddef dolur rhydd. Mae clefydau fel dolur rhydd yn gyffredin ar ôl digwyddiadau fel hyn, gan fod carthion yn llygru'r dŵr yfed. Difrodwyd tri chwarter o ganolfannau iechyd y rhanbarth gan y storm, felly roedd yn fwy anodd i deuluoedd gael at raglenni imiwneiddio a mathau eraill o ofal pan oeddent eu hangen fwyaf.

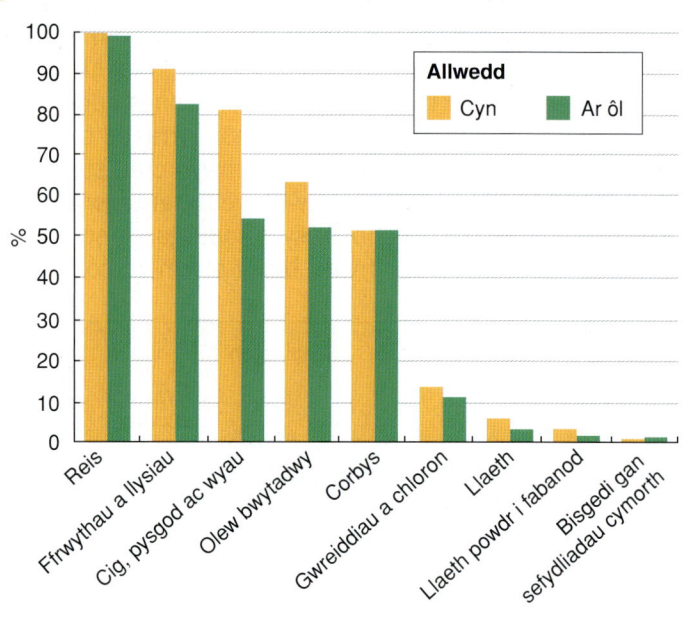

Ffigur 25 Deiet yn nelta Afon Irrawaddy cyn ac ar ôl y seiclon

Ffigur 26 Pentrefwyr yn cael eu hachub o'r llifogydd yn sir Cangnan, dwyrain China

Pam yr oedd Teiffŵn Morakot mor ddinistriol?

Ddechrau mis Awst 2009 disgynnodd bron i 3,000 mm o law ar Taiwan o fewn ychydig oriau. Y dilyw hwn a wnaeth y storm mor ddinistriol. Roedd gwyntoedd Morakot yn gymharol wan, gan gyrraedd uchafbwynt o 150 km/awr. Fodd bynnag, gwnaeth diamedr y teiffŵn ddyblu i 1,600 km ar 7 Awst wrth iddo godi egni o ddyfroedd 28°C y Cefnfor Tawel. Pentref mynyddig Hsiaolin yn ne Taiwan gafodd ei daro waethaf, a bu bron i'r lle gael ei ddinistrio'n gyfan gwbl gan **dirlithriad** enfawr. Roedd dros 700 o bobl ar goll, ac ofnwyd eu bod wedi marw. Tarwyd dwyrain China yn wael gan y storm hefyd.

Gweithgaredd

1. Astudiwch Ffigur 25. Cymharwch ansawdd y deiet cyn ac ar ôl Seiclon Nargis ac awgrymwch sut y gallai hyn fod wedi effeithio ar y bobl.

2. Gwnewch fap i ddangos lleoliad Taiwan a gwledydd eraill yn y rhanbarth.

3. a) Eglurwch pam roedd Teiffŵn Morakot mor ddinistriol.
   b) Awgrymwch pam y cafodd rhai ardaloedd o'r wlad Asiaidd gymharol gyfoethog hon eu heffeithio'n waeth na'i gilydd.

Thema 8: Tywydd a Hinsawdd

Sut y mae peryglon tywydd yn effeithio ar economi Gwlad yr Iâ?

Mae hinsawdd Gwlad yr Iâ wedi bod yn her i'r bobl sy'n byw yno erioed. Yn y gaeaf mae eira'n cau llawer o ffyrdd ac nid yw rhai ohonynt yn agor eto tan fis Mai. Mae Ffigur 27 yn crynhoi rhai o effeithiau hinsawdd Gwlad yr Iâ ar economi'r wlad a'i phobl.

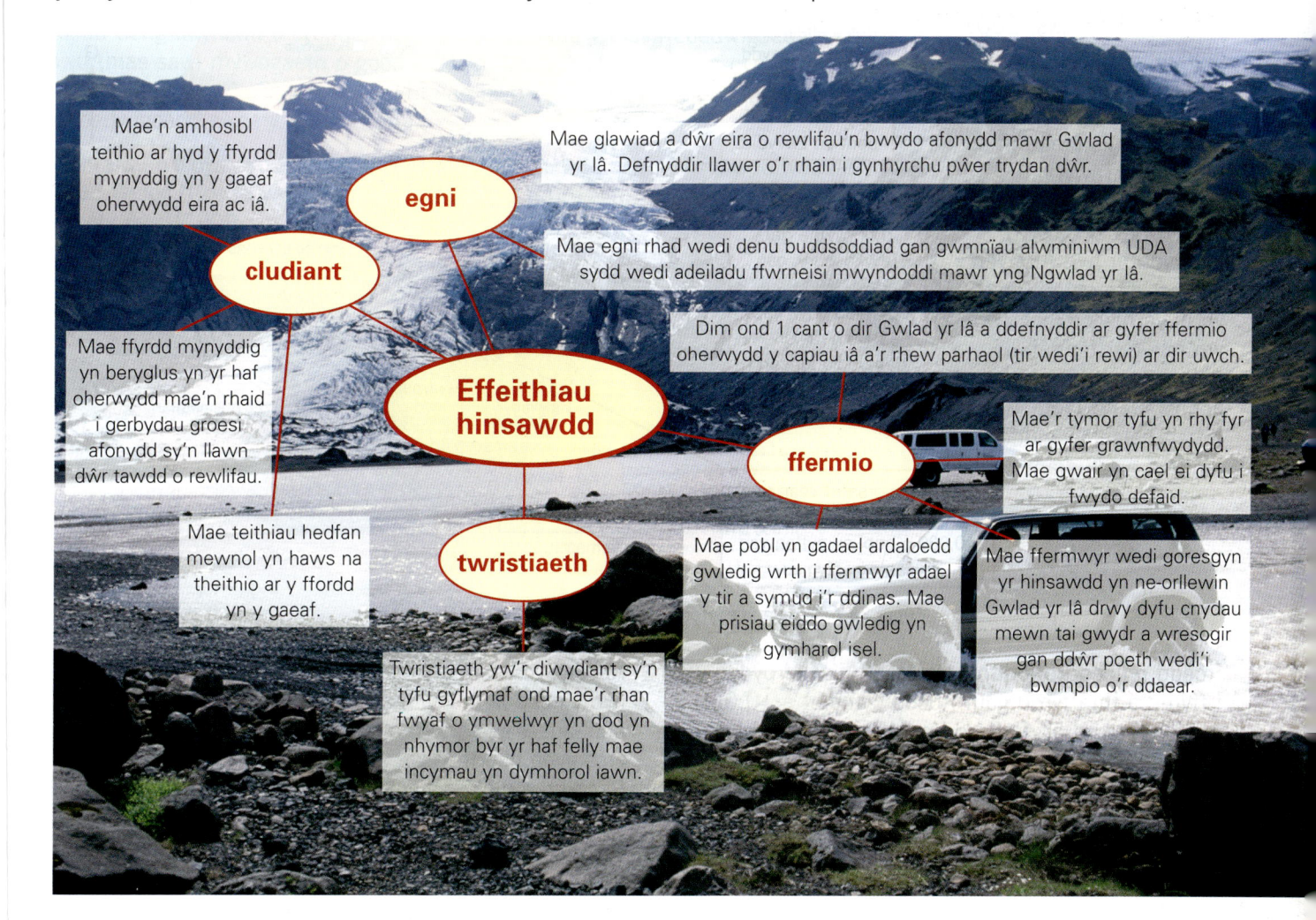

cludiant
- Mae'n amhosibl teithio ar hyd y ffyrdd mynyddig yn y gaeaf oherwydd eira ac iâ.
- Mae ffyrdd mynyddig yn beryglus yn yr haf oherwydd mae'n rhaid i gerbydau groesi afonydd sy'n llawn dŵr tawdd o rewlifau.
- Mae teithiau hedfan mewnol yn haws na theithio ar y ffordd yn y gaeaf.

egni
- Mae glawiad a dŵr eira o rewlifau'n bwydo afonydd mawr Gwlad yr Iâ. Defnyddir llawer o'r rhain i gynhyrchu pŵer trydan dŵr.
- Mae egni rhad wedi denu buddsoddiad gan gwmnïau alwminiwm UDA sydd wedi adeiladu ffwrneisi mwyndoddi mawr yng Ngwlad yr Iâ.

ffermio
- Dim ond 1 cant o dir Gwlad yr Iâ a ddefnyddir ar gyfer ffermio oherwydd y capiau iâ a'r rhew parhaol (tir wedi'i rewi) ar dir uwch.
- Mae'r tymor tyfu yn rhy fyr ar gyfer grawnfwydydd. Mae gwair yn cael ei dyfu i fwydo defaid.
- Mae ffermwyr wedi goresgyn yr hinsawdd yn ne-orllewin Gwlad yr Iâ drwy dyfu cnydau mewn tai gwydr a wresogir gan ddŵr poeth wedi'i bwmpio o'r ddaear.

twristiaeth
- Mae pobl yn gadael ardaloedd gwledig wrth i ffermwyr adael y tir a symud i'r ddinas. Mae prisiau eiddo gwledig yn gymharol isel.
- Twristiaeth yw'r diwydiant sy'n tyfu gyflymaf ond mae'r rhan fwyaf o ymwelwyr yn dod yn nhymor byr yr haf felly mae incymau yn dymhorol iawn.

Ffigur 27 Sut y mae hinsawdd Gwlad yr Iâ yn effeithio ar yr economi

A yw economi'r DU yn cael ei effeithio o gwbl?

Rhwng 20 a 22 Rhagfyr 2006, gwnaeth ardal o wasgedd uchel setlo dros y DU, gan ddal aer claear a'i atal rhag codi. Cyddwysodd lleithder yn yr awyr, gan greu niwl trwchus. Bu'n rhaid i sawl cwmni hedfan ganslo teithiau a digolledu teithwyr neu wneud trefniadau teithio eraill ar eu cyfer ar drên neu fws moethus. Er enghraifft, ar 22 Rhagfyr canslwyd cyfanswm o 411 o deithiau hedfan o feysydd awyr y DU, gan gynnwys 350 o Heathrow. Effeithiodd yr anhrefn ar o leiaf 40,000 o bobl: hwn oedd diwrnod prysuraf gwyliau'r Nadolig i fod.

Gweithgaredd

4 a) Defnyddiwch Ffigur 27 i egluro sut y mae hinsawdd Gwlad yr Iâ yn effeithio ar ei phobl.
   b) Defnyddiwch wefan Swyddfa Dywydd Gwlad yr Iâ i ymchwilio i effeithiau tywydd eithafol, gan gynnwys eirlithradau. Dilynwch y cyswllt hwn:

   http://en.vedur.is/avalanches/articles

5 Beth yw effeithiau economaidd stormydd trofannol? Defnyddiwch enghreifftiau penodol o wahanol rannau o'r byd yn eich ymchwiliad.

Thema 8: Tywydd a Hinsawdd

A fedrwn ni reoli peryglon tywydd?

Sut y mae modd defnyddio technoleg i ragweld tywydd eithafol a lleihau effaith ei effeithiau?

Mae Asiantaeth Gofod Ewrop yn darparu data i ddynion a merched y tywydd drwy gyfuniad o ddau fath o loeren:

System ddaearsefydlog sy'n troi o amgylch y Ddaear ar uchder o 36,000 km yw MeteoStat. Mae'n dilyn cylchdro'r Ddaear, felly mae uwchben yr un man o hyd ac yn gallu tynnu lluniau o Ewrop a Chefnfor Iwerydd. Mae hyn yn bwysig oherwydd bod y rhan fwyaf o'r systemau gwasgedd aer uchel ac isel sy'n effeithio ar Ewrop yn dod o Gefnfor Iwerydd.

Cyfres newydd o loerenni a lansiwyd gyntaf yn 2006 yw MetOp. Mae'r system hon yn troi o amgylch y pegynau 800 km uwchben y Ddaear. Mae hyn yn golygu ei bod yn cofnodi darlleniadau llawer manylach o arwyneb cyfan y Ddaear. Mae hyn yn galluogi gwyddonwyr i greu rhagolygon y tywydd mwy cywir ar gyfer y tymor canolig a'r tymor hir. Dylai hyn roi mwy o rybudd i bobl am ddigwyddiadau tywydd eithafol a helpu i leihau'r risg i bobl yn sgil peryglon tywydd.

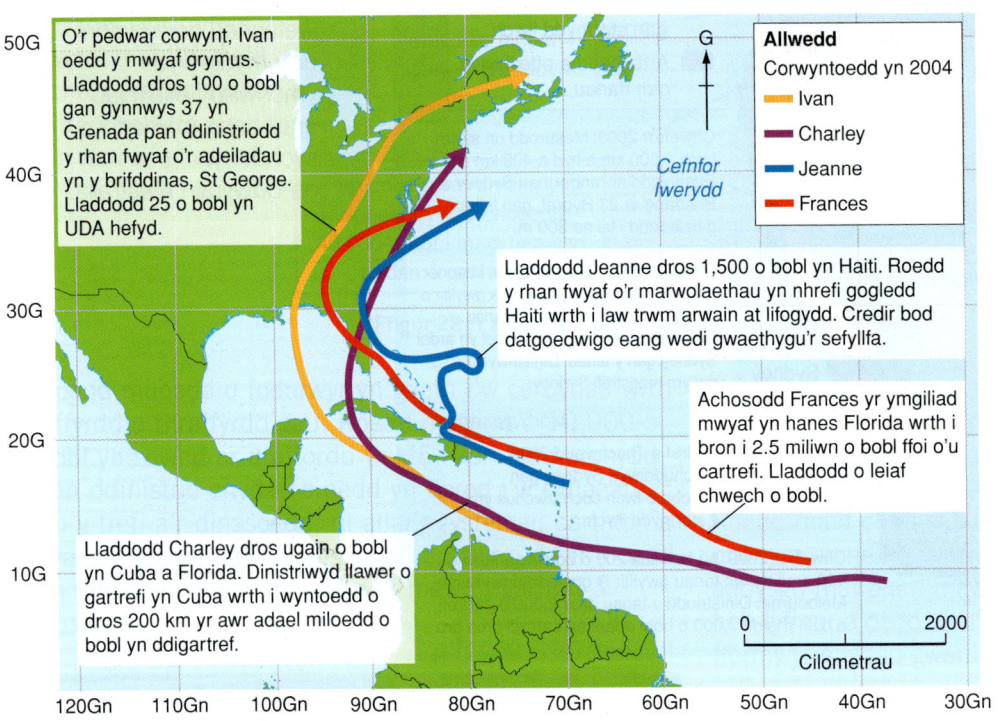

Yn UDA, mae'r Ganolfan Corwyntoedd Genedlaethol (*NHC*) yn Florida yn gyfrifol am olrhain a rhagfynegi ymddygiad tebygol stormydd trofannol. Pan ddisgwylir amodau storm drofannol o fewn 36 awr, mae'r ganolfan yn cyhoeddi rhybuddion priodol drwy'r cyfryngau newyddion ac NOAA Weather Radio. Yn ogystal â chyhoeddi rhagolygon, mae'r Ganolfan yn cadw gwybodaeth fanwl am hanes corwyntoedd ac yn rhoi cyngor ar sut i baratoi am gorwynt.

O'r pedwar corwynt, Ivan oedd y mwyaf grymus. Lladdodd dros 100 o bobl gan gynnwys 37 yn Grenada pan ddinistriodd y rhan fwyaf o'r adeiladau yn y brifddinas, St George. Lladdodd 25 o bobl yn UDA hefyd.

Allwedd
Corwyntoedd yn 2004
- Ivan
- Charley
- Jeanne
- Frances

Lladdodd Jeanne dros 1,500 o bobl yn Haiti. Roedd y rhan fwyaf o'r marwolaethau yn nhrefi gogledd Haiti wrth i law trwm arwain at lifogydd. Credir bod datgoedwigo eang wedi gwaethygu'r sefyllfa.

Achosodd Frances yr ymgiliad mwyaf yn hanes Florida wrth i bron i 2.5 miliwn o bobl ffoi o'u cartrefi. Lladdodd o leiaf chwech o bobl.

Lladdodd Charley dros ugain o bobl yn Cuba a Florida. Dinistriwyd llawer o gartrefi yn Cuba wrth i wyntoedd o dros 200 km yr awr adael miloedd o bobl yn ddigartref.

Ffigur 33 Siart olrhain corwyntoedd Basn Cefnfor Iwerydd

Gweithgaredd

1 Defnyddiwch y wybodaeth yn Ffigur 33 i ddisgrifio llwybr cyffredinol y corwyntoedd hyn.

2 Ystyriwch bob un o'r ffactorau canlynol. Eglurwch sut y gallai ddylanwadu ar nifer y bobl sy'n marw yn ystod corwynt:
- cyflymder y gwynt
- pa mor drwm yw'r glawiad
- dwysedd y boblogaeth yn agos at yr arfordir
- tlodi neu gyfoeth yr ardal
- datgoedwigo.

3 Defnyddiwch www.esa.int/esaCP/index.html a chliciwch ar 'Multimedia Gallery' i ddod o hyd i fideo ac animeiddiadau o'r rhaglen MetOp.

4 Defnyddiwch www.nhc.noaa.gov i ddod i hyd i wybodaeth am ddigwyddiadau stormydd trofannol ddoe a heddiw.

Thema 8: Tywydd a Hinsawdd

Barcelona — Rheoli sychder yn Barcelona

Barcelona yw prifddinas Catalunya, rhanbarth llewyrchus yng ngogledd-ddwyrain Sbaen. Oherwydd prinder dŵr difrifol yn 2007/08, bu'n rhaid i'r ddinas gymryd camau anarferol i osgoi rhedeg allan o ddŵr. Ym mis Chwefror 2008 gosodwyd gorchymyn sychder. Roedd hyn yn cyfyngu ar y defnydd o ddŵr gan gartrefi, er enghraifft ar gyfer dyfrhau'r ardd neu olchi'r car. Cyfyngwyd ar y defnydd o ddŵr mewn mannau cyhoeddus fel parciau canol dinas a chafodd 10 y cant o ffynhonnau cyhoeddus eu troi i ffwrdd. Roedd pobl yn wynebu dirwyon os byddent yn torri'r rheolau. Erbyn Mai 2008 roedd sefyllfa'r ddinas mor argyfyngus nes i fflyd o danceri yn cario 28 miliwn litr o ddŵr yr un ddechrau dod â dŵr i borthladd y ddinas. Trosglwyddodd y 'bont ddŵr' hon ddŵr i Barcelona o Tarragona yn Sbaen a Marseille yn Ffrainc.

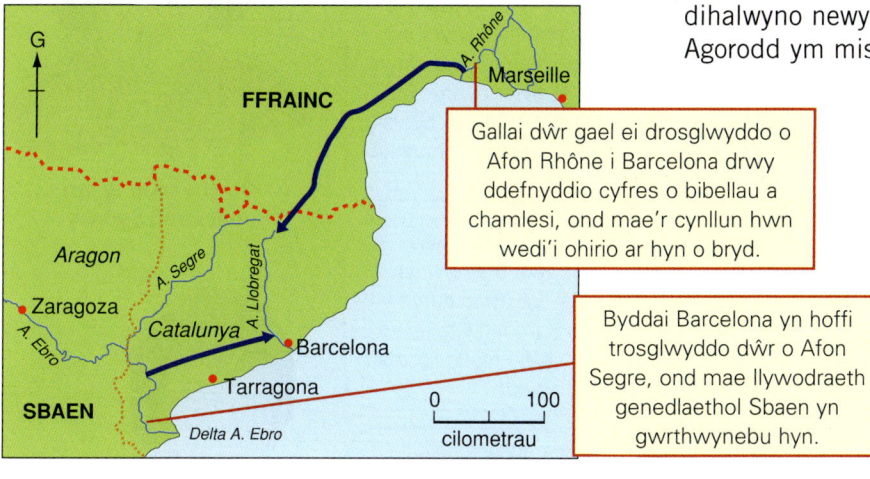

Mae llywodraeth Catalunya wedi awgrymu y gallai'r broblem tymor hir o safbwynt cyflenwad dŵr gael ei datrys pe bai modd trosglwyddo dŵr i'r ddinas o ranbarthau eraill. Mae wedi awgrymu dau gynllun, sydd i'w gweld yn Ffigur 34. Fodd bynnag, mae dŵr yn adnodd gwerthfawr ac mae'r ddau gynllun wedi cael eu gwrthwynebu'n chwyrn. Mae rhan o Afon Segre yn llifo ar hyd y ffin ag Aragon ac mae'r llywodraeth ranbarthol yn gwrthwynebu'r defnydd o'i dŵr yn Catalunya. Yn y cyfamser mae Catalunya wedi cyhuddo Aragon o fod eisiau defnyddio dŵr yfed Barcelona yng ngwestai a chyrsiau golff Aragon. Mae Aragon wedi apelio i'r llywodraeth genedlaethol. Hyd yn hyn mae'r llywodraeth genedlaethol wedi cefnogi Aragon ac ni all Catalunya roi'r cynllun ar waith.

Yn y cyfamser mae Barcelona yn dibynnu ar waith dihalwyno newydd i droi dŵr y môr yn ddŵr ffres. Agorodd ym mis Gorffennaf 2009.

Ffigur 34 Cynlluniau ar gyfer cyflenwad dŵr Barcelona

Gallai dŵr gael ei drosglwyddo o Afon Rhône i Barcelona drwy ddefnyddio cyfres o bibellau a chamlesi, ond mae'r cynllun hwn wedi'i ohirio ar hyn o bryd.

Byddai Barcelona yn hoffi trosglwyddo dŵr o Afon Segre, ond mae llywodraeth genedlaethol Sbaen yn gwrthwynebu hyn.

Gweithgaredd

5
a) Rhestrwch bob un o'r atebion i brinder dŵr Barcelona.
b) Dosbarthwch yr atebion i bethau y gallai deiliaid tai eu gwneud a phethau a wnaed gan y llywodraeth.
c) Beth yw'r ateb mwyaf cynaliadwy i broblem Barcelona yn eich barn chi? Rhowch reswm dros eich ateb.

6 A yw Aragon yn gywir i wrthwynebu cynllun Catalunya? Ysgrifennwch adroddiad yn mynegi eich safbwynt.

Protestiwr yn Ffrainc: Rwy'n aelod o grŵp protest sy'n gwrthwynebu'r cynllun i drosglwyddo dŵr o Ffrainc. Byddai'r cynllun yn difrodi ecosystem Afon Rhône. Y bobl fydd yn elwa fwyaf yw perchenogion cyfoethog y cwmnïau dŵr!

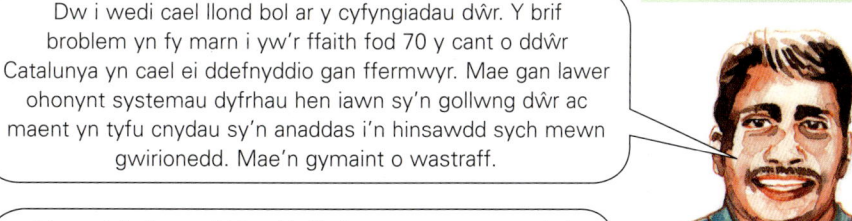

Deiliad tŷ: Dw i wedi cael llond bol ar y cyfyngiadau dŵr. Y brif broblem yn fy marn i yw'r ffaith fod 70 y cant o ddŵr Catalunya yn cael ei ddefnyddio gan ffermwyr. Mae gan lawer ohonynt systemau dyfrhau hen iawn sy'n gollwng dŵr ac maent yn tyfu cnydau sy'n anaddas i'n hinsawdd sych mewn gwirionedd. Mae'n gymaint o wastraff.

Arbenigwr ar yr hinsawdd: Mae adeiladu gweithfeydd dihalwyno yn gamgymeriad mawr. Maent yn defnyddio llawer iawn o egni ac felly'n cyfrannu at newid hinsawdd. Drwy adeiladu gweithfeydd dihalwyno bydd Catalunya yn cynyddu'r posibilrwydd o sychder. Nid yw'n ddewis cynaliadwy.

Ffigur 35 Safbwyntiau ar y prinder dŵr

Thema 8: Tywydd a Hinsawdd

Awstralia — Lleihau'r risg o danau coedwig yn y dyfodol

Mae'r tanau coedwig rhwng 2003 a 2009 wedi arwain at drafodaeth ar reoli coedwigoedd Awstralia. Rheoli'r coedwigoedd ewcalyptws drwy losgi rheoledig yw un ffordd bosibl o leihau'r risg o dân. Mae tanau rheoledig yn clirio'r canghennau sydd wedi disgyn a'r llystyfiant prysg. Mae'r dull hwn yn lleihau'r risg o danau mawr yn cynnau ac yn mynd allan o reolaeth. Fodd bynnag, mae gan y grwpiau gwahanol sy'n defnyddio'r coedwigoedd ewcalyptws safbwyntiau gwahanol ar y pwnc hwn.

Perchennog gwesty: Mae twristiaeth yn rhan hanfodol o economi De Cymru Newydd. Mae ymwelwyr eisiau gweld coedwigoedd naturiol sydd heb gael eu hamharu arnynt a'u llosgi. Dydyn nhw ddim eisiau gweld mwg neu dystiolaeth o ddifrod gan danau. Maent eisiau mynediad i bob un o'n coedwigoedd hefyd. Byddai tanau rheoledig yn cyfyngu ar fynediad i ymwelwyr.

Cynrychiolydd y Cynfrodorion: Rydym yn falch o'n diwylliant ac o'n traddodiad ffermio 'firestick' (tanau rheoledig). Mae'r tanau bach hyn yn clirio prysg ac yn annog gwair i dyfu. Mae'r dull rheoli hwn yn creu amrywiaeth o gynefinoedd sy'n ddelfrydol ar gyfer gwahanol anifeiliaid brodorol fel y cangarŵ.

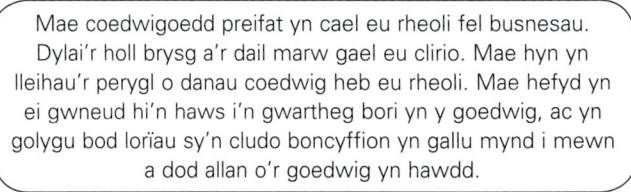

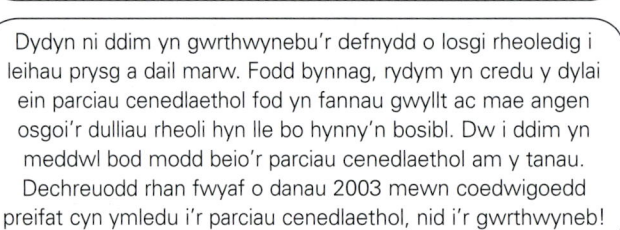

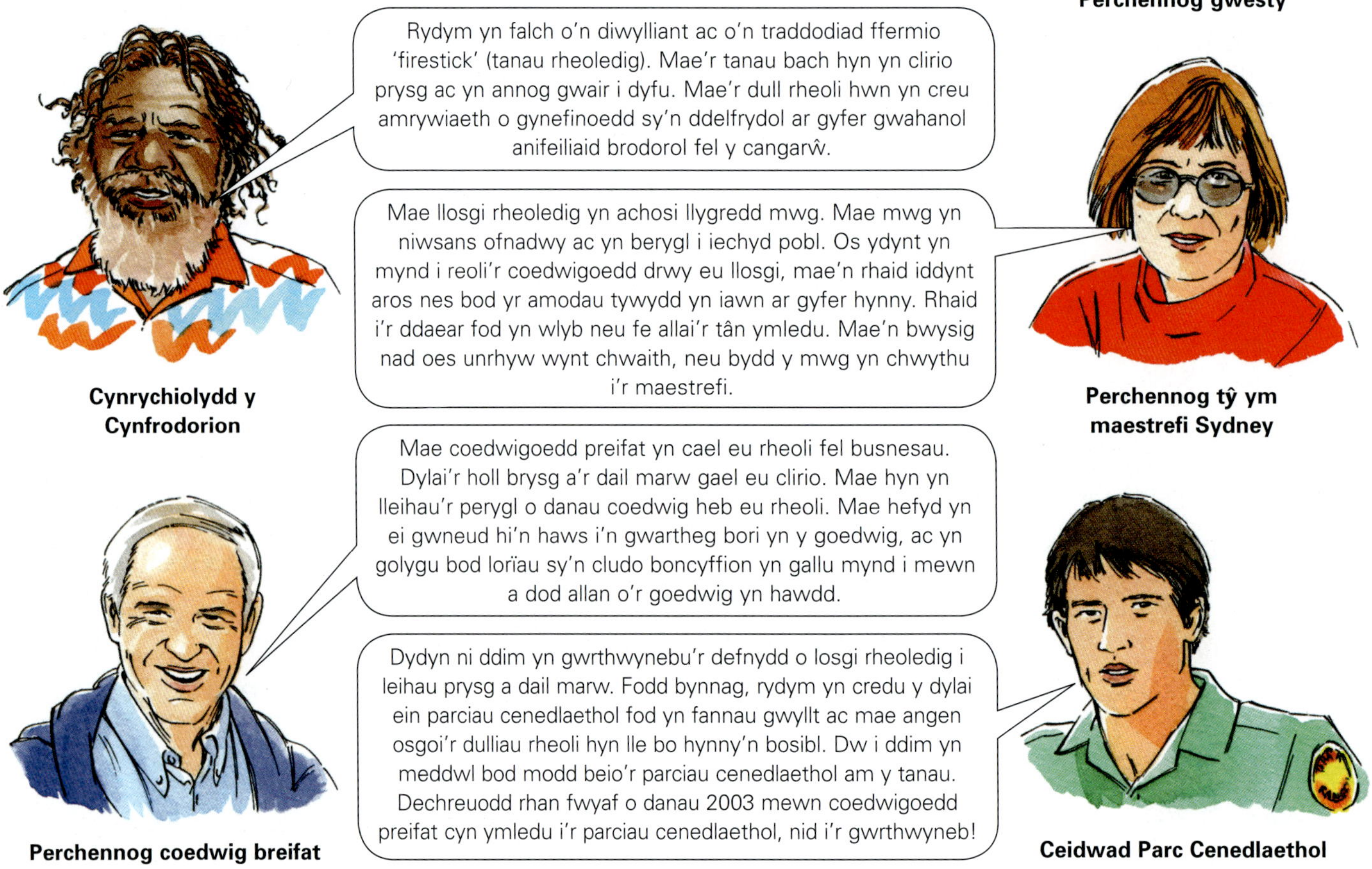

Perchennog tŷ ym maestrefi Sydney: Mae llosgi rheoledig yn achosi llygredd mwg. Mae mwg yn niwsans ofnadwy ac yn beryg i iechyd pobl. Os ydynt yn mynd i reoli'r coedwigoedd drwy eu llosgi, mae'n rhaid iddynt aros nes bod yr amodau tywydd yn iawn ar gyfer hynny. Rhaid i'r ddaear fod yn wlyb neu fe allai'r tân ymledu. Mae'n bwysig nad oes unrhyw wynt chwaith, neu bydd y mwg yn chwythu i'r maestrefi.

Perchennog coedwig breifat: Mae coedwigoedd preifat yn cael eu rheoli fel busnesau. Dylai'r holl brysg a'r dail marw gael eu clirio. Mae hyn yn lleihau'r perygl o danau coedwig heb eu rheoli. Mae hefyd yn ei gwneud hi'n haws i'n gwartheg bori yn y goedwig, ac yn golygu bod lorïau sy'n cludo boncyffion yn gallu mynd i mewn a dod allan o'r goedwig yn hawdd.

Ceidwad Parc Cenedlaethol: Dydyn ni ddim yn gwrthwynebu'r defnydd o losgi rheoledig i leihau prysg a dail marw. Fodd bynnag, rydym yn credu y dylai ein parciau cenedlaethol fod yn fannau gwyllt ac mae angen osgoi'r dulliau rheoli hyn lle bo hynny'n bosibl. Dw i ddim yn meddwl bod modd beio'r parciau cenedlaethol am y tanau. Dechreuodd rhan fwyaf o danau 2003 mewn coedwigoedd preifat cyn ymledu i'r parciau cenedlaethol, nid i'r gwrthwyneb!

Ffigur 36 Safbwyntiau ar reoli'r coedwigoedd ewcalyptws

Gweithgaredd

1 Defnyddiwch y safbwyntiau yn Ffigur 36. Copïwch a chwblhewch y tabl canlynol.

	Dadleuon o blaid llosgi rheoledig	Dadleuon yn erbyn llosgi rheoledig
Economaidd		Mae llosgi yn beryglus ac yn ddrud
Amgylcheddol		
Cymdeithasol (sut y gallai grwpiau gwahanol gael eu heffeithio)		Bydd llygredd mwg yn achosi problemau iechyd i breswylwyr yn y maestrefi

2 Mewn grwpiau trafodwch y dewisiadau posibl eraill y byddai modd eu defnyddio yn ne-ddwyrain Awstralia.

Thema 8: Tywydd a Hinsawdd

Bangladesh

A all gwledydd LlEDd *(LEDCs)* reoli peryglon tywydd?

Mae Bangladesh yn dioddef mwy o lifogydd na'r rhan fwyaf o wledydd y byd. Mae'n cael ei heffeithio gan lifogydd afonydd a llifogydd a achosir gan ymchwyddiadau storm sy'n gysylltiedig â seiclonau. Yn y rhan fwyaf o'r wlad mae mesurau rheoli llifogydd yn gyfyngedig i adeiladu argloddiau pridd. Mae'r rhain yn torri'n hawdd ac yn cael eu difrodi gan **erydiad** afonydd. Fodd bynnag, mewn ardaloedd trefol sy'n tyfu'n gyflym mae afonydd yn cael eu hunioni ac mae concrit yn cael ei osod ar y glannau. Mae argaeau yn cael eu hadeiladu i fyny'r afon hefyd. Yn ogystal, mae'r System Rhagolygon a Rhybuddion Llifogydd bellach yn cynnwys holl ardaloedd y wlad sy'n dueddol o ddioddef llifogydd ac yn rhoi gwybodaeth am lifogydd a rhybuddion cynnar.

Mae Adran Feteoroleg Bangladesh hefyd yn cyhoeddi rhybuddion am seiclonau. O ganlyniad, mae llawer o bobl yn cael eu symud i lochesi seiclonau yn yr ardal arfordirol. Yn anffodus, mae yna brinder llochesi ac mae llawer o'r rhai a adeiladwyd ar ôl seiclonau 1987 mewn cyflwr gwael ac angen eu hatgyweirio'n helaeth neu eu hailadeiladu. Mae'n rhaid i waliau môr fod yn gost effeithiol. Un awgrym yw cael waliau môr gyda leinin o goncrit neu friciau bob ochr, â bagiau tywod neu dywod rhydd yn llenwi'r man gwag yn y canol.

Mae coedwig Sundarbans wedi achub llawer o fywydau ac wedi atal eiddo ar hyd yr arfordir rhag cael ei ddinistrio drwy greu rhwystr naturiol yn erbyn gwyntoedd cryf y stormydd trofannol. Fodd bynnag, gallai'r goedwig **fangrof** hon ddiflannu o ganlyniad i ddatgoedwigo.

Ffigur 37 Lleoliad Bangladesh

Ffigur 38 Coedwig Sundarbans ar hyd arfordir Bangladesh

Gweithgaredd

3 Defnyddiwch atlas i ddarganfod pam y mae tirwedd Bangladesh yn ei gwneud hi'n dueddol i gael llifogydd afonydd.

4 Ymchwiliwch i sut y mae ffactorau dynol hefyd yn cyfrannu at lifogydd afonydd.

5 Mewn grwpiau trafodwch y farn bod Bangladesh yn ei chael hi'n anodd ymdopi â pheryglon.

6 Defnyddiwch dudalennau 14–19 o *TGAU Daearyddiaeth ar gyfer Manyleb A CBAC: Craidd* i astudio sut y mae'r DU yn rheoli'r broblem o lifogydd.

Thema 8: Tywydd a Hinsawdd

A oes angen strategaethau uwch-dechnoleg bob amser?

Mae glawiad yn rhanbarth **Sahel** yng ngogledd Affrica yn isel ac yn amrywio llawer o flwyddyn i flwyddyn. O ganlyniad, mae cyfnodau o sychder yn gyffredin iawn. Un strategaeth sydd wedi ei defnyddio'n llwyddiannus yn y rhanbarthau tyfu cnydau yn Burkina Faso a Mali yw adeiladu llinellau cerrig isel o'r enw byndiau. Mae cerrig yn cael eu gosod ar hyd cyfuchlinau llethrau esmwyth. Weithiau mae'r byndiau'n cael eu hatgyfnerthu drwy blannu gweiriau gwydn ar hyd y llinellau. Mae'r cerrig a'r gwair yn helpu dŵr glaw i ymdreiddio i'r pridd a lleihau faint o ddŵr glaw a gollir fel dŵr ffo. Maent hefyd yn atal erydiad pridd. Yn y Sahel mae priddoedd yn sychu ac mae'r gwynt yn eu herydu'n hawdd. Yn ôl y ffermwyr, mae'r dull hwn yn cynyddu cynnyrch eu cnydau grawn. Mae caeau sydd â llinellau cerrig yn cynhyrchu 30 y cant yn fwy o rawn na chae cyffredin mewn blwyddyn â glawiad gwael, ac 20 y cant yn fwy mewn blwyddyn â glawiad cyfartalog.

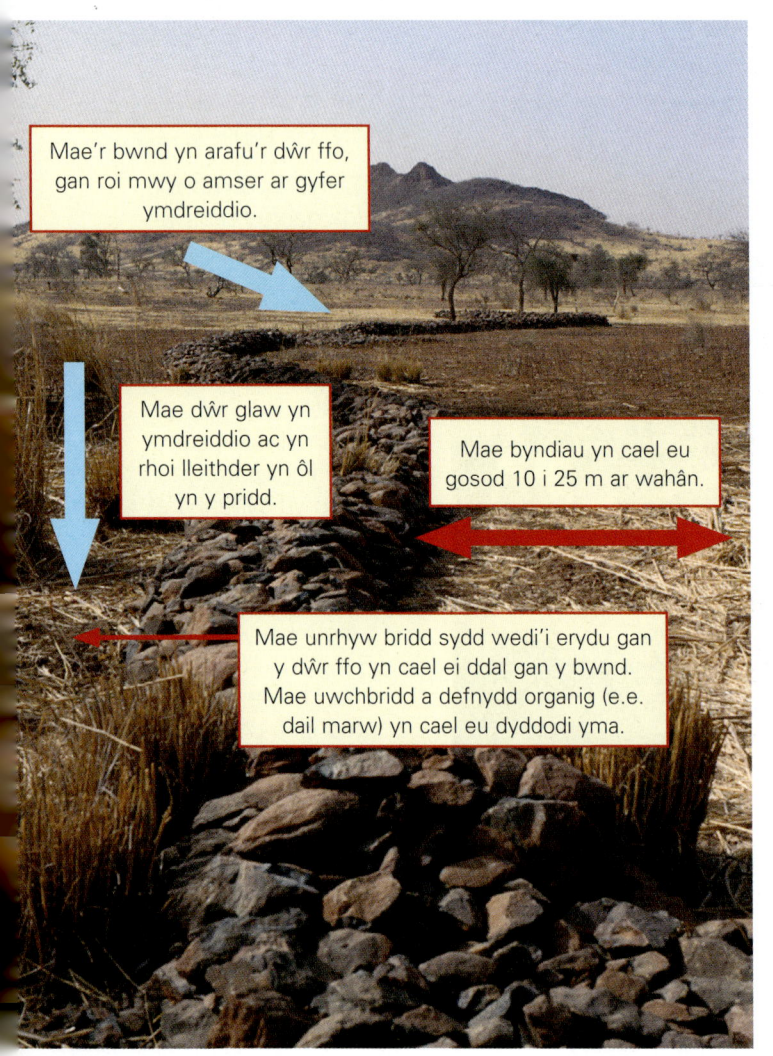

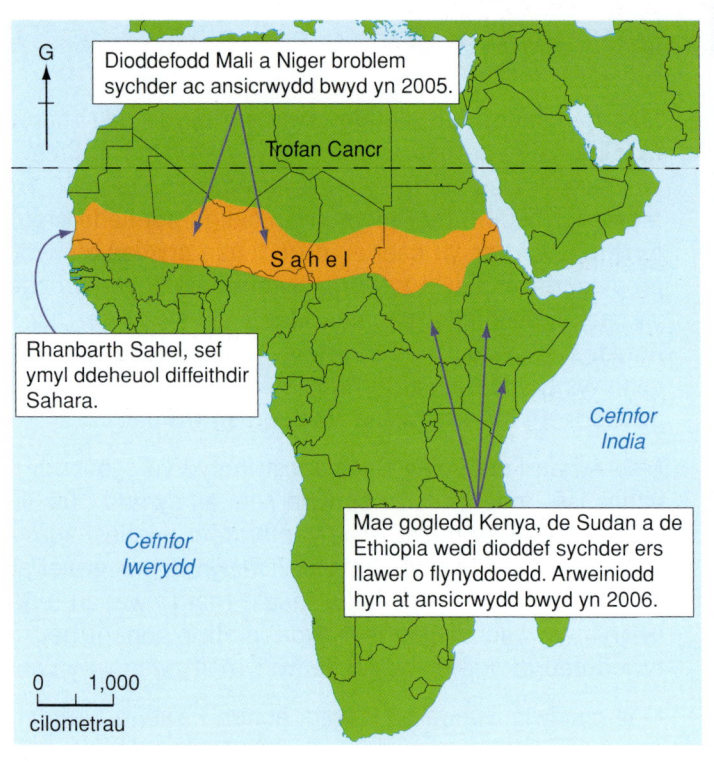

Ffigur 39 Lleoliad rhanbarth Sahel

Gweithgaredd

1 Eglurwch sut y mae llinellau cerrig yn gallu:
   a) lleihau erydiad pridd
   b) cynyddu lleithder pridd
   c) cynyddu faint o rawn sy'n cael ei dyfu.

2 Mae cynlluniau plannu coed hefyd yn bwysig yn y Sahel. Eglurwch sut y gall y strategaeth hon helpu i atal erydiad pridd.

3 Ymchwiliwch i'r strategaethau sydd gan eich cwmni dŵr lleol i wrthsefyll cyfnod o sychder.

4 Mewn parau, trafodwch yr holl ddulliau posibl o arbed dŵr yn y cartref.

Ffigur 40 Sut y mae byndiau yn gweithio

Thema 9
Pethau Byw

Beth yw bïomau a sut y maent yn gwahaniaethu?

Beth yw ecosystemau?

Cymuned o blanhigion ac anifeiliaid a'r amgylchedd lle y maent yn byw yw **ecosystem**. Mae ecosystemau yn cynnwys rhannau byw ac anfyw. Mae'r rhan fyw yn cynnwys pethau fel planhigion, pryfed ac adar sy'n dibynnu ar ei gilydd am fwyd. Gall planhigion ddibynnu ar bryfed ac adar ar gyfer peillio a gwasgaru hadau hefyd. Mae rhan anfyw'r ecosystem yn cynnwys pethau fel yr hinsawdd, priddoedd a chreigiau. Mae'r amgylchedd anfyw hwn yn darparu maetholion, cynhesrwydd, dŵr a lloches i rannau byw'r ecosystem.

> ### Gweithgaredd
> 1 Defnyddiwch Ffigur 1.
>   a) Disgrifiwch dair o rannau anfyw ecosystem y **twndra**.
>   b) Disgrifiwch ddwy ffordd y mae maetholion yn cyrraedd y pridd.
>   c) Tynnwch lun o gadwyn fwyd sy'n cynnwys corhedydd y waun.
>   ch) Beth fyddai'n digwydd i'r cudyll bach pe bai poblogaeth corhedydd y waun yn gostwng am ryw reswm (ar ôl cyflwyno ysglyfaethwr newydd i Wlad yr Iâ efallai)?

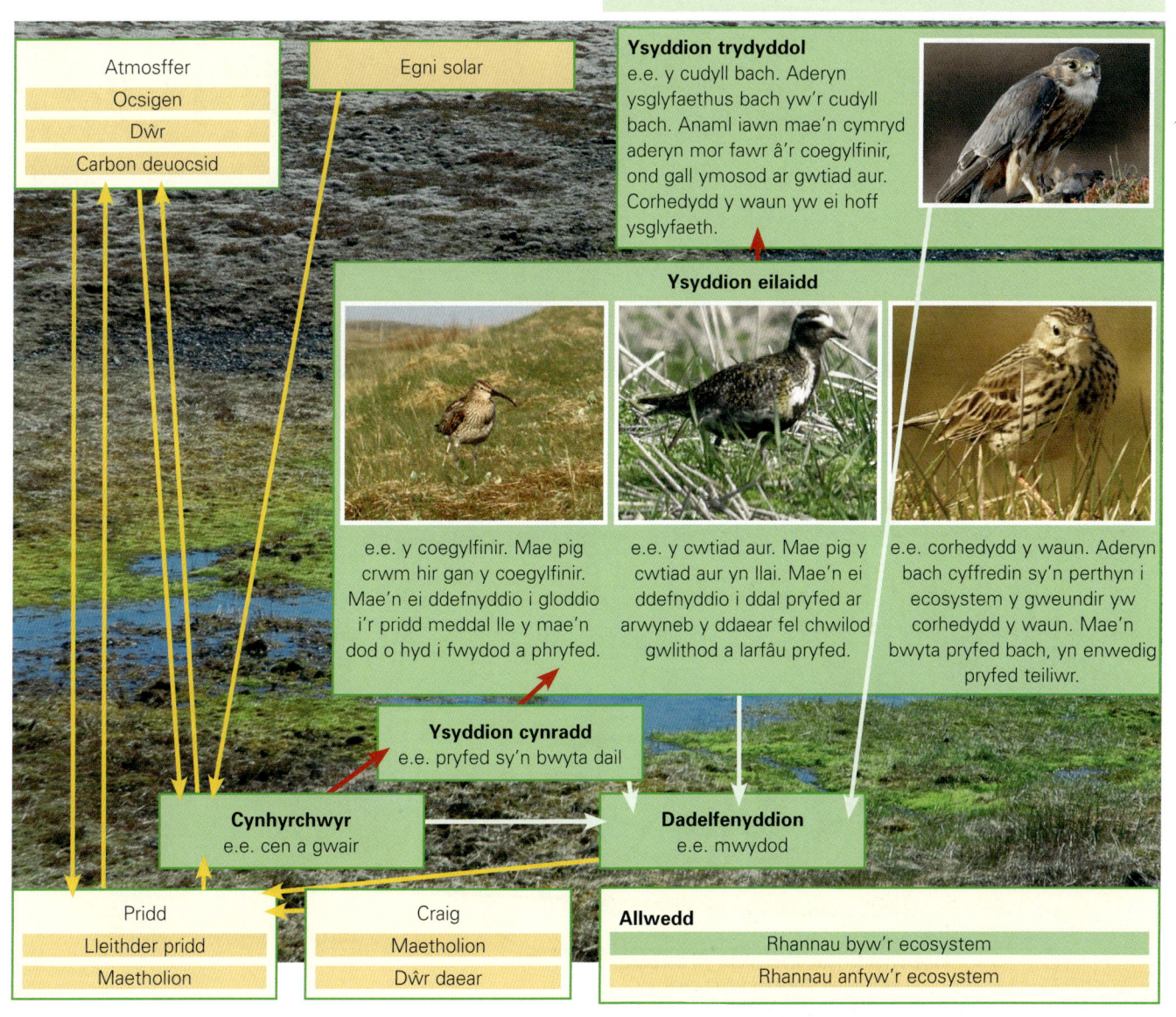

Atmosffer
- Ocsigen
- Dŵr
- Carbon deuocsid

Egni solar

Ysyddion trydyddol
e.e. y cudyll bach. Aderyn ysglyfaethus bach yw'r cudyll bach. Anaml iawn mae'n cymryd aderyn mor fawr â'r coegylfinir, ond gall ymosod ar gwtiad aur. Corhedydd y waun yw ei hoff ysglyfaeth.

Ysyddion eilaidd

e.e. y coegylfinir. Mae pig crwm hir gan y coegylfinir. Mae'n ei ddefnyddio i gloddio i'r pridd meddal lle y mae'n dod o hyd i fwydod a phryfed.

e.e. y cwtiad aur. Mae pig y cwtiad aur yn llai. Mae'n ei ddefnyddio i ddal pryfed ar arwyneb y ddaear fel chwilod gwlithod a larfâu pryfed.

e.e. corhedydd y waun. Aderyn bach cyffredin sy'n perthyn i ecosystem y gweundir yw corhedydd y waun. Mae'n bwyta pryfed bach, yn enwedig pryfed teiliwr.

Ysyddion cynradd
e.e. pryfed sy'n bwyta dail

Cynhyrchwyr
e.e. cen a gwair

Dadelfenyddion
e.e. mwydod

Pridd
- Lleithder pridd
- Maetholion

Craig
- Maetholion
- Dŵr daear

Allwedd
- Rhannau byw'r ecosystem
- Rhannau anfyw'r ecosystem

Ffigur 1 Rhannau (neu gydrannau) byw ac anfyw ecosystem y twndra di-goed yng Ngwlad yr Iâ: enghraifft o fîom

Thema 9: Pethau Byw

Sut y mae pethau byw yn rhyngweithio â'r amgylchedd ffisegol?

Mae ecosystemau yn bodoli ar wahanol raddfeydd. Mae'r mwyaf, fel coedwigoedd glaw trofannol neu dwndra di-goed rhanbarth yr Arctig, yn gorchuddio rhannau mawr o'r Ddaear. Yr enw am yr ecosystemau mawr hyn yw **bïomau**. Ond mae ecosystemau yn bodoli ar raddfeydd llai o lawer hefyd, er enghraifft dim ond ychydig hectarau mae morfeydd heli a thwyni tywod yn eu gorchuddio tra mae pwll mewn gardd yn ecosystem sy'n mesur ychydig fetrau o led yn unig.

Ym mhob un o'r ecosystemau hyn mae perthynas gymhleth yn bodoli rhwng y rhannau byw ac anfyw. Er enghraifft, mewn pwll fel yr un yng Nghanolfan Gwlyptiroedd Llundain, yn Ffigur 2, mae dyfnder y dŵr yn amrywio ac mae'r amrywiaeth hon yn darparu sawl gwahanol fath o gynefinoedd. Mae Ffigur 3 yn dangos bod yna strwythur llorweddol yn yr ecosystem hon sy'n seiliedig ar ddyfnder y dŵr. Mae amrywiaeth o ran dyfnder y dŵr (un rhan anfyw yn unig o'r ecosystem hon) yn darparu amodau byw ar gyfer gwahanol grwpiau o blanhigion. Mae'r rhain wedyn yn darparu cynefinoedd gwahanol ar gyfer mursennod neu weision y neidr amrywiol, sef ysglyfaethwyr y byd pryfed yn yr ecosystem hon. Gall y rhain gael eu bwyta wedyn gan adar fel y siglen felen neu hebog yr ehedydd (aderyn ysglyfaethus bach). Mae larfâu gweision y neidr yn byw o dan y dŵr ac yn cael eu bwyta gan bysgod, brogaod, llyffantod neu fadfallod y dŵr. Gall y pysgod a'r brogaod gael eu bwyta gan adar mawr fel y crëyr glas.

Ffigur 2 Mae strwythur llorweddol ecosystem y gwlyptir yn darparu amrywiaeth o gynefinoedd yng Nghanolfan Gwlyptiroedd Llundain

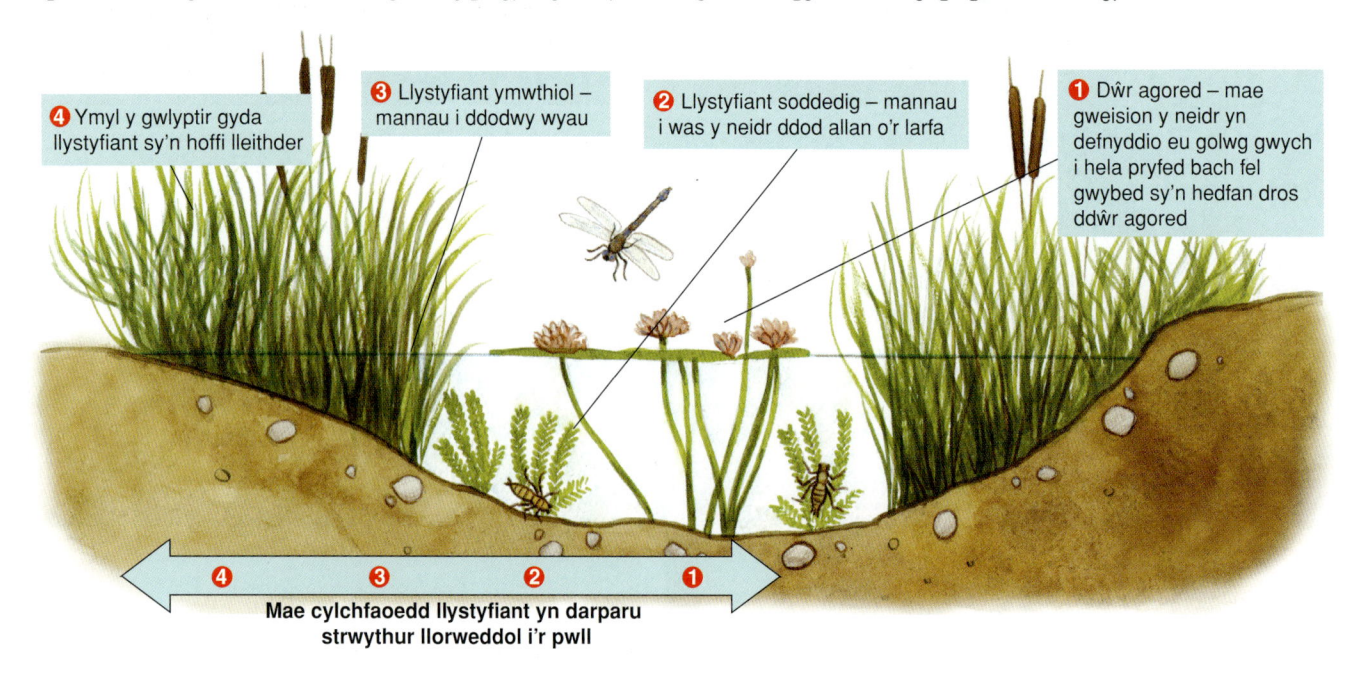

❹ Ymyl y gwlyptir gyda llystyfiant sy'n hoffi lleithder

❸ Llystyfiant ymwthiol – mannau i ddodwy wyau

❷ Llystyfiant soddedig – mannau i was y neidr ddod allan o'r larfa

❶ Dŵr agored – mae gweision y neidr yn defnyddio eu golwg gwych i hela pryfed bach fel gwybed sy'n hedfan dros ddŵr agored

Mae cylchfaoedd llystyfiant yn darparu strwythur llorweddol i'r pwll

Ffigur 3 Strwythur pwll, a chylchred bywyd gwas y neidr

Thema 9: Pethau Byw

Llundain
Canolfan Gwlyptiroedd Llundain

Mae Canolfan Gwlyptiroedd Llundain yn Barnes, de Llundain, wedi'i chreu ar safle pedair cronfa ddŵr Fictoraidd segur. Dynodwyd y cronfeydd dŵr yn Safle o Ddiddordeb Gwyddonol Arbennig (SoDdGA) yn 1975 oherwydd bod llawer o hwyaid yn defnyddio'r safle. Nid oedd angen y cronfeydd dŵr bellach, felly yn 1995 dechreuodd project adfer enfawr i droi'r cronfeydd dŵr yn ecosystem wlyptir 40 hectar a fyddai'n darparu ar gyfer bioamrywiaeth eang. Roedd y cronfeydd dŵr petryal i gyd yr un dyfnder yn wreiddiol. Aeth peirianwyr ati i'w llenwi'n rhannol â phridd i greu pyllau o faint, siâp a dyfnder gwahanol.

Gweithgaredd

1. a) Lluniwch fraslun o Ffigur 2.
   b) Parwch yr ymadroddion isod i wneud tri label ar gyfer Ffigur 2.

   Mae dŵr dyfnach gyda llystyfiant soddedig yn darparu...
   Mae dŵr bas gyda llystyfiant ymwthiol yn darparu...
   Mae ymyl y gwlyptir â llystyfiant sy'n hoffi lleithder yn darparu...

   ... mannau diogel i adar hirgoes nythu.
   ... bwyd ar gyfer hwyaid sy'n plymio.
   ... safleoedd i weision y neidr ddodwy wyau.

   c) Defnyddiwch Ffigur 3 i'ch helpu i benderfynu ble i roi pob un o'ch tri label ar eich braslun.
   ch) Eglurwch sut y mae strwythur yr ecosystem hon yn cynnig amrywiaeth o gynefinoedd ar gyfer pryfed fel gweision y neidr.

2. Gyda phartner, defnyddiwch wybodaeth o'r dudalen hon i dynnu llun gwe fwydydd syml ar gyfer pwll mewn gardd yn y DU.

3. Awgrymwch sut y gall pob un o'r nodweddion anfyw canlynol mewn pwll ddylanwadu ar blanhigyn, pryfyn neu bysgodyn sy'n byw yn y pwll:
   i) dyfnder y dŵr
   ii) tymheredd y dŵr
   iii) faint o olau sy'n cyrraedd gwaelod y pwll
   iv) faint o ocsigen sydd wedi'i hydoddi yn y dŵr
   v) faint o wrtaith sy'n cael ei olchi i'r pwll.

4. Defnyddiwch Ffigur 4.
   a) Disgrifiwch leoliad y Ganolfan Gwlyptiroedd.
   b) Rhowch gyfeirnodau grid chwe-ffigur ar gyfer:
      i) Pont Hammersmith   ii) Gorsaf Barnes.
   c) Rhowch gyfarwyddiadau, gan gynnwys pellteroedd, ar gyfer ymwelydd sy'n cerdded i Ganolfan Ymwelwyr y Gwlyptiroedd (226767) o:
      i) Bont Hammersmith   ii) Gorsaf Barnes.
   ch) Beth yw arwynebedd bras y Ganolfan Gwlyptiroedd?
      i) Ychydig yn llai nag 1 km²
      ii) Ychydig yn fwy nag 1 km²
      iii) 2 km²

Ffeithiau a ffigurau Canolfan Gwlyptiroedd Llundain
- Mae dros 30 o wahanol wlyptiroedd ar y safle.
- Mae dros 600 m o lwybrau bordiau a 3.4 km o lwybrau.
- Dros 130 rhywogaeth o adar gwyllt.
- 24 rhywogaeth o löynnod byw a 260 o wyfynod.
- 18 rhywogaeth o weision y neidr a mursennod.
- 4 rhywogaeth o amffibiaid.

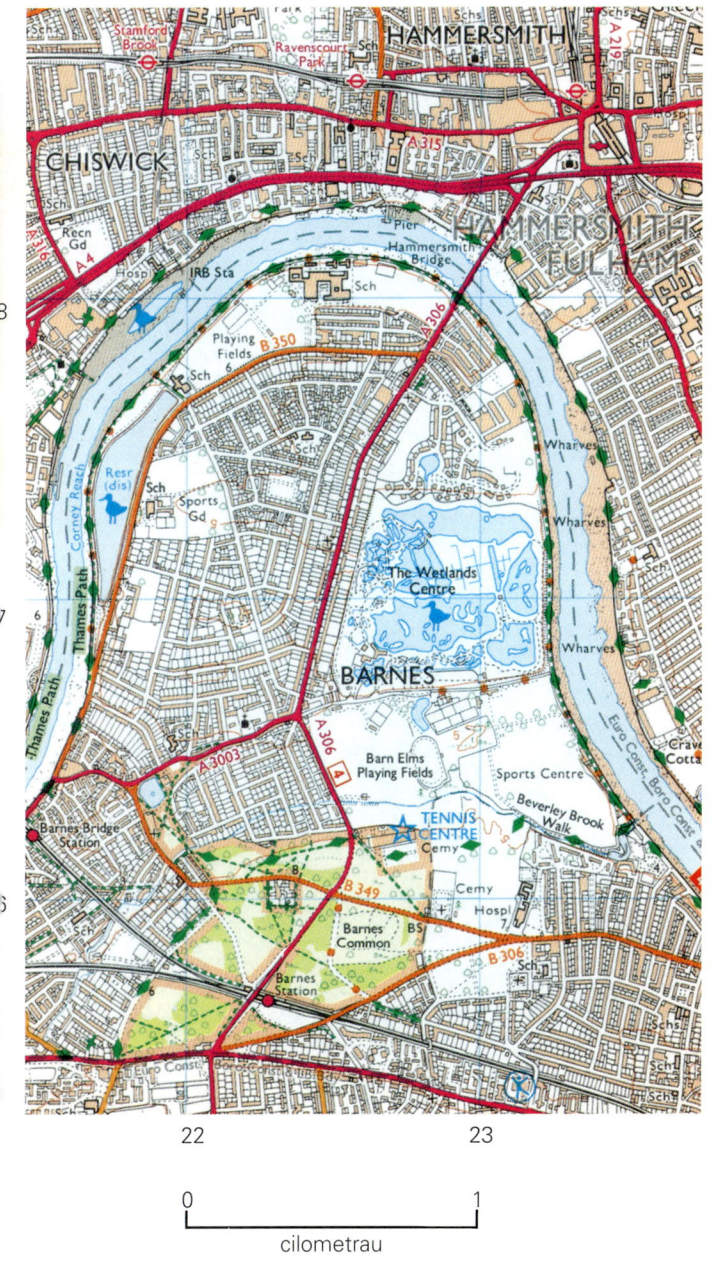

Ffigur 4 Darn o fap Arolwg Ordnans yn dangos Canolfan Gwlyptiroedd Llundain. Graddfa 1:25,000 Taflen 161

Thema 9: Pethau Byw

Patrwm dosbarthiad byd-eang bïomau

Mae hinsawdd yn ddylanwad mor bwysig ar lystyfiant a bywyd gwyllt rhanbarth nes bod bïomau (yr ecosystemau mwyaf) yn cyfateb i gylchfaoedd hinsawdd y byd yn gyffredinol.

Ffigur 6 Coedwig foreal (neu daiga), Y Ffindir

Ffigur 5 Twndra Arctig, Gwlad yr Iâ

Allwedd
- Coedwigoedd glaw trofannol
- Coetir safana
- Coedwig fythwyrdd istrofannol
- Coedwig gollddail
- Coedwig foreal (neu daiga)
- Coedwig neu brysgwydd rhanbarth y Môr Canoldir
- Paith glaswellt hir
- Paith glaswellt byr
- Lled-ddiffeithwch
- Llwyni diffeithwch a diffeithwch
- Twndra Arctig ac alpaidd
- Llen iâ

Ffigur 7 Bïomau Affrica ac Ewrop

Ffigur 8 Coedwig law drofannol, Gabon

Thema 9: Pethau Byw

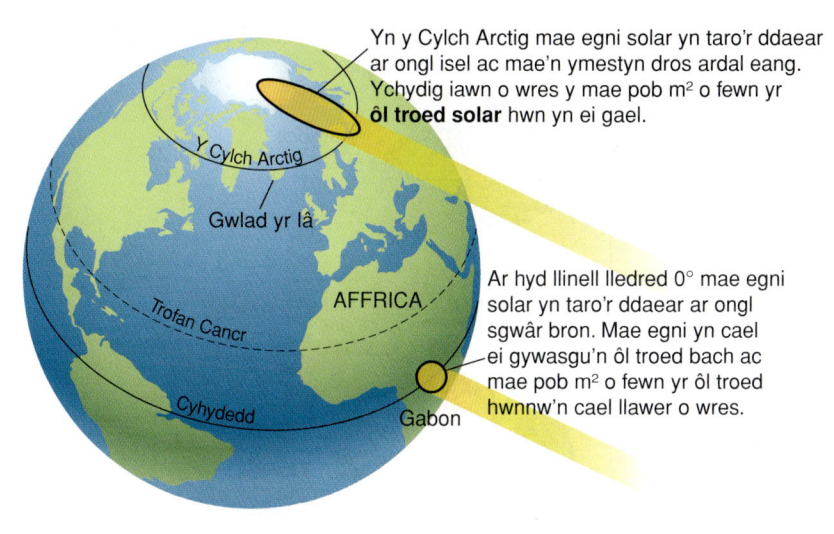

Yn y Cylch Arctig mae egni solar yn taro'r ddaear ar ongl isel ac mae'n ymestyn dros ardal eang. Ychydig iawn o wres y mae pob m² o fewn yr **ôl troed solar** hwn yn ei gael.

Ar hyd llinell lledred 0° mae egni solar yn taro'r ddaear ar ongl sgwâr bron. Mae egni yn cael ei gywasgu'n ôl troed bach ac mae pob m² o fewn yr ôl troed hwnnw'n cael llawer o wres.

Ffigur 9 Mae gwres solar y Ddaear yn amrywio yn ôl lledred

Gweithgaredd

1 Defnyddiwch Ffigur 9 i gopïo a chwblhau'r canlynol:
   a) Mae Gwlad yr Iâ ychydig i'r dde o .... tra mae Gabon ar y ....
   b) Mae'r haul yn taro'r ddaear yng Ngwlad yr Iâ ar ongl o .... tra mae'r ongl hon yn llawer .... yn Gabon. Mae hyn yn golygu bod egni'r haul yn fwy yn Gabon.

2 Defnyddiwch Ffigur 7 i ddisgrifio dosbarthiad:
   a) coedwigoedd glaw trofannol
   b) coedwigoedd boreal.

	Gweundir twndra 64°G, Gwlad yr Iâ		Coedwig foreal 62°G, Y Ffindir		Coedwig law drofannol 0°G, Gabon	
Mis	Tymheredd (°C)	Dyodiad (mm)	Tymheredd (°C)	Dyodiad (mm)	Tymheredd (°C)	Dyodiad (mm)
Ion	−0.5	145	−8.0	38	27.0	249
Chwe	0.4	130	−7.5	30	26.5	236
Maw	0.5	115	−4.5	25	27.5	335
Ebr	2.9	117	2.5	35	27.5	340
Mai	6.3	131	8.5	42	26.5	244
Meh	9.0	120	14.0	48	25.0	13
Gorff	10.6	158	17.0	76	24.0	3
Awst	10.3	141	15.5	75	25.0	18
Medi	7.4	184	10.5	57	25.5	104
Hyd	4.4	184	5.5	57	26.0	345
Tach	1.1	137	0	49	26.0	373
Rhag	−0.2	133	−4.0	41	27.5	249

Ffigur 10 Data hinsawdd ar gyfer tair gorsaf hinsawdd

Gweithgaredd

3 Defnyddiwch y data hinsawdd yn Ffigur 10 i gwblhau copi o'r tabl canlynol:

4 Awgrymwch sut y gall y gwahaniaethau yn yr hinsawdd effeithio ar dwf planhigion yn y ddwy system goedwig.

	Coedwig law drofannol	Coedwig foreal	Gweundir twndra
Amrediad tymheredd			
Misoedd dros 10°C (hyd y tymor tyfu)			
Misoedd yn is na'r rhewbwynt			
Cyfanswm glawiad blynyddol			
Amrywiad tymhorol y glawiad			

Thema 9: Pethau Byw

Ymchwilio i'r berthynas rhwng hinsawdd ac ecosystemau

Mae gan fïomau fel y **goedwig law drofannol** hinsawdd sy'n helpu planhigion i dyfu'n gyflym. Mae coed yn tyfu'n gyflym mewn coedwigoedd glaw trofannol gan gyrraedd uchder o 40 m neu fwy. Mewn bïomau eraill, fel y **twndra**, mae planhigion yn tyfu'n araf iawn ac nid ydynt yn tyfu mwy nag ychydig gentimetr mewn uchder. Ffactorau fel cyfanswm golau haul, hyd y diwrnodau, cynhesrwydd, a chyfanswm dŵr sy'n gyfrifol am gyfraddau twf gwahanol y planhigion yn y bïomau hyn. Mae'r ffactorau hyn yn dibynnu ar naill ai hinsawdd neu ledred. Darllenwch labeli Ffigur 11. Sylwch sut y mae'r gair 'felly...' yn cael ei ddefnyddio i egluro sut y mae nodwedd o'r hinsawdd wedi dylanwadu ar dwf planhigion yn yr ecosystem hon.

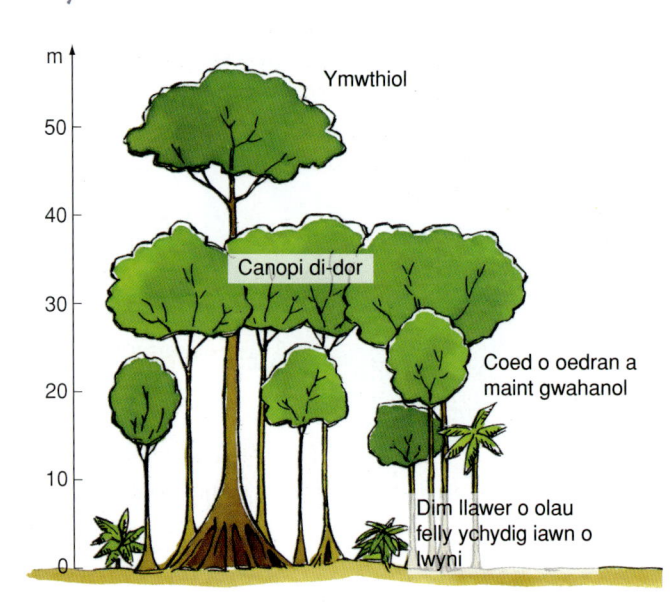

Ffigur 12 Strwythur nodweddiadol coedwig law drofannol

Labeli: Ymwthiol; Canopi di-dor; Coed o oedran a maint gwahanol; Dim llawer o olau felly ychydig iawn o lwyni

Labeli Ffigur 11:
- Mae digon o olau haul uwchben felly mae planhigion yn tyfu'n syth ac yn dal.
- Mae digon o ddŵr, heulwen a maetholion felly mae amrywiaeth eang o blanhigion yn gallu tyfu. Mae hyn yn sicrhau amrywiaeth helaeth o bryfed, adar ac anifeiliaid.
- Mewn rhanbarthau cyhydeddol mae'r tymheredd yn uwch na 25°C yn gyson felly mae planhigion yn tyfu'n gyflym a thrwy gydol y flwyddyn.

Ffigur 11 Coedwig law drofannol yn Reunion, Affrica

Ffigur 13 Y twndra arctig di-goed yng Ngwlad yr Iâ

Gweithgaredd

1 Parwch yr ymadroddion isod i wneud pedair brawddeg sy'n egluro nodweddion yr ecosystem twndra yn Ffigur 13.

Dim ond am ddau neu dri mis y mae'r tymheredd yn uwch na 10°C (y tymheredd sydd ei angen ar y rhan fwyaf o blanhigion i dyfu) felly...

Mae dyodiad ym misoedd y gaeaf yn disgyn fel eira, felly...

Mae'r priddoedd o ansawdd gwael heb lawer o faetholion felly...

Gan fod cyn lleied o gysgod gall y gwynt fod yn gryf iawn felly...

...mae planhigion yn tyfu'n agos at y ddaear lle y maent yn llai tebygol o gael eu difrodi.

...mae gan blanhigion dymor cwsg hir.

...mae planhigion yn tyfu'n araf iawn.

...mae gan blanhigion ddail bach fel nad ydynt yn colli unrhyw leithder.

Thema 9: Pethau Byw

Mae cylchredau maetholion yn dibynnu ar hinsawdd hefyd

Mae planhigion angen mwynau sy'n cynnwys nitrogen a ffosffadau. Mae'r maetholion hyn yn bodoli mewn creigiau, dŵr a'r atmosffer. Mae'r planhigion yn eu cymryd o'r pridd, ac yn eu rhyddhau yn ôl i'r pridd pan fydd y planhigyn yn marw. Mae'r broses hon yn ffurfio cylchred ddi-dor.

Mae Ffigur 14 yn dangos storfeydd a llifoedd maetholion yn ecosystem y goedwig law. Mae'r cylchoedd yn cynrychioli **storfeydd maetholion**. Mae maint pob cylch mewn cyfrannedd â chyfanswm y maetholion yn y rhan honno o'r ecosystem. Mae'r saethau'n cynrychioli **llifoedd maetholion** wrth i fwynau symud o stôr i stôr. Mae trwch pob saeth mewn cyfrannedd â maint y llif, felly defnyddir saethau trwchus i ddangos llifoedd mawr o faetholion a saethau cul i ddangos llifoedd llai.

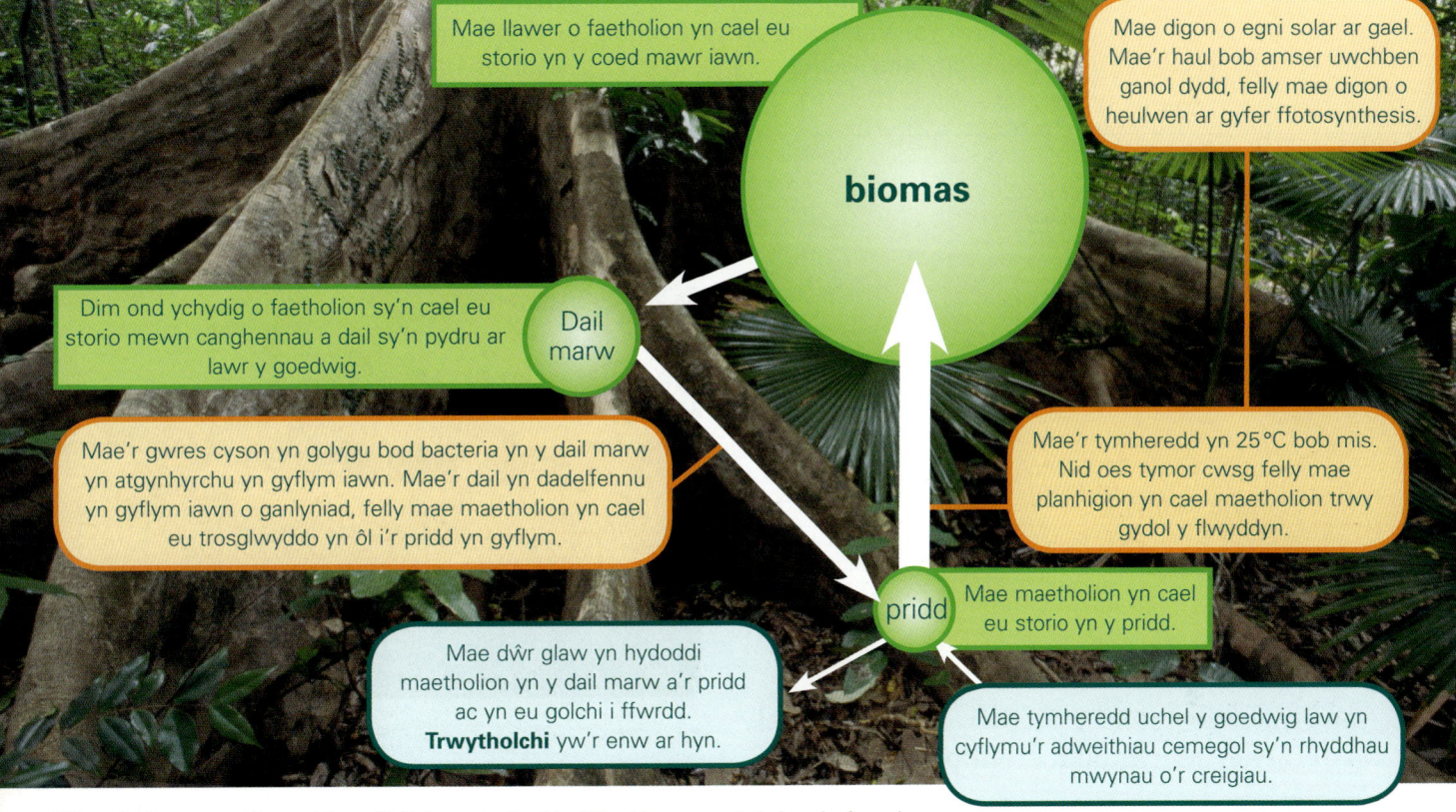

Mae llawer o faetholion yn cael eu storio yn y coed mawr iawn.

Mae digon o egni solar ar gael. Mae'r haul bob amser uwchben ganol dydd, felly mae digon o heulwen ar gyfer ffotosynthesis.

biomas

Dim ond ychydig o faetholion sy'n cael eu storio mewn canghennau a dail sy'n pydru ar lawr y goedwig.

Dail marw

Mae'r gwres cyson yn golygu bod bacteria yn y dail marw yn atgynhyrchu yn gyflym iawn. Mae'r dail yn dadelfennu yn gyflym iawn o ganlyniad, felly mae maetholion yn cael eu trosglwyddo yn ôl i'r pridd yn gyflym.

Mae'r tymheredd yn 25°C bob mis. Nid oes tymor cwsg felly mae planhigion yn cael maetholion trwy gydol y flwyddyn.

pridd

Mae maetholion yn cael eu storio yn y pridd.

Mae dŵr glaw yn hydoddi maetholion yn y dail marw a'r pridd ac yn eu golchi i ffwrdd. **Trwytholchi** yw'r enw ar hyn.

Mae tymheredd uchel y goedwig law yn cyflymu'r adweithiau cemegol sy'n rhyddhau mwynau o'r creigiau.

Ffigur 14 Sut y mae hinsawdd yn effeithio ar storfeydd a llifoedd yn y goedwig law drofannol

Gweithgaredd

2 Disgrifiwch strwythur y goedwig law drofannol.

3 a) Diffiniwch ystyr *storfeydd maetholion* a *llifoedd maetholion*.
  b) Disgrifiwch dri man lle y mae maetholion yn cael eu storio mewn ecosystem.

4 Astudiwch Ffigur 14.
  a) Disgrifiwch ddwy ffordd y mae maetholion yn gallu cyrraedd y pridd.
  b) Eglurwch pam y mae'r ddau lif maetholion hyn yn digwydd yn gyflym yn y goedwig law.
  c) Eglurwch pam y mae'r llifoedd maetholion hyn yn debygol o fod yn arafach o lawer yn y goedwig foreal a'r twndra.

5 Astudiwch Ffigur 14. Eglurwch pam y byddai diagramau o **gylchred faetholion** y twndra a'r goedwig foreal yn cynnwys y canlynol:
  a) cylch mwy ar gyfer dail marw na'r goedwig law
  b) saeth deneuach ar gyfer trwytholchi
  c) saeth deneuach yn dangos llifoedd maetholion i'r biomas.

6 Astudiwch Ffigurau 11, 12 a 13. Defnyddiwch y rhain, a'r wybodaeth ar dudalennau 48–9, er mwyn:
  a) disgrifio prif nodweddion pob ecosystem
  b) egluro strwythur pob ecosystem.

Thema 9: Pethau Byw

Sut y mae ecosystemau yn cael eu rheoli?

Ynysoedd Solomon

Astudiaeth achos o dorri coed yn Ynysoedd Solomon

Grŵp mawr o ynysoedd yn y Cefnfor Tawel yw Ynysoedd Solomon. Coedwig law drofannol yw ecosystem naturiol yr ynysoedd mynyddig hyn. Yn ôl amcangyfrif Banc y Byd, Incwm Gwladol Crynswth y wlad yw $730 y person, sy'n golygu mai hon yw gwlad dlotaf rhanbarth y Cefnfor Tawel. Mae gan y wlad un o'r cyfraddau malaria uchaf yn y byd ac mae marwolaethau babanod yn uchel. Mae angen gwella safonau addysg hefyd ac mae llythrennedd ymysg oedolion yn isel o gymharu â gwledydd eraill y Cefnfor Tawel. Dinistriwyd datblygiad economaidd a chymdeithasol y wlad yn dilyn ymladd rhwng grwpiau ethnig gwahanol rhwng y flwyddyn 2000 a 2003. Ers hynny mae wedi bod yn anodd i'r llywodraeth greu twf economaidd.

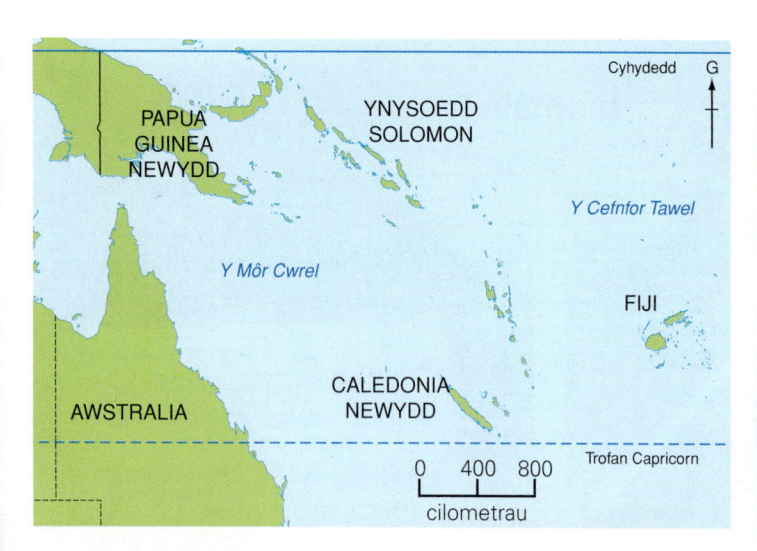

Ffigur 15 Lleoliad Ynysoedd Solomon

Sut y mae ecosystem y goedwig law drofannol wedi cael ei defnyddio'n draddodiadol?

Mae dros 80 y cant o Ynyswyr Solomon yn ffermwyr neu'n bysgotwyr ymgynhaliol. Mae hyn yn golygu eu bod yn cynhyrchu digon o fwyd i'w teuluoedd eu hunain yn unig ac nad ydynt yn gwneud llawer o elw. Mae llawer o goedwigoedd ar yr ynysoedd ac mae'r rhan fwyaf o gymunedau wedi'u lleoli ar yr arfordir. Mae'r goedwig law yn dal i fod yn adnodd pwysig i bentrefwyr. Maent yn ei defnyddio i gasglu bwyd fel ffrwythau, cnau a mêl. Maent hefyd yn casglu dail, aeron a rhisgl i wneud meddyginiaethau traddodiadol. I lawer o gymunedau, mae'r goedwig yn ffynhonnell bwysig o goed hefyd, nid yn unig i adeiladu ac atgyweirio eu cartrefi, ond hefyd i adeiladu eu canŵod pysgota ar gyfer y môr.

Ffigur 16 Mae defnyddiau lleol a dulliau traddodiadol yn cael eu defnyddio o hyd i adeiladu tai mewn pentrefi arfordirol. Caiff tai eu hadeiladu ar stiltiau gan ddefnyddio boncyffion coed ifanc wedi'u rhwymo gyda rhaff wedi'i gwneud o winwydd. Mae ganddynt ffenestri agored i fanteisio ar awel y môr a tho gwellt wedi'i wneud o ddail palmwydd y goeden sego.

Gweithgaredd

1. Defnyddiwch Ffigur 15 i gopïo a chwblhau'r canlynol:
   Lleolir Ynysoedd Solomon yn y Cefnfor .... i'r .... o Papua Guinea Newydd. Maent tua .... km i'r gogledd o Caledonia Newydd. Maent rhwng Trofan Capricorn a'r ....

Torri coed ac amaeth-fusnes

Coed, palmwydd olew a mwynau yw prif **allforion** Ynysoedd Solomon. Mae torri coed yn ddiwydiant sy'n tyfu'n gyflym. Mae llawer o **gwmnïau trawswladol** wedi prynu hawliau yn ddiweddar i dorri ac allforio coed o Ynysoedd Solomon.

Mae'r rhan fwyaf o'r coed yn cael eu hallforio fel boncyffion heb eu prosesu. Mae hyn yn golygu nad yw swyddi'n cael eu creu yn Ynysoedd Solomon i brosesu'r coed yn blanciau, pren haenog neu ddodrefn – swyddi fyddai'n helpu i greu cyfoeth yn y wlad dlawd hon.

China yw un o brif fewnforwyr coed o Ynysoedd Solomon. Mae Global Timber, Sefydliad Anllywodraethol (NGO: Non-governmental Organisation) sy'n monitro'r diwydiant torri coed, yn amcangyfrif bod cymaint â 90 y cant o'r pren caled trofannol sy'n cael ei **fewnforio** gan China o Ynysoedd Solomon wedi'i dorri'n anghyfreithlon. Mae llawer o ecolegwyr yn poeni'n fawr am effaith niweidiol y diwydiant hwn ar amgylchedd bregus Ynysoedd Solomon. Os bydd y gwaith torri coed yn parhau fel ag y mae, maent yn credu y bydd y rhan fwyaf o goedwigoedd glaw'r wlad wedi'u dinistrio erbyn 2020.

Mae llawer o blanhigfeydd palmwydd olew wedi'u creu ar dir lle y mae'r coedwigoedd wedi cael eu torri. Mae ardaloedd anferth o dir a oedd yn gartref i amrywiaeth fawr o blanhigion ac anifeiliaid ar un adeg bellach yn gartref i balmwydd olew yn unig. Rheolir y planhigfeydd hyn gan fusnesau amaethyddol (neu **amaeth-fusnes**) rhyngwladol. Mae'r coed hyn yn cynhyrchu olew a ddefnyddir i wneud llawer o gynhyrchion, gan gynnwys olew llysiau ar gyfer coginio, sebon, powdr golchi a biodanwydd (fel biodiesel ar gyfer ceir).

	Ynysoedd Solomon	Seland Newydd	Fiji
Incwm Gwladol Crynswth $UDA	730	28,780	3,800
Marwolaethau o dan 5 oed (marwolaethau fesul 1,000 genedigaeth fyw)	73	6	18
Disgwyliad oes	63	80	69
% o fabanod â phwysau geni isel	13	6	10
% y boblogaeth sy'n defnyddio dŵr yfed wedi'i wella (diogel)	70	100	47
Marwolaethau mamau: Nifer y menywod sy'n marw bob blwyddyn o achosion yn ymwneud â beichiogrwydd am bob 100,000 genedigaeth fyw	220	9	210
Llythrennedd ymysg oedolion (% sy'n gallu darllen ac ysgrifennu)	76	100	96

Ffigur 17 Data datblygu ar gyfer gwledydd dethol yn rhanbarth y Cefnfor Tawel.
Ffynhonnell: Unicef

Ffigur 18 Caiff boncyffion a dorrwyd gan gwmni trawswladol o Malaysia eu tagio cyn cael eu hallforio i Malaysia

Gweithgaredd

2 a) Gwnewch restr i egluro sut y mae cymunedau gwledig yn defnyddio'r goedwig law drofannol fel adnodd.
   b) Eglurwch pam nad yw'r defnydd hwn yn debygol o wneud difrod parhaol i'r ecosystem.

3 a) Dewiswch ddulliau graffigol addas i ddangos data datblygu Ffigur 17. Defnyddiwch eich graffiau i gymharu Ynysoedd Solomon â'r gwledydd eraill.
   b) Eglurwch pam y mae angen i lywodraeth Ynysoedd Solomon greu swyddi a chyfoeth.

4 Eglurwch pam y mae troi'r goedwig law yn blanhigfeydd palmwydd olew yn pryderu llawer o amgylcheddwyr.

Thema 9: Pethau Byw

A yw torri coed yn gynaliadwy?

Santa Isabel yw ail ynys fwyaf Ynysoedd Solomon. Gwerthodd cymunedau Gogledd Isabel hawliau torri coed i gwmni trawswladol o Malaysia. Roedd hyn yn golygu bod y tir yn eiddo i'r gymuned o hyd, ond bod y cwmni torri coed yn talu'r gymuned am yr hawl i dorri coed am gyfnod penodol. Gwnaeth y cwmni amryw o addewidion i ddiogelu'r amgylchedd yn ystod y gwaith torri coed. Mae Ffigurau 19 a 20 yn dangos tystiolaeth bod y cwmni trawswladol a oedd yn gweithredu yn Santa Isabel wedi torri'r addewidion hyn. Mae eu harferion torri coed gwael wedi arwain at erydiad pridd difrifol, siltio afonydd a llifogydd.

Mae cwmnïau **torri coed masnachol** fel y cwmni trawswladol hwn yn gwneud mwy o elw os ydynt yn gweithio'n gyflym. Maent yn defnyddio peiriannau trwm i gyrraedd y coed gwerthfawr. Am bob coeden sy'n cael ei thorri am ei phren, amcangyfrifir bod 40 neu fwy yn cael eu dinistrio gan y peiriannau trwm. Mae'r broses hon yn dinistrio coed sydd â ffrwythau neu gnau neu sydd o ddefnydd meddyginiaethol i'r pentrefwyr. Mae'r pentrefwyr wedi derbyn taliadau gan y cwmni trawswladol, ond dim ond tua 1 y cant o werth y coed oedd y rhain.

Mae **datgoedwigo** yn difrodi cynefinoedd bywyd gwyllt, ac yn achosi problemau erydiad pridd yn aml. Mewn llawer o achosion, mae'r cwmnïau torri coed yn gweithredu'n anghyfreithlon. Mae arferion **torri coed anghyfreithlon** yn cynnwys:

- torri coed heb ganiatâd
- torri coed yn agos at afonydd lle y mae erydiad pridd yn gallu arwain at lifogydd
- anwybyddu hawliau perchenogion tir lleol
- llwgrwobrwyo swyddogion lleol
- peidio â thalu trethi.

Ffigur 19 Mae ffordd goed i symud boncyffion wedi'i chreu ar lethr sy'n rhy serth o lawer. Mae hyn wedi achosi erydiad pridd. Roedd y cwmni wedi addo na fyddai'n creu problem o'r fath

Ffigur 20 Gwastraff coed o'r broses torri coed yn rhwystro llif Afon Kahigi. Cytunodd y cwmni trawswladol na fyddai'n torri coed o fewn 50 m i unrhyw afon fawr neu 25 m i unrhyw nant fach

	Ion	Chwe	Maw	Ebr	Mai	Meh	Gorff	Awst	Medi	Hyd	Tach	Rhag
2006	46	51	49	95	61	36	94	53	72	96	50	70
2007	64	111	53	114	115	70	72	83	88	109	58	111
2008	107	36	127	103	107	106	84	135	89	123	82	60
2009	85	111	138	52	109							

Ffigur 21 Allforion coed [mil m³] o Ynysoedd Solomon i China. Ffynhonnell: www.globaltimber.org.uk/pngsi.htm

Thema 9: Pethau Byw

A allai torri coed fod yn gynaliadwy?

Gall torri coed roi incwm gwell i bobl leol heb achosi difrod tymor hir i'r amgylchedd. Mae sawl ffordd o wneud hyn:

- Torri ychydig o goed yn unig. Os mai dim ond dwy goeden i bob hectar sy'n cael eu torri bob deng mlynedd, bydd coedwig law yn adfer yn naturiol.
- Mae coed ifanc yn cael eu plannu yn lle'r coed sydd wedi'u torri.
- Mae pobl leol yn torri'r goeden ac yn prosesu'r coed ar y safle gan ddefnyddio offer cludadwy bach.

Mae Project Isabel i Reoli Coedwigoedd yn Gynaliadwy yn un enghraifft fach. Fe'i hariannwyd gan yr Undeb Ewropeaidd (450,000 ewro) yng nghanol y 1990au. Creodd y cynllun lafur crefftus ar gyfer pobl leol. Mae coed yn cael eu torri'n ofalus i osgoi difrodi coed sy'n werthfawr am eu ffrwythau neu eu defnydd meddyginiaethol. Yna, defnyddir melin lifio gludadwy i dorri'r coed yn blanciau yn y goedwig. Mae hyn yn golygu nad oes angen peiriannau mawr. Mae hefyd yn golygu bod pobl leol yn ychwanegu gwerth at y coed a bod mwy o'r elw yn aros yn y pentref. Mae'r dull hwn o brosesu'r coed yn golygu bod y gymuned yn cadw tua 40 y cant o werth gorffenedig y coed. Llwyddodd y project i ddiogelu 17,000 hectar o'r goedwig, ond ychydig iawn o goed a gafodd ei gynhyrchu.

Ffigur 22 Mae aelodau o'r Gymuned Lobi yn Lagŵn Morovo yn defnyddio melin lifio gludadwy i brosesu boncyff sydd newydd ei dorri'n blanciau. Torrwyd y goeden hon fel rhan o raglen eco-goedwigaeth gynaliadwy

Gweithgaredd

1. **a)** Dewiswch graff addas i ddangos y data yn Ffigur 21.
   b) Disgrifiwch y duedd a welir yn eich graff.

2. Defnyddiwch y testun ar y dudalen hon i lenwi tabl fel hwn:

Effeithiau ar…	Arferion torri coed anghynaliadwy	Arferion torri coed cynaliadwy
Priddoedd		
Afonydd		
Coed ffrwythau, cnau a meddyginiaethol		

3. Dychmygwch eich bod yn gallu ymweld â'r cymunedau sy'n cael eu heffeithio gan dorri coed masnachol yn Isabel. Trafodwch beth y gallent ei ddweud wrthych am effaith y cwmni trawswladol ar eu bywydau.

4. Eglurwch sut y mae Project Isabel i Reoli Coedwigoedd yn Gynaliadwy yn gallu:
   a) gwella safonau byw heddiw
   b) sicrhau safonau byw boddhaol ar gyfer cenedlaethau'r dyfodol.

Thema 9: Pethau Byw

Ecodwristiaeth a chadwraeth yng Nghanolbarth America

Mae datgoedwigo yn creu problem enfawr i fywyd gwyllt: mae'r goedwig yn mynd yn dameidiog. Wrth i'r rhannau di-goed ehangu mae'r bywyd gwyllt yn cael ei gyfyngu i rannau o'r goedwig sy'n cael eu gwahanu gan dir fferm. Ni all yr anifeiliaid ddianc o'r ynysoedd o goedwig sydd wedi'u hamgylchynu gan fôr o dir fferm.

Mae llywodraethau Canolbarth America (neu Mesoamerica) yn cydweithio ar broject cadwraeth uchelgeisiol. Maent yn awyddus i greu **coridor bywyd gwyllt** di-dor ar hyd Canolbarth America. Bydd y coridorau yn cael eu creu drwy blannu lleiniau o goedwigoedd i gysylltu'r darnau o goedwig sy'n weddill. Enw'r project yw Coridor Biolegol Mesoamerica (yr acronym Sbaeneg yw CBM) ac mae'n cynnwys pob un o saith llywodraeth Canolbarth America, yn ogystal â México.

Cyfnewid dyled am fyd natur

Mae Mesoamerica yn **fan poeth ar gyfer bioamrywiaeth**. Dim ond 1 y cant o arwyneb y ddaear ydyw, ond amcangyfrifir bod 7 y cant o rywogaethau daearol (sy'n anifeiliaid tir) y byd yn byw yno. Mae llywodraethau'r Gorllewin yn hybu cadwraeth yn y rhanbarth hwn drwy gynnig cyfleoedd **cyfnewid dyled am fyd natur**. O dan y trefniadau hyn, mae llywodraethau Canolbarth America yn cytuno i wario arian ar warchod ecosystemau a bywyd gwyllt. Yn gyfnewid am hyn, mae llywodraethau'r Gorllewin yn cytuno i leihau cyfanswm yr arian sy'n ddyledus iddynt. Cafwyd un cytundeb i gyfnewid dyled am fyd natur rhwng Costa Rica ac UDA. Yn 2007 cytunodd Costa Rica i wario $26 miliwn ar brojectau cadwraeth. Yn gyfnewid am hyn, cytunodd llywodraeth UDA a dau sefydliad anllywodraethol i ailbrynu cyfanswm tebyg o ddyled Costa Rica.

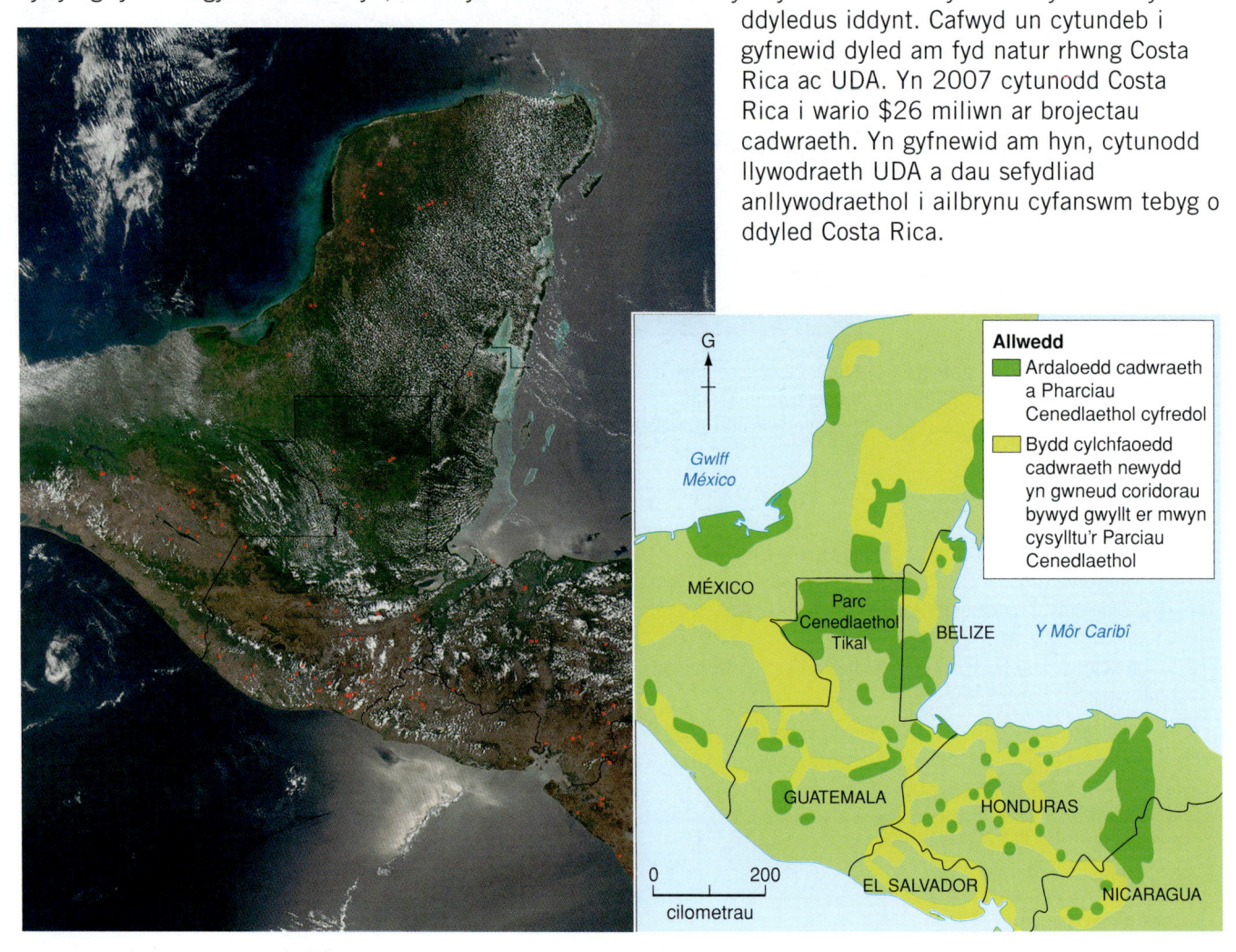

Ffigur 23 Llun lloeren o broject Coridor Biolegol Mesoamerica (CBM). Mae'r dotiau coch yn dangos ble mae tanau coedwig yn llosgi

Ffigur 24 Ardaloedd gwarchodedig (gan gynnwys gwarchodfeydd coedwigoedd) yng Nghanolbarth America a México a'r coridorau bywyd gwyllt arfaethedig

Thema 9: Pethau Byw

Costa Rica

Ecodwristiaeth yn Costa Rica

Mae llywodraeth a busnesau Costa Rica wedi hybu twf **ecodwristiaeth** hefyd. Projectau twristiaeth bach yw'r rhain sy'n creu arian ar gyfer cadwraeth yn ogystal â swyddi lleol. Amcangyfrifir bod 70 y cant o ymwelwyr Costa Rica yn ymweld â'r amgylcheddau gwarchodedig. Yn 2000 enillodd Costa Rica $1.25 biliwn o'r diwydiant ecodwristiaeth. Un enghraifft lwyddiannus yw'r gwaith o greu llwybr canopi drwy ran fach o warchodfa Monteverde sydd mewn dwylo preifat. Mae ymwelwyr yn talu $45 i ddringo i'r canopi a cherdded ar hyd pontydd rhaff, gyda'r hiraf yn 300 m o hyd.

Ffigur 25 Lleoliad gwarchodfa Monteverde

Ffigur 26 Mae llwybr y canopi yn rhoi cyfle i ymwelwyr weld yr adar a'r bywyd gwyllt arall sy'n byw yng nghanopi'r fforest gwmwl

Gwlad	Tir sy'n cael ei warchod fel % o'r arwynebedd cyfan
Belize	47.5
Costa Rica	23.4
El Salvador	2.0
Guatemala	25.3
Honduras	20.8
México	5.0
Nicaragua	21.3
Panamá	19.5

Ffigur 27 Ardaloedd gwarchodedig (gan gynnwys gwarchodfeydd coedwigoedd) yng Nghanolbarth America a México.
Ffynhonnell: Earthlands

Gweithgaredd

1. Astudiwch Ffigurau 23 a 24.
   a) Disgrifiwch leoliad Parc Cenedlaethol Tikal.
   b) Disgrifiwch ddosbarthiad y tanau coedwig. A oes llawer yn llosgi mewn ardaloedd cadwraeth?

2. Gweithiwch mewn parau i wneud diagram corryn sy'n dangos sut y mae darniad y goedwig law yn effeithio ar fywyd gwyllt. Dylech ystyried effeithiau tebygol hyn ar:
   - gadwyni bwyd
   - llwyddiant cyplu
   - y berthynas rhwng ysglyfaethwyr/ysglyfaeth
   - peillio a gwasgaru hadau.

3. Eglurwch sut y bydd y coridorau bywyd gwyllt newydd yn helpu bywyd gwyllt.

4. Disgrifiwch leoliad gwarchodfa Monteverde.

5. Astudiwch Ffigur 27.
   a) Cyfrifwch faint o dir sy'n cael ei warchod yng Nghanolbarth America a México ar gyfartaledd.
   b) Cyflwynwch y data mewn graff – gan gynnwys bar ar gyfer y cyfartaledd.
   c) Pa mor dda yw record Costa Rica o safbwynt cadwraeth o gymharu â'i chymdogion?

6. Awgrymwch sut y mae llywodraethau'r Gorllewin yn elwa ar drefniadau cyfnewid dyled am fyd natur.

Thema 9: Pethau Byw

Ynyslas, Ceredigion

Astudiaeth achos o ddulliau rheoli'r twyni tywod yn Ynyslas, Ceredigion

Mae moryd Afon Dyfi yn amgylchedd gwledig hardd sy'n denu llawer o ymwelwyr bob blwyddyn. Mae pobl yn dod i'r rhan hon o Orllewin Cymru i ymlacio ar y traeth neu yn y twyni neu i fwynhau nifer o weithgareddau hamdden gan gynnwys cerdded, marchogaeth, hwylio a gwylio adar.

Mae'r ardal yn cynnwys sawl ecosystem bwysig a bregus sydd angen eu rheoli'n ofalus. Un o'r rhain yw system twyni tywod Ynyslas a reolir gan Gyngor Cefn Gwlad Cymru.

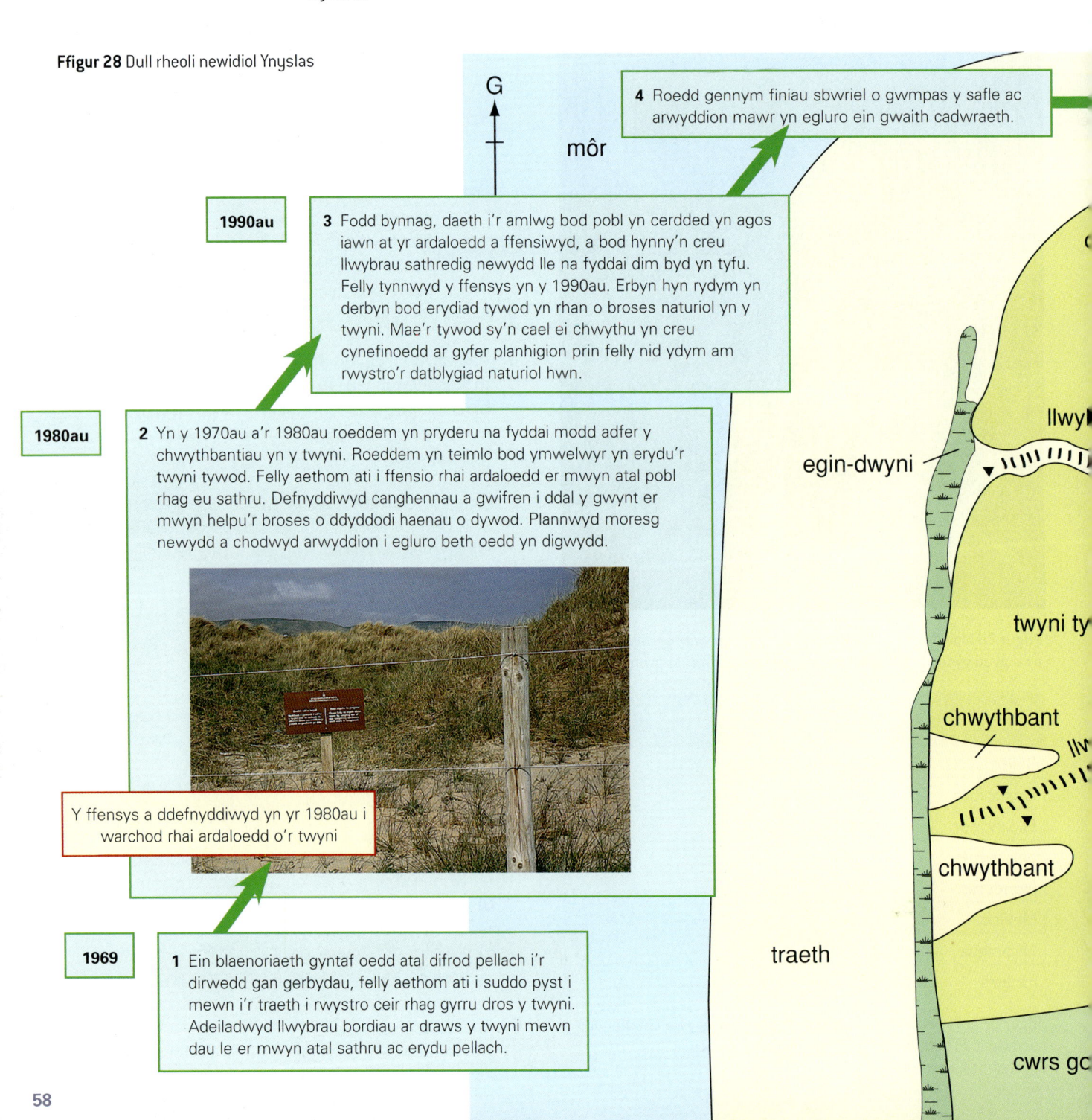

Ffigur 28 Dull rheoli newidiol Ynyslas

1990au

3 Fodd bynnag, daeth i'r amlwg bod pobl yn cerdded yn agos iawn at yr ardaloedd a ffensiwyd, a bod hynny'n creu llwybrau sathredig newydd lle na fyddai dim byd yn tyfu. Felly tynnwyd y ffensys yn y 1990au. Erbyn hyn rydym yn derbyn bod erydiad tywod yn rhan o broses naturiol yn y twyni. Mae'r tywod sy'n cael ei chwythu yn creu cynefinoedd ar gyfer planhigion prin felly nid ydym am rwystro'r datblygiad naturiol hwn.

4 Roedd gennym finiau sbwriel o gwmpas y safle ac arwyddion mawr yn egluro ein gwaith cadwraeth.

1980au

2 Yn y 1970au a'r 1980au roeddem yn pryderu na fyddai modd adfer y chwythbantiau yn y twyni. Roeddem yn teimlo bod ymwelwyr yn erydu'r twyni tywod. Felly aethom ati i ffensio rhai ardaloedd er mwyn atal pobl rhag eu sathru. Defnyddiwyd canghennau a gwifren i ddal y gwynt er mwyn helpu'r broses o ddyddodi haenau o dywod. Plannwyd moresg newydd a chodwyd arwyddion i egluro beth oedd yn digwydd.

Y ffensys a ddefnyddiwyd yn yr 1980au i warchod rhai ardaloedd o'r twyni

1969

1 Ein blaenoriaeth gyntaf oedd atal difrod pellach i'r dirwedd gan gerbydau, felly aethom ati i suddo pyst i mewn i'r traeth i rwystro ceir rhag gyrru dros y twyni. Adeiladwyd llwybrau bordiau ar draws y twyni mewn dau le er mwyn atal sathru ac erydu pellach.

môr · egin-dwyni · twyni ty... · chwythbant · chwythbant · traeth · cwrs g... · llwy...

Thema 9: Pethau Byw

Gweithgaredd

1 Astudiwch Ffigur 28 a'i ddefnyddio i lenwi'r tabl canlynol. Dylech allu nodi pedair problem o leiaf.

Problem	Strategaeth reoli	Strategaeth werthuso
1		
2		

2 Lluniwch adroddiad byr ar y dulliau rheoli yn Ynyslas. Rhaid i chi nodi:
   a) pam y mae pobl yn ymweld â'r ardal
   b) dau brif nod y wardeniaid
   c) sut a pham y mae strategaethau rheoli wedi newid
   ch) sut y dylai'r gwaith o reoli'r twyni newid yn y dyfodol yn eich barn chi.

...edd y biniau sbwriel yn mynd yn orlawn ac roedd sbwriel yn ...el ei chwythu o gwmpas, felly cawsom wared â'r holl finiau.

6 Mae llawer o adar cân yn byw yn y twyni gan gynnwys y llinos, clochdar y cerrig, yr ehedydd a chorhedydd y waun. Mae'r cwtiad torchog yn bridio mewn un ardal benodol. Mae'r adar bach hyn yn nythu ar y ddaear ac mae'n hawdd tarfu arnynt, felly rydym wedi ffensio'r ardal o raean bras lle y maent yn nythu.

2000 ymlaen

7 Mae llawer o gwningod yn byw yn y twyni. Maent yn cadw'r gwair o dan reolaeth ac yn ei rwystro rhag tagu'r planhigion blodeuol llai cystadleuol. Mae'r baw cwningod yn gwneud y pridd yn llawer mwy ffrwythlon a gall cymaint â 40 rhywogaeth wahanol o blanhigion blodeuol dyfu mewn 1 metr sgwâr yn unig. Mae rhai adar yn nythu mewn hen dyllau cwningod hefyd, felly rydym yn awyddus i gael poblogaeth dda o gwningod. Fodd bynnag, mae yna gwrs golff drws nesaf. Nid ydynt yn awyddus i weld cwningod yn gwneud tyllau yn y lleiniau pytio ac yn gwneud difrod. Felly aethom ati i godi ffens ar hyd ein ffin ddeheuol fel na all cwningod ddianc. Y broblem nawr yw bod yna dyllau yn y ffens a bydd yn ddrud i'w chynnal a chadw.

maes parcio

pyst i atal ceir rhag gyrru ar y twyni

canolfan ymwelwyr

8 Yn ystod y blynyddoedd diwethaf rydym wedi ehangu a gwella'r ganolfan ymwelwyr a'r llwybrau bordiau. Gall unrhyw un groesi'r safle yn hawdd nawr er mwyn cyrraedd y traeth. Gall defnyddwyr cadeiriau olwyn ddefnyddio'r llwybrau bordiau i gyrraedd y ganolfan ymwelwyr.

Y llwybr bordiau a'r ganolfan ymwelwyr

maes carafanau

9 Baw cŵn yw un o'n problemau mwyaf heddiw. Nid yw pobl yn cael cerdded eu cŵn ar draeth Borth i gyfeiriad y de ym misoedd yr haf felly maent yn dod i Ynyslas. Y broblem yw mai ychydig iawn o facteria sydd yn y pridd tywodlyd felly nid yw'r baw ci yn bioddiraddio. Mae'n aros o gwmpas am amser hir ac yn niwsans i ymwelwyr eraill.

2009

Tegeirianau pigfain

59

Thema 9: Pethau Byw

Beth yw'r canlyniadau tebygol os yw ecosystemau yn dal i gael eu difrodi?

A yw ecosystemau mangrof yn cael eu defnyddio mewn ffordd anghynaliadwy?

Mae coedwigoedd **mangrof** yn tyfu ar arfordiroedd trofannol. Mae coed y mangrof yn gallu goddef llifogydd dŵr croyw a heli, felly mae'r ardaloedd hyn yn goedwigoedd ac yn wlyptiroedd ac maent yn gartref i amrywiaeth eang o bysgod, pryfed ac anifeiliaid.

Mae busnesau mawr yn ystyried coedwigoedd mangrof yn dir diffaith diwerth. Maent yn torri mangrofau ac yn ailddatblygu'r gwernydd mangrof. Amcangyfrifir bod dros 25 miliwn hectar o goedwigoedd mangrof wedi'u dinistrio dros y 100 mlynedd diwethaf. Mae'r broses hon ar ei chyflymaf yn Asia. Er enghraifft, mae coedwigoedd mangrof yn y Pilipinas wedi lleihau o 1 miliwn hectar yn 1960 i ddim ond 100,000 hectar yn 1998. Coedwigoedd mangrof Canolbarth America yw'r rhai sy'n diflannu'r ail gyflymaf ar hyn o bryd.

Ffigur 29 Dau fath o goedwig drofannol yw coedwigoedd mangrof a fforestydd cwmwl. Mae mangrofau'n tyfu mewn ardaloedd arfordirol tra mae fforestydd cwmwl yn tyfu mewn ardaloedd mynyddig

Un o'r prif resymau dros ddinistrio'r mangrofau yw datblygu'r tir ar gyfer ymwelwyr. Gan eu bod ar yr arfordir, mae mangrofau yn lleoliad delfrydol ar gyfer cyfleusterau fel marinas cychod hwylio a gwestai mawr. Mae twf cyflym busnesau ffermio berdys (neu gorgimychiaid) yn fygythiad arall i'r mangrofau sydd ar ôl. Mae'r diwydiant ffermio berdys wedi tyfu'n gyflym dros yr 20 mlynedd diwethaf. Amcangyfrifir bod 1 miliwn hectar o wlyptiroedd arfordirol, gan gynnwys mangrofau, wedi'u dinistrio yn y blynyddoedd diwethaf er mwyn creu pyllau ar gyfer ffermydd berdys newydd.

Mae'r goedwig yn gweithredu fel amddiffynfa arfordirol naturiol. Mae'r gwreiddiau'n dal y lleid at ei gilydd, gan amddiffyn y tir rhag erydiad a lleihau cryfder tonnau mawr yn ystod stormydd.

Mae ecosystem y goedwig yn cynnal amrywiaeth o anifeiliaid gan gynnwys udwyr, ceirw ac armadilos. Mae'r canopi yn cynnig safleoedd nythu diogel i adar.

Mae'r gwlyptiroedd yn gartref i grocodeilod, nadroedd a chrancod. Mae pysgod trofannol yn defnyddio'r dyfroedd cysgodol hyn i fridio a magu.

Mae gwreiddiau mawr yn cynnal y goeden uwchben y llanw uchel. Maent yn dal mân waddod sy'n cael ei gludo yn y dŵr, gan achosi iddo gael ei ddyddodi.

Ffigur 30 Pam y mae mangrofau'n bwysig i wledydd Canolbarth America

Thema 9: Pethau Byw

Pysgotwr lleol: Mae pobl leol yn colli allan oherwydd nid ydynt yn gallu defnyddio'r coed neu'r adnoddau eraill sydd ar gael yn y goedwig fangrof. Mae pysgotwyr lleol wedi sylwi eu bod yn dal llai o bysgod. Rheswm posibl am hyn yw bod pysgod ifanc yn cael eu magu yn y mangrofau. Mae ffermio berdys yn rhyddhau llawer o wrtaith a chemegion eraill i'r amgylchedd. Weithiau mae pobl leol yn gweld bod eu ffynhonnau dŵr croyw wedi cael eu llygru gan y cemegion hyn. Mae'r problemau hyn yn debygol o effeithio ar gymunedau arfordirol am lawer o flynyddoedd ar ôl i bobl adael y ffermydd.

Defnyddiwr yn y DU: UDA, Canada, Japan ac Ewrop sy'n bwyta berdys (neu gorgimychiaid) fwyaf. Efallai bydd defnyddwyr yn gallu dylanwadu ar beth sy'n digwydd i fangrofau yn America Ladin os ydym yn mynnu gwybod mwy am sut y mae ein bwyd yn cael ei gynhyrchu. Efallai wedyn y byddwn yn penderfynu peidio â phrynu berdys neu bysgod eraill sydd heb eu ffermio'n gynaliadwy.

Arbenigwr economeg: Mae manteision ffermio berdys yn aml yn rhai tymor byr. Mae pobl yn gwneud elw cyflym. Fodd bynnag, ar ôl ychydig o flynyddoedd mae ffermwyr yn rhoi'r gorau i ddefnyddio'r pyllau oherwydd clefydau a llygredd. Yn Asia mae tua 250,000 hectar o byllau llygredig, segur lle'r oedd coedwigoedd iach yn tyfu ar un adeg. Mae'r cylch ffynnu-methu hwn ar fin cael ei ailadrodd yn America Ladin, Affrica a'r Môr Tawel lle y mae ffermio berdys yn dod yn fwy poblogaidd.

Ffigur 32 Sylwadau ynglŷn â yw'r defnydd o fangrofau i ffermio berdys yn gynaliadwy

Gwlad	Coedwigoedd mangrof (hectarau)			
	1980	1990	2000	2005
Antigua a Barbuda	1,570	1,200	850	700
Belize	78,500	78,500	76,500	76,500
Costa Rica	63,400	53,400	41,800	41,000
Cuba	537,400	541,400	545,500	547,500
Gweriniaeth Dominica	34,400	25,800	19,400	16,800
El Salvador	46,700	35,300	28,500	28,000
Guatamala	18,600	17,400	17,500	17,500
México	1,124,000	985,600	885,000	820,000
Nicaragua	103,400	79,300	65,000	65,000
Panamá	250,000	190,000	174,400	170,000

Ffigur 31 Dinistrio coedwigoedd mangrof mewn gwledydd detholedig yng Nghanolbarth America a'r Caribî

Gweithgaredd

1. Disgrifiwch sut y mae coedwigoedd mangrof yn fanteisiol i fywyd gwyllt a phobl.
2. Disgrifiwch leoliad y coedwigoedd mangrof yng Nghanolbarth America.
3. Mewn grwpiau, defnyddiwch Ffigur 31 i ymchwilio i ba mor gyflym y mae coedwigoedd mangrof yn cael eu dinistrio yng Nghanolbarth America.
   a) Lluniwch fap neu gyfres o graffiau i ddangos y data.
   b) Ystyriwch bob un o'r cwestiynau ymchwilio canlynol. Gall y data sydd gennych eich helpu i awgrymu ateb. Trafodwch pa ddata eraill y byddech eu hangen er mwyn ateb pob cwestiwn yn llawn.
      i) Pa wledydd sydd â'r record orau o ran cadwraeth?
      ii) A yw gwledydd sydd â diwydiannau ymwelwyr mawr yn colli coedwigoedd mangrof yn gynt na gwledydd eraill?
      iii) A yw arfordiroedd y Caribî yn colli coedwigoedd mangrof yn gynt nag arfordiroedd y Môr Tawel?
4. Astudiwch y sylwadau yn Ffigur 32.
   a) Beth yw manteision tymor hir ffermio berdys a phwy sy'n cael y manteision hyn?
   b) Pa broblemau y mae ffermio berdys yn eu creu i bobl a bywyd gwyllt?
   c) A ydych yn credu bod ffermio berdys yn ddefnydd cynaliadwy o'r ecosystem hon? Eglurwch eich barn.
   ch) Trafodwch yr hyn y gall defnyddwyr yn y DU ei wneud i helpu sicrhau bod ecosystemau (naill ai coedwigoedd mangrof neu ecosystemau eraill) yn cael eu defnyddio mewn modd cynaliadwy.

Thema 9: Pethau Byw

Asesiad Ecosystem y Mileniwm

Adroddiad gwyddonol ar gyflwr yr amgylchedd yw Asesiad Ecosystem y Mileniwm. Fe'i cyhoeddwyd yn 2005 – cymerodd bum mlynedd i'w ysgrifennu ac mae'n cynnwys cyfraniadau dros 1,360 o arbenigwyr o bob rhan o'r byd. Mae'r Asesiad yn dod i'r casgliad bod adnoddau'r byd wedi'u defnyddio i wella safon byw biliynau o bobl. Mae ecosystemau wedi'u defnyddio i ddarparu amrywiaeth o adnoddau i bobl gan gynnwys bwyd, dillad, egni a dŵr croyw. Fodd bynnag, mae hefyd yn rhybuddio bod gweithgaredd economaidd wedi gwneud llawer o ddifrod i'r amgylchedd.

	Asesiad Ecosystem y Mileniwm
1	Nid yw dulliau pysgota modern yn rhoi cyfle i gyflenwadau pysgod ailsefydlu. Mae nifer y pysgod yn y môr yn lleihau'n gyflym.
2	Mae'r 2 biliwn o bobl sy'n byw yn ardaloedd sychaf y byd yn wynebu mwy a mwy o risg o sychder a thlodi.
3	Rydym yn defnyddio cyflenwadau dŵr croyw yn gyflymach nag y gallwn ddod o hyd i gyflenwadau newydd.
4	Bydd newid hinsawdd yn achosi problemau enfawr i lawer o ecosystemau.
5	Mae'r defnydd cynyddol o wrteithiau artiffisial a llosgi tanwydd ffosil wedi dyblu llygredd nitrogen. Mae hyn yn achosi problemau mewn ecosystemau afonydd a morol.
6	Mae dinistrio ecosystemau (er enghraifft, coedwigoedd, riffiau cwrel a gwlyptiroedd) yn arwain at ddiflaniad llawer o rywogaethau ar raddfa fwy nag erioed o'r blaen.

Ffigur 33 Y chwe phrif broblem a nodir gan Asesiad Ecosystem y Mileniwm

Pa dystiolaeth sydd fod ecosystemau morol yn cael eu defnyddio mewn modd anghynaliadwy?

Un o brif ganfyddiadau Asesiad Ecosystem y Mileniwm yw bod nifer y pysgod yn y môr yn lleihau'n gyflym. Os yw pysgod yn cael eu dal yn gynt nag y mae pysgod yn gallu atgenhedlu, mae'r diwydiant pysgota yn anghynaliadwy.

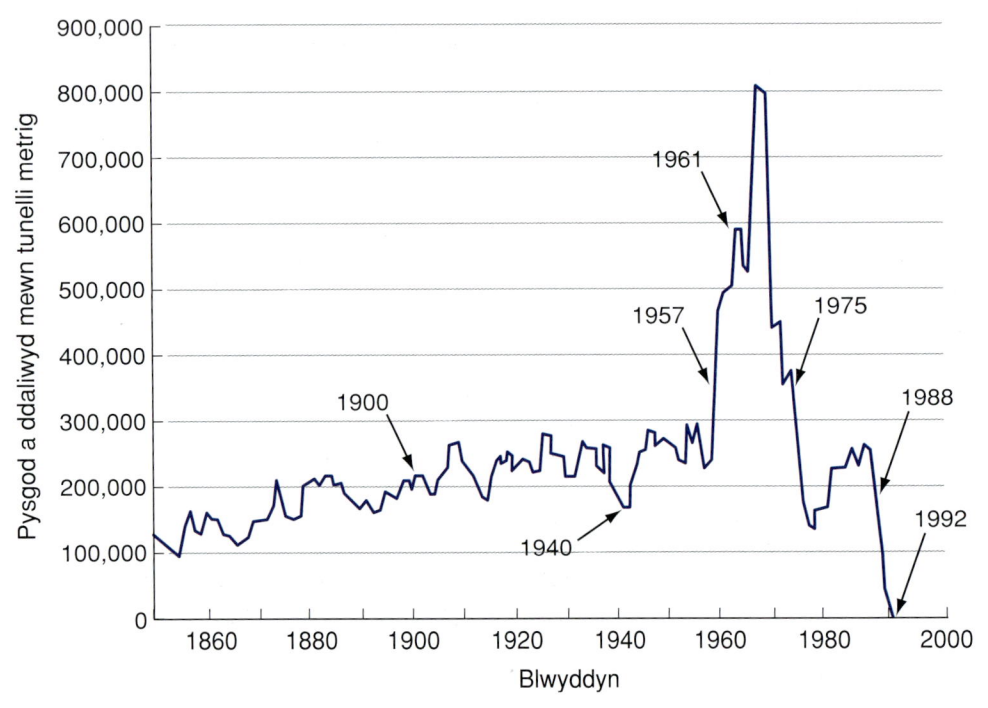

Blwyddyn	Pysgod (tunelli metrig)
1986	23
1987	0
1988	0
1989	542
1990	99
1991	158
1992	301
1993	602
1994	656
1995	950
1996	1,004
1997	1,397
1998	1,642
1999	3,163
2000	3,630
2001	4,460
2002	4,400
2003	10,160
2004	11,428
2005	10,858
2006	7,624
2007	7,700

Ffigur 35 Cyfanswm y pysgod a ddaliwyd (tunelli metrig) yn Belize (gweler Ffigur 29 am leoliad y wlad hon yng Nghanolbarth America)

Ffigur 34 Lleihaodd cyflenwadau penfras yr Iwerydd oddi ar Newfoundland i ddim oherwydd gorbysgota

Gweithgaredd

1. Astudiwch bob un o'r problemau a restrir yn Ffigur 33. Awgrymwch sut y gallai pob un o'r gweithgareddau economaidd canlynol fod wedi cyfrannu at y problemau hyn.
   - Amaethyddiaeth
   - Pysgota
   - Mwyngloddio
   - Torri coed
   - Gweithgynhyrchu
   - Twristiaeth

Thema 9: Pethau Byw

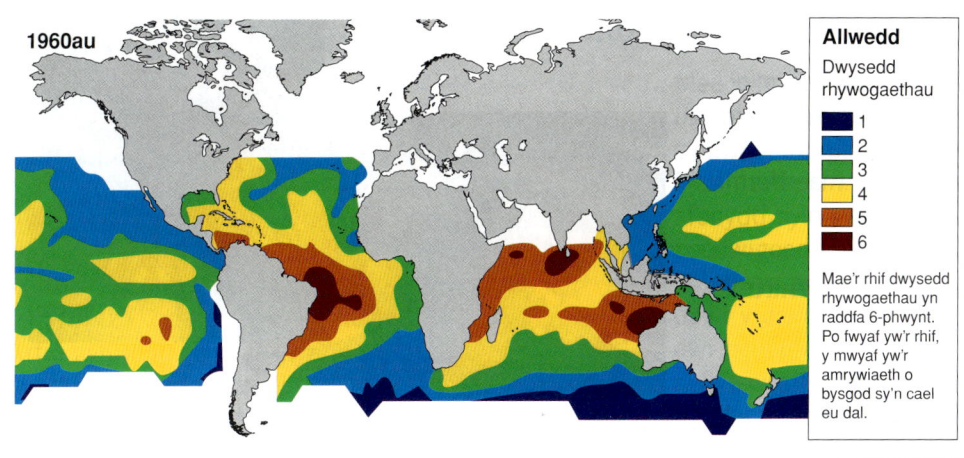

Ffigur 36 Newidiadau yn nifer cyfartalog y rhywogaethau a ddaliwyd drwy bysgota lein hir. Mae pysgota lein hir yn defnyddio un lein hyd at 130 km o hyd, sy'n cael ei llusgo tu ôl i'r cwch. Mae'r lein yn cynnwys miloedd o fachau gydag abwyd sef darnau o bysgod fel tiwna a chleddbysgod

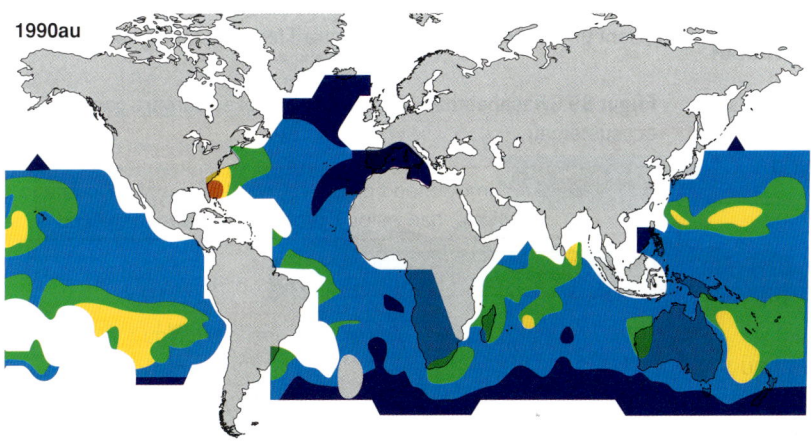

Allwedd
Dwysedd rhywogaethau
- 1
- 2
- 3
- 4
- 5
- 6

Mae'r rhif dwysedd rhywogaethau yn raddfa 6-phwynt. Po fwyaf yw'r rhif, y mwyaf yw'r amrywiaeth o bysgod sy'n cael eu dal.

1960au

1990au

Ffigur 37 Mae pysgota lein hir yn dal ac yn boddi llawer o adar a mamaliaid y môr fel crwbanod. Sgil-ddalfa yw'r enw am hyn

Gweithgaredd

2   a) Lluniwch fraslun o Ffigur 34.
   b) Disgrifiwch y duedd o ran dal penfras:
      i) hyd at 1950   ii) ar ôl 1950.
   c) Gan weithio mewn parau, trafodwch y labeli isod. Ewch ati i'w hychwanegu at eich copi chi o'r graff yn Ffigur 34 fel anodiadau sy'n egluro tueddiadau'r graff.
      A Mae John yn prynu offer sonar drud i ddarganfod heigiau o bysgod.
      B Mae Tom yn sylwi bod yna lai o bysgod mawr (hŷn) yn y rhwydi.
      C Mae pob teulu yn defnyddio cychod pysgota bach traddodiadol.
      CH Mae'n rhaid i'r teulu Murphy werthu eu tŷ i ad-dalu eu dyledion.
      D Mae pris pysgod sy'n cael eu dal yn lleol yn codi'n gyflym yn y farchnad bysgod.
      DD Mae rhai teuluoedd o bysgotwyr yn ymuno â'r lluoedd arfog ac yn ymladd yn yr Ail Ryfel Byd.
      E Mae William yn darganfod na all ei gwch bach traddodiadol gystadlu â threillongau modern mwyach.
   ch) Awgrymwch sut y cafodd y newidiadau hyn effaith ar y bobl oedd yn gweithio yn y diwydiant pysgota lleol.

3   a) Dewiswch ddull graffigol addas i gynrychioli Ffigur 35.
   b) Beth yw eich casgliadau o'r data yn Ffigurau 34 a 35?
   c) A oes eglurhad arall ar gyfer y gostyngiad diweddar yn nifer y pysgod sy'n cael eu dal yn Belize?

4   Mae cadwraethwyr yn poeni y gallai cyflenwadau pysgod ym Môr y Gogledd ostwng yn sylweddol oherwydd gorbysgota, fel y digwyddodd i gyflenwadau penfras yr Iwerydd oddi ar Newfoundland. Awgrymwch:
   a) ddwy strategaeth arall i amddiffyn cyflenwadau pysgod yn erbyn gorbysgota ym Môr y Gogledd
   b) sut y byddai eich awgrymiadau yn effeithio ar bysgotwyr, pobl sy'n atgyweirio cychod a gwerthwyr pysgod.

5   Defnyddiwch Ffigur 36 ac atlas i ddisgrifio'r newid yn nosbarthiad rhywogaethau pysgod a ddaliwyd rhwng y 1960au a'r 1990au.

63

Thema 9: Pethau Byw

Cyngor Arholwr

Deall cynlluniau marcio

Wrth ddarllen cwestiwn mae'n bwysig meddwl am yr hyn y mae'n gofyn i chi ei wneud. Os yw cwestiwn yn werth 6 neu 8 marc mae'n rhaid i chi feddwl am strwythur eich ateb a chynllunio ateb a fydd yn mynd i'r afael â phob rhan o'r cwestiwn. Byddwn yn defnyddio cynllun marcio lefelau i farcio'r cwestiynau hyn. Byddwch yn cael A* os byddwch yn cynnwys manylion, yn defnyddio terminoleg ddaearyddol gywir ac yn cynnwys astudiaethau achos.

Yn gyffredinol, byddwn yn defnyddio cynllun marcio pwyntiau i farcio cwestiynau sy'n werth llai na 6 marc. Byddwch yn cael 1 marc am bob pwynt perthnasol. Gyda'r cwestiynau byrrach, dylech geisio ymhelaethu pwyntiau er mwyn sgorio 2 farc am bob pwynt. Cofiwch y canlynol wrth ddatblygu pwyntiau:

- Rhowch enghreifftiau
- Ehangwch eich pwyntiau
- Eglurwch y pwynt.

Cynllun Marcio

Lefel Un (1-3 marc) Gwybodaeth gyfyngedig am yr ecosystem sy'n cael ei henwi. Ychydig iawn o ddealltwriaeth o'r cysyniad o gynaliadwyedd. Mae'r ymgeisydd yn amlinellu amrywiaeth fach o fesurau a fabwysiadwyd i hyrwyddo defnydd cynaliadwy o'r ecosystem.

Lefel Dau (4-6 marc) Gwybodaeth glir am yr ecosystem sy'n cael ei henwi. Dealltwriaeth glir o'r cysyniad o gynaliadwyedd. Mae'r ymgeisydd yn disgrifio amrywiaeth o fesurau a fabwysiadwyd i hyrwyddo defnydd cynaliadwy o'r ecosystem.

Lefel Tri (7-8 marc) Gwybodaeth glir a manwl am yr ecosystem sy'n cael ei henwi. Dealltwriaeth glir o'r cysyniad o gynaliadwyedd. Mae'r ymgeisydd yn disgrifio amrywiaeth eang o fesurau a fabwysiadwyd i hyrwyddo cynaliadwyedd ac yn rhoi enghreifftiau penodol i gefnogi'r ateb.

Cwestiynau enghreifftiol

Astudiwch Ffigurau 6–9 ar dudalennau 48 a 49.

a) Defnyddiwch yr adnoddau i amlinellu natur ecosystem y goedwig law drofannol. [4]

b) Disgrifiwch sut y gall ecosystem rydych chi wedi'i hastudio gael ei rheoli mewn ffordd gynaliadwy. [8]

Ateb y myfyriwr

a) Mae llystyfiant y goedwig law yn ffrwythlon iawn.✓ Ni allwch weld y ddaear yn y llun oherwydd y canopi✓ o goed. Nid oes lle gwag ar gyfer llystyfiant arall ar wahân i goed yn y goedwig law. Mae'r goedwig law wedi'i lleoli yn Affrica ger y cyhydedd✓ mewn gwledydd fel Gabon.✓

(b) Yr ecosystem rwyf wedi'i hastudio yw'r goedwig law drofannol. Mae'r ecosystem hon i'w darganfod mewn rhannau o'r byd sydd â hinsawdd gyhydeddol. Mae'r goedwig law yn gartref i'r llystyfiant mwyaf ffrwythlon ar wyneb y Ddaear. Coedwig law yr Amazon yw'r goedwig law fwyaf yn y byd. Fodd bynnag, oherwydd y galw am goed gan gwmnïau torri coed a'r galw am dir pori ar gyfer gwartheg, mae'r goedwig yn diflannu yn gyflym iawn. Mae coed mahogani yn cymryd cannoedd o flynyddoedd i dyfu eto ac mae'n bosib y byddant yn diflannu am byth ar ôl cael eu torri. Un ffordd o amddiffyn y goedwig yw defnyddio dull torri coed dethol lle y mae coed yn cael eu mesur a'u torri ar ôl cyrraedd uchder penodol yn unig. Mae Cyngor Stiwardiaeth y Goedwig yn mynnu bod unrhyw goed sy'n cael eu gwerthu yn dod o waith torri coed cynaliadwy. Heddiw mae pobl sydd eisiau gwyliau mwy cyffrous yn cael gwyliau yn y goedwig law. 'Ecodwristiaeth' yw'r enw ar hyn.

Sylwadau'r arholwr!

Byddwn yn defnyddio cynllun marcio pwyntiau i farcio'r ateb hwn. Mae'r ymgeisydd yn disgrifio'r llystyfiant yn gywir trwy ddweud ei fod yn ffrwythlon ac mae'n defnyddio tystiolaeth o'r llun i ehangu ar hyn. Mae'n cael marc am nodi lleoliad yr ecosystem ger y cyhydedd yn Affrica ac mae'n datblygu'r pwynt hwn drwy roi Gabon fel enghraifft. Mae'r ateb yn cael marciau llawn.

Sylwadau'r arholwr!

Mae angen ateb estynedig ar gyfer y cwestiwn hwn a byddwn yn defnyddio cynllun marcio lefel i'w farcio (gweler uchod). Mae strwythur da ac ôl gwaith cynllunio i'r ateb hwn. Mae'r goedwig law drofannol yn cael ei henwi ac mae gwybodaeth gefndir berthnasol wedi'i chynnwys. Fodd bynnag, mae'r ymgeisydd yn treulio gormod o amser yn trafod y wybodaeth gefndir hon. Mae'r ateb cyffredinol yn dangos dealltwriaeth o'r cysyniad o gynaliadwyedd ac yn cynnwys dwy enghraifft o fesurau y byddai modd eu mabwysiadu i reoli'r goedwig. Nid yw'r ateb yn cynnwys y manylion na'r wybodaeth o astudiaeth achos sydd eu hangen i gyrraedd lefel 3, ar wahân i nodi gwaith Cyngor Stiwardiaeth y Goedwig. Mae'r ateb hwn yn haeddu 6 marc, sef pen uchaf lefel 2.

B Dewisiadau Dynol
Thema 10 Twristiaeth

Pam y mae natur twristiaeth yn amrywio o le i le?

Beth yw'r ffactorau, ffisegol a dynol, sy'n effeithio ar natur twristiaeth?

Sut hoffech chi dreulio eich gwyliau? Mae rhai pobl eisiau ymlacio ar draeth, tra mae eraill yn chwilio am gyffro ac antur. Mae rhai eisiau ymweld ag amgueddfeydd a safleoedd hanesyddol tra mae eraill eisiau gweld bywyd gwyllt neu fynd i wylio adar. Mae gan bob cyrchfan gwyliau ei hinsawdd, tirwedd, diwylliant a threftadaeth unigryw ei hun, felly dyma'r ffactorau sy'n effeithio ar natur twristiaeth yn y lle hwnnw.

México

Cancún yw'r cyrchfan ymwelwyr mwyaf ar orynys Yucatán, México. Mae'n enghraifft wych o **dwristiaeth dorfol**. Hynny yw, mae'r niferoedd enfawr o ymwelwyr sy'n cyrraedd ar wyliau pecyn cymharol rad wedi creu llawer iawn o swyddi. Mae tua 3 miliwn o ymwelwyr yn ymweld â'r ardal wyliau bob blwyddyn, sy'n cynnwys ychydig dros 2 filiwn o ymwelwyr tramor.

Ffigur 1 Gwerthwr stryd yn gwerthu ffrwythau, Cancún – un enghraifft o'r ffordd y gall twristiaeth roi hwb anuniongyrchol i gyflogaeth

Ffigur 2 Y traeth yn Cancún

Gweithgaredd

1. Gan weithio gyda phartner:
   a) Awgrymwch pa ffactorau sy'n gwneud Cancún yn ardal wyliau mor boblogaidd.
   b) Gwnewch restr o'r mathau o swyddi y mae twristiaeth yn eu creu:
      i) yn uniongyrchol (pobl yn cael eu cyflogi i ddarparu gwasanaeth i ymwelwyr)
      ii) yn anuniongyrchol (swydd sy'n bodoli eisoes ac sy'n elwa gan fod ymwelwyr yn cyrraedd).

Thema 10: Twristiaeth

Pa ffactorau sy'n effeithio ar natur twristiaeth yn Yucatán?

Gorynys fawr yw Yucatán sy'n ymwthio allan o Ganolbarth America i Fôr y Caribî. Mae'r rhan fwyaf ohoni'n rhan o dalaith Quintana Roo, México, ac mae'r wlad fach drofannol Belize yn rhan de-ddwyreiniol y rhanbarth. Mae gan Yucatán lawer mwy i'w gynnig na dim ond atyniadau traddodiadol haul, môr a thywod. Ar arfordir y dwyrain mae'r **barriff** hiraf ond un yn y byd, sy'n darparu cyfleoedd gwych ar gyfer deifio a chwaraeon dŵr eraill. Gall pobl sy'n ymddiddori mewn bywyd gwyllt fynd i fforio coedwigoedd glaw, gwylio crwbanod a mynd i wylio adar. Mae Yucatán yn enwog hefyd am olion archaeolegol cymdeithas y Maia, sy'n cynnwys temlau a phyramidiau rhyfeddol yng nghoedwig law Yucatán. Methodd y gymdeithas yn 1441 ond nid oes neb yn hollol siŵr pam.

Ffigur 3 Y ffactorau sy'n effeithio ar natur twristiaeth

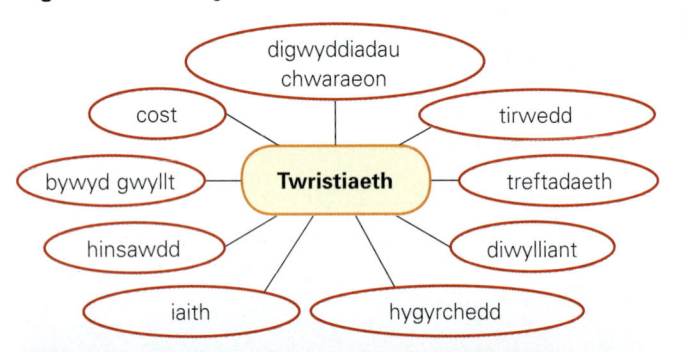

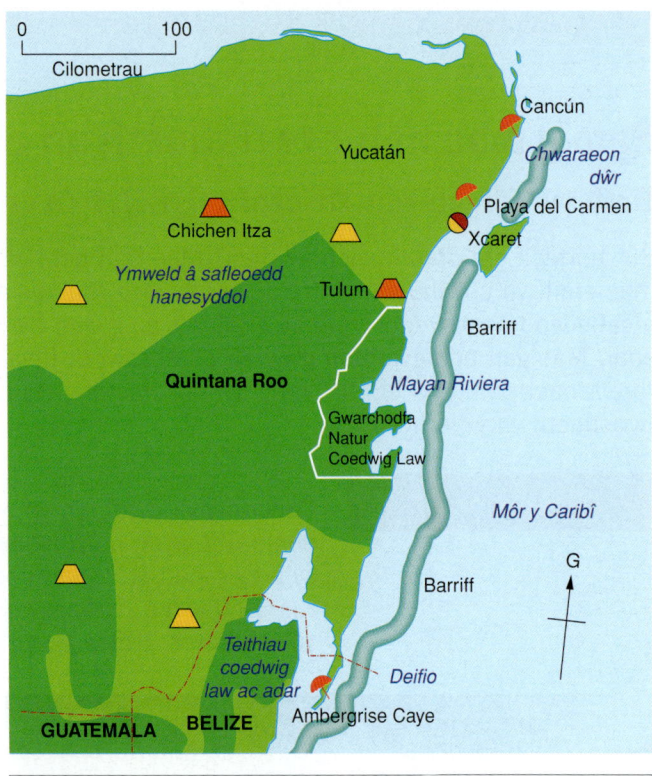

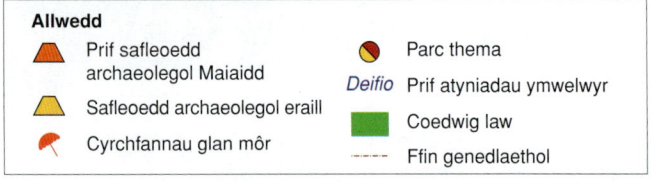

Ffigur 4 Atyniadau ymwelwyr Yucatán

Ffigur 5 Mae olion y Maiaid wedi'u gwasgaru ledled Yucatán

Ffigur 6 Ymwelwyr yn nofio gyda dolffiniaid yn Xcaret

68

Thema 10: Twristiaeth

Syniad gwreiddiol FUNATOR, sef Asiantaeth Ddatblygu Twristiaeth Genedlaethol México, oedd Cancún. Roedd FUNATOR yn credu y byddai cyrchfan twristiaeth dorfol newydd yn creu **effeithiau lluosydd cadarnhaol** yn yr economïau rhanbarthol a chenedlaethol. Edrychodd yr asiantaeth ar forlinau'r Cefnfor Tawel a Môr y Caribî cyn dewis y safle hwn fel y man gorau i adeiladu cyrchfan gwyliau newydd sbon. Dewisodd **dafod** hir o dywod yn Yucatán. Dim ond pentref pysgota bach iawn oedd yma tan y 1970au. Agorodd y gwesty cyntaf yn 1974, ac mae'r cyrchfan wedi tyfu'n gyflym ers hynny.

Mae'r lleoliad trofannol yn golygu bod y tymheredd yn boeth gydol y flwyddyn – digon o heulwen ac awyr las, yn enwedig yn y tymor sych o fis Tachwedd i fis Mawrth.

Gwestai mawr o eiddo cwmnïau trawswladol.

Mae tymheredd y môr dros 25°C gydol y flwyddyn, sy'n ddelfrydol ar gyfer chwaraeon dŵr.

Traethau tywod gwyn, hir.

Ffigur 7 Ffactorau sy'n dylanwadu ar nifer yr ymwelwyr â Cancún

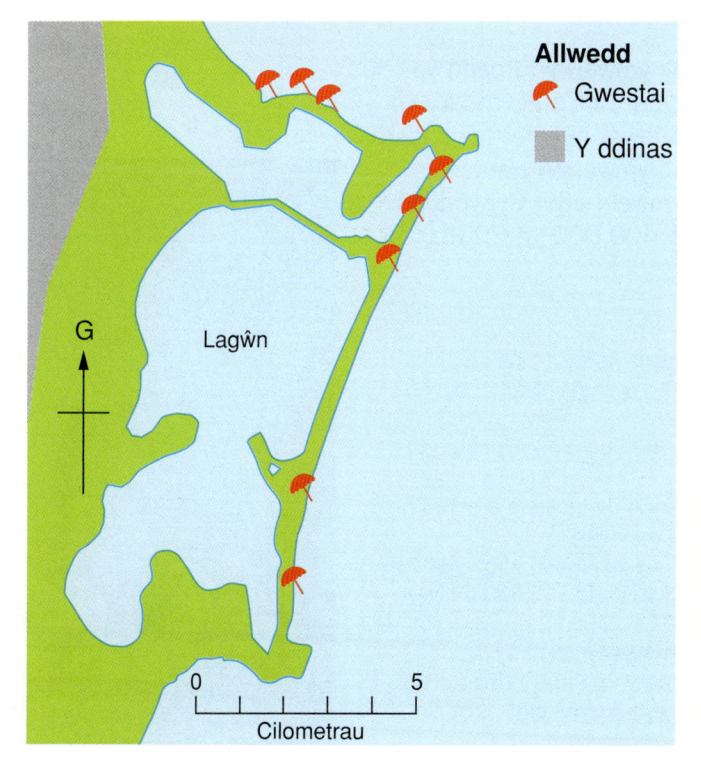

Allwedd
- Gwestai
- Y ddinas

Ffigur 8 Map o Cancún

Gweithgaredd

1. Defnyddiwch Ffigur 4 i ddisgrifio lleoliad Cancún.

2. a) Eglurwch pam yr oedd FUNATOR eisiau datblygu Cancún.
   b) Gwnewch gopi o Ffigur 3. Ychwanegwch labeli yn egluro pam y dewisiodd FUNATOR Cancún fel y safle ar gyfer y cyrchfan gwyliau newydd.

3. Mae myfyriwr wedi anodi Ffigur 7. Mae dwy o'r labeli hyn yn egluro'r ffactorau sy'n effeithio ar natur twristiaeth yn well na'r ddwy arall.
   a) Nodwch pa rai yw'r anodiadau gorau ac eglurwch eich dewis.
   b) Awgrymwch sut y byddai'n bosibl gwella'r ddwy label arall.

4. Astudiwch Ffigurau 1 i 8. Ewch ati i greu deunydd hyrwyddo (poster, podlediad neu daflen) yn hysbysebu gwyliau Yucatán i grŵp penodol o bobl (e.e. gwarbacwyr neu deuluoedd ifanc).

Thema 10: Twristiaeth

Sut y mae diogelwch yn newid agweddau pobl tuag at deithio?

Mae angen i ymwelwyr deimlo'n ddiogel. Gall argyfwng iechyd, fel y pandemig ffliw moch yn 2009, neu drais ac aflonyddwch, niweidio diwydiant twristiaeth gwlad yn ddifrifol.

Gweithgaredd

1. **a)** Dewiswch dechneg addas i gynrychioli'r data yn Ffigur 9.
   b) Disgrifiwch duedd eich graff.
   c) Mae'r tymor corwyntoedd yn ddigwyddiad blynyddol sy'n lleihau nifer yr ymwelwyr sy'n cyrraedd. Digwyddiad unigryw oedd y ffliw moch. Gwnewch ychydig o ymchwil ac ychwanegwch anodiadau at eich graff sy'n egluro'n llawn y ddau bant yn nhuedd y graff hwn.

2008	Mai	183,377
	Mehefin	200,400
	Gorffennaf	206,242
	Awst	174,701
	Medi	106,713
	Hydref	121,341
	Tachwedd	151,356
	Rhagfyr	192,500
2009	Ionawr	212,323
	Chwefror	216,449
	Mawrth	223,945
	Ebrill	184,331
	Mai	63,606
	Mehefin	134,501

Ffigur 9 Nifer yr ymwelwyr yn cyrraedd Cancún, México, 2008-2009. Ffynhonnell: Sefydliad Twristiaeth y Caribî

Libanus — Astudiaeth achos o Libanus

Gwlad fach fynyddig yw Libanus ym mhen dwyreiniol y Môr Canoldir. Mae iddi hinsawdd fediteranaidd gyda hafau poeth, sych a gaeafau mwyn. Mae'r traethau tywodlyd yn atyniad naturiol i ymwelwyr yn yr haf. Yn y gaeaf mae ymwelwyr yn cael eu denu i'r mynyddoedd lle y mae yna ddigon o eira mân ar gyfer sgïo i lawr mynyddoedd, eirfyrddio a sgïo traws gwlad. Gydol y flwyddyn gall ymwelwyr fwynhau'r safleoedd hanesyddol a diwylliannol megis dinasoedd hynafol Jbail (Byblos), Saida (Sidon) a Sour (Tyrus).

Yn ystod y 1960au roedd Libanus yn gyrchfan poblogaidd i ymwelwyr. Roedd yn cael ei hadnabod fel 'Swistir y Dwyrain Canol'. Ond oherwydd trais a gwrthdaro yn ystod y 1970au a'r 80au, daeth Libanus yn rhy beryglus o lawer ar gyfer twristiaeth (gweler Ffigur 11). Mae twristiaeth wedi tyfu'n gyson wrth i ymwelwyr tramor gydnabod bod y wlad yn sefydlog bellach ac yn ddiogel i ymweld â hi. Cynyddodd nifer y bobl sy'n cyrraedd Libanus o 740,000 yn 2000 i 1,400,000 yn 2008.

Mae hanes cymhleth o drais diweddar gan Libanus:
- Yn ystod rhyfel Arabaidd-Israelaidd 1948, gwelwyd Palesteiniaid yn ffoi i Libanus. Nid oedd yn bosibl iddynt ddychwelyd. Amcangyfrifir bod 40,000 o Balesteiniaid yn byw mewn gwersylloedd ffoaduriaid yn Libanus.
- Rhwng 1975 a 1990 bu rhyfel cartref yn Libanus. Lladdwyd 150,000 o bobl a chafodd 200,000 arall eu hanafu.
- Yn 2000, gadawodd y milwyr Israelaidd a oedd wedi meddiannu de Libanus ers 1982. Bryd hyn dechreuwyd ystyried Libanus yn wlad fwy diogel a sefydlog.
- Yn 2005 cafodd y cyn brif weinidog ei lofruddio gan fom car. Arweiniodd y digwyddiad at wrthdystiadau anferth gyda phobl gyffredin yn mynnu bod yn rhaid i 15,000 o filwyr Syria (a oedd wedi meddiannu rhan o'r wlad) adael Libanus.
- Yn 2006 lansiodd ymladdwyr Palesteinaidd rocedi o dde Libanus i Israel.
- Yn 2007 bu ymladd rhwng milwyr Libanus a Phalesteiniaid mewn gwersyll ffoaduriaid yng ngogledd Libanus. Gwelwyd 40,000 o bobl yn ffoi oddi wrth yr ymladd.

Ffigur 11 Ffeil ffeithiau: Gwrthdaro yn Libanus

Ffigur 10 Adfeilion Groegaidd-Rufeinig yn Tyrus

Thema 10: Twristiaeth

- Mae angen bod yn ofalus wrth deithio i rai ardaloedd o Libanus. Rydym yn cynghori pobl i beidio â theithio i wersylloedd ffoaduriaid y Palesteiniaid ar unrhyw gyfrif ac i beidio â theithio i'r de o Afon Litani oni bai bod gwir angen.
- Er bod y sefyllfa'n gyffredinol yn Libanus wedi tawelu, mae'n fregus. Sawl gwaith yn y blynyddoedd diwethaf, mae'r sefyllfa ddiogelwch wedi gwaethygu'n gyflym. Dylai pawb sy'n teithio i Libanus sicrhau bod ganddynt y wybodaeth ddiweddaraf a monitro datblygiadau gwleidyddol a diogelwch yn agos.
- Mae terfysgaeth yn fygythiad mawr yn Libanus. Gall ymosodiadau fod yn ddiwahân, gan gynnwys mewn mannau y mae alltudion ac ymwelwyr tramor yn eu defnyddio megis gwestai a thai bwyta.

Ffynhonnell: www.fco.gov.uk/en/travelling-and-living-overseas/travel-advice-by-country/middle-east-north-africa/lebanon

Ffigur 12 Cyngor teithio yn 2009 gan y Swyddfa Dramor a Chymanwlad

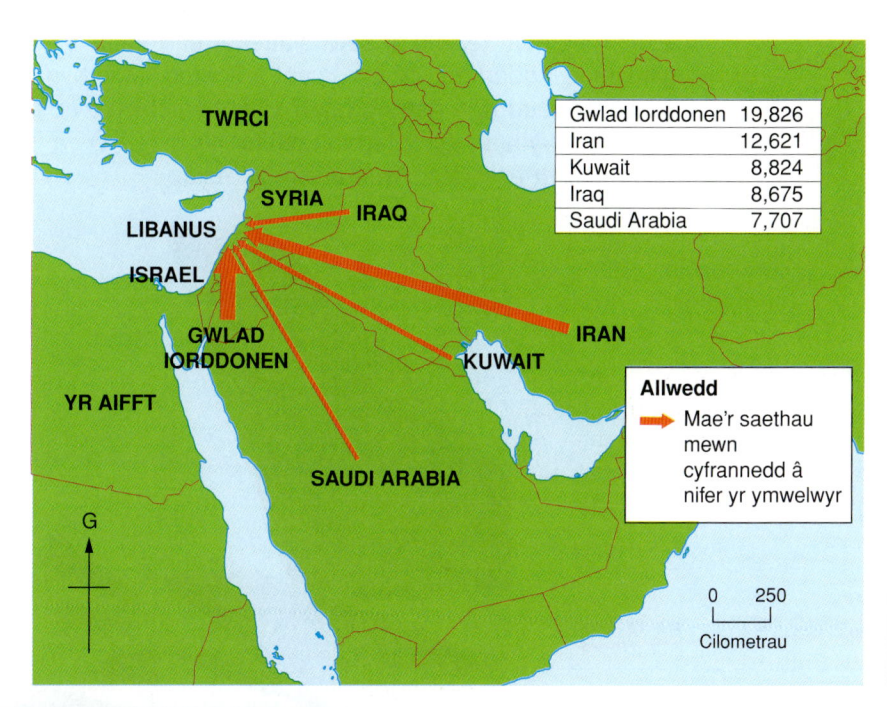

Gwlad Iorddonen	19,826
Iran	12,621
Kuwait	8,824
Iraq	8,675
Saudi Arabia	7,707

Ffigur 13 Ymwelwyr â Libanus o wledydd cyfagos, Mehefin 2009

Gwlad	Nifer yr Ymwelwyr
Ffrainc	10,107
Yr Almaen	8,836
Sweden	7,040
Denmarc	4,605
Y DU	3,714
UDA	21,126
Canada	16,735
Brasil	2,656

Ffigur 14 Tarddiad ymwelwyr â Libanus, Mehefin 2009. Ffynhonnell: Bwrdd Twristiaeth Libanus

2007	41,2041
2008	47,3574
2009	76,1415

Ffigur 15 Nifer yr ymwelwyr â Libanus [cyfansymiau'r chwe mis o fis Ionawr i fis Mehefin].
Ffynhonnell: Bwrdd Twristiaeth Libanus

Gweithgaredd

2 Disgrifiwch dair ffactor sy'n penderfynu ar natur twristiaeth yn Libanus.

3 a) Gan ddefnyddio Libanus fel enghraifft, eglurwch pam y mae swyddi yn y diwydiant twristiaeth yn dibynnu ar ddiogelwch da.
  b) Awgrymwch ddwy strategaeth wahanol y gallai llywodraeth Libanus eu defnyddio i gynyddu nifer yr ymwelwyr.

4 Defnyddiwch Ffigurau 13, 14 a 15:
  a) Defnyddiwch dechnegau addas i gynrychioli'r data yn Ffigurau 14 a 15.
  b) Disgrifiwch ac eglurwch y patrymau y mae'r data hyn yn eu dangos.

Thema 10: Twristiaeth

Ym mha ffyrdd a pham y mae twristiaeth yn newid?

Mae patrymau twristiaeth yn newid yn gyflym. Mae'r ffordd rydym yn teithio, y pellter rydym yn ei deithio a pha mor aml rydym yn mynd ar wyliau i gyd yn newid. Mae'r newidiadau hyn yn ymwneud yn bennaf â newidiadau mewn technoleg. Yn arbennig, mae'r diwydiant hedfan wedi tyfu'n fawr wrth i awyrennau ddod yn gyflymach ac yn fwy o faint. Ar yr un pryd, mae hedfan wedi dod yn rhatach o lawer, felly gall mwy o bobl fforddio hedfan yn fwy aml. Gostyngodd cost hedfan yn arbennig o gyflym yn y 1990au pan gafwyd cynnydd anferth yn nifer y cwmnïau hedfan sy'n cynnig teithiau rhad. Yr enw ar y rhain yw **cwmnïau hedfan rhad**. Yn nodweddiadol mae cwmnïau hedfan rhad y DU yn hedfan yn aml ac yn rhad i feysydd awyr eraill yn y DU (teithiau hedfan mewnol) neu i gyrchfannau **pellter byr** eraill yn Ewrop. Mae cost isel y teithiau hyn wedi annog cwsmeriaid i fynd ar nifer o wyliau byr y flwyddyn yn hytrach na mynd dramor am bythefnos unwaith y flwyddyn.

Tuedd arall sydd wedi cael effaith ar dwristiaeth yw twf cyflym technolegau cyfathrebu. Bellach mae'n haws o lawer i bobl ddarganfod pa atyniadau ymwelwyr sydd ar gael mewn lleoedd pell nag erioed o'r blaen. Mae pobl bellach yn gallu cael llawer iawn o wybodaeth ar y rhyngrwyd nad oedd ar gael cyn y 1990au. Mae newidiadau yn y cyfryngau hefyd wedi ei gwneud hi'n haws cael gwybod am wyliau mewn lleoedd pell. Tan ddechrau'r 1990au dim ond pedair sianel deledu oedd gan bawb yn y DU. Nawr gall pobl wylio rhaglenni teithio ar sawl sianel ar eu teledu o ganlyniad i ddarlledu ar-lein, cebl a lloeren. Mae hyn wedi'i gwneud hi'n haws o lawer i bobl ymchwilio ac archebu gwyliau i gyrchfannau **pellter hir** megis De a Chanolbarth America, Awstralasia ac Asia.

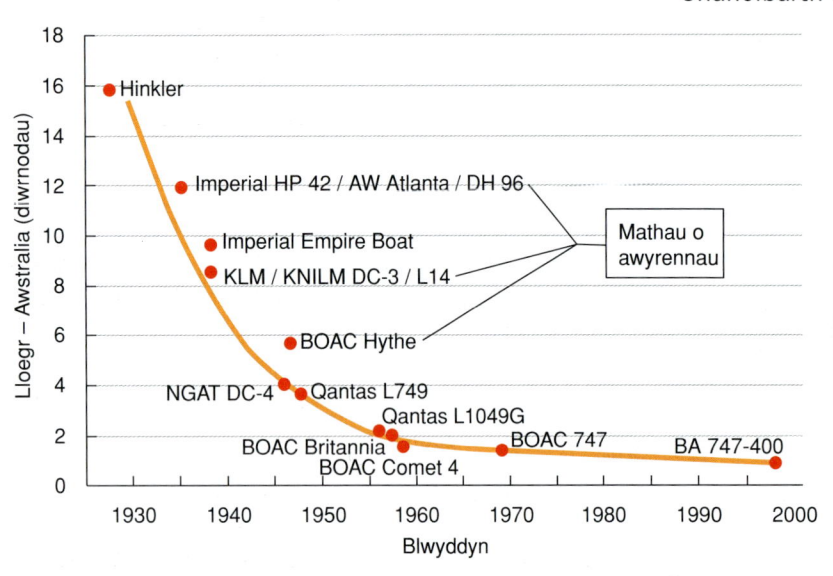

Ffigur 16 Newidiadau yn hyd teithiau hedfan rhwng Llundain ac Awstralia

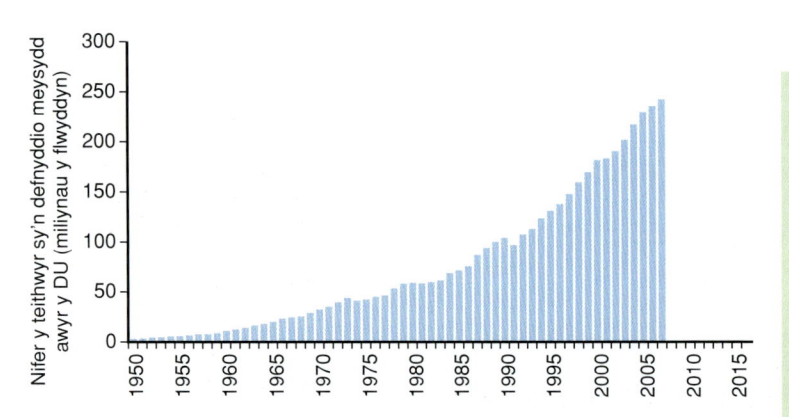

Ffigur 17 Nifer y teithwyr (miliynau) sy'n teithio trwy feysydd awyr y DU, 1950-2007

Ffigur 18 Mae awyrennau megis y Boeing 777 yn golygu y gellir teithio'n gymharol gyflym i gyrchfannau pellter hir

Gweithgaredd

1. Defnyddiwch Ffigur 16 i ddisgrifio ac egluro sut y mae'r amser sydd ei angen i gyrraedd Awstralia wedi newid.
   Astudiwch Ffigur 17.
   a) Disgrifiwch sut y gwnaeth nifer y bobl sy'n defnyddio meysydd awyr y DU newid:
      i) rhwng 1950 a 1983
      ii) rhwng 1983 a 2007.
   b) Defnyddiwch dystiolaeth o'r graff i ragweld faint o deithwyr allai fod yn defnyddio meysydd awyr y DU erbyn 2015.

Thema 10: Twristiaeth

Gweithgaredd SGD (G/S): Eurostat a Defra

http://epp.eurostat.ec.europa.eu

Eurostat yw'r wefan swyddogol ar gyfer ystadegau sy'n ymwneud ag aelodau'r UE. Defnyddiwch y gwe-gyswllt hwn i fynd i'r hafan. Yna, ar ochr dde'r sgrin, cliciwch ar Country Profiles (sydd â map bawd o'r UE) i fynd i'r SGD. Mae Ffigur 19 yn enghraifft o'r math o fap y gallwch ei gynhyrchu.

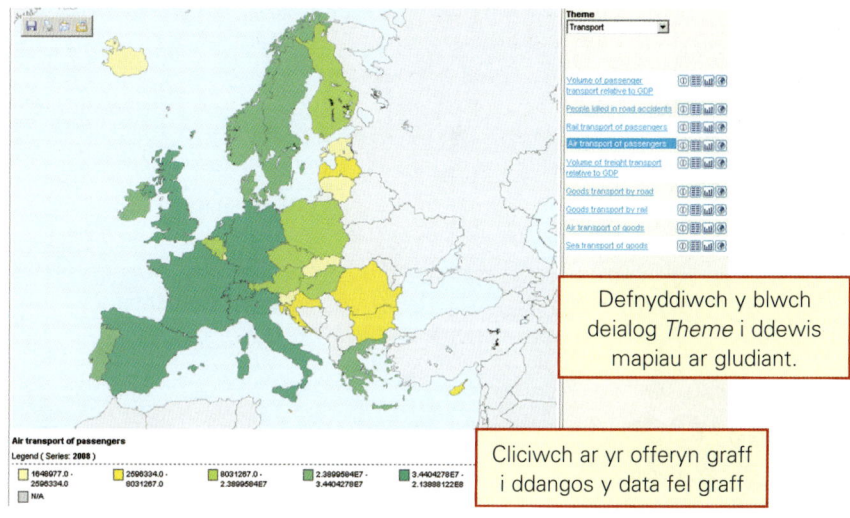

Defnyddiwch y blwch deialog *Theme* i ddewis mapiau ar gludiant.

Cliciwch ar yr offeryn graff i ddangos y data fel graff

Ffigur 19 Map o gludiant awyr a grëwyd gan SGD Eurostat

Gweithgaredd

1. Defnyddiwch y wefan i ymchwilio i'r rhagdybiaethau canlynol:
   a) Mae cludiant awyr wedi tyfu gyflymaf yng ngwledydd Dwyrain Ewrop.
   b) Mae data ar gyfer cludiant awyr yn dangos tystiolaeth bod twf y diwydiant hwn nawr yn arafu.

Gweithgaredd SGD: gwefan Mapio Sŵn yn Lloegr Defra

http://services.defra.gov.uk/wps/portal/noise

Ymchwilio i niwsans sŵn

Mae sŵn yn niwsans i bobl sy'n byw o dan lwybrau hedfan gerllaw meysydd awyr. Mae'r llywodraeth o'r farn y bydd lefelau sŵn yn aros yn debyg i'r hyn y maent heddiw, hyd yn oed wrth i nifer yr awyrennau gynyddu, oherwydd bod awyrennau mwy newydd yn dawelach. Mae Defra, sef adran o'r llywodraeth, wedi mapio lefelau sŵn o amgylch meysydd awyr Lloegr. Mae Ffigur 20 yn dangos yr ardal yn union i'r dwyrain o Heathrow.

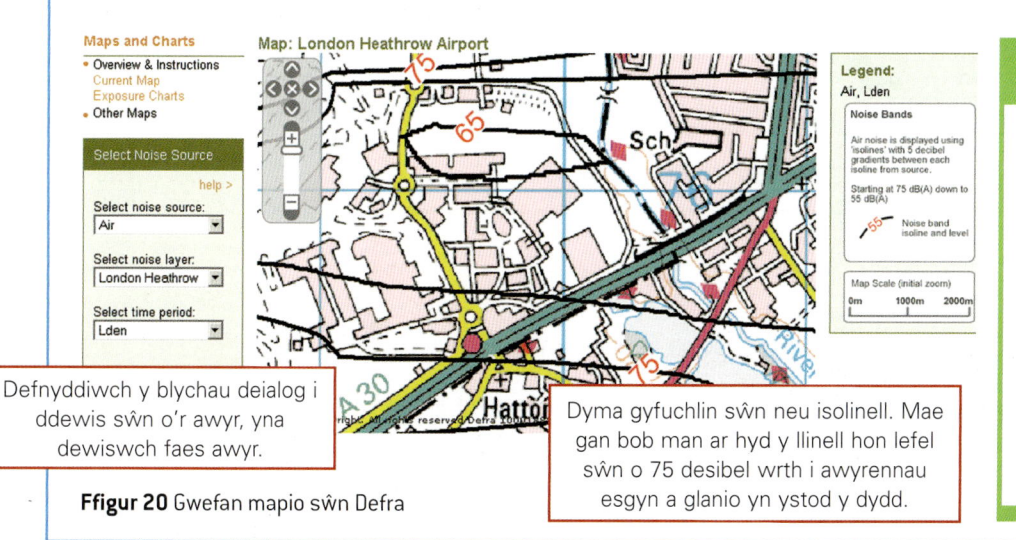

Defnyddiwch y blychau deialog i ddewis sŵn o'r awyr, yna dewiswch faes awyr.

Dyma gyfuchlin sŵn neu isolinell. Mae gan bob man ar hyd y llinell hon lefel sŵn o 75 desibel wrth i awyrennau esgyn a glanio yn ystod y dydd.

Ffigur 20 Gwefan mapio sŵn Defra

Gweithgaredd

2. Defnyddiwch y SGD hon i gymharu'r ardal y mae sŵn yn effeithio arni o dan Faes Awyr Rhyngwladol Birmingham a Heathrow. Ystyriwch y nifer a'r math o ardaloedd preswyl y mae 60 desibel neu fwy yn effeithio arnynt.

73

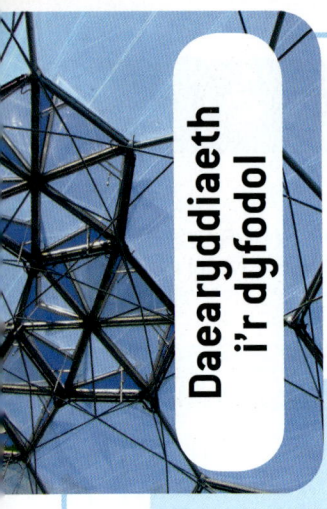

Thema 10: Twristiaeth

Daearyddiaeth i'r dyfodol

Dyfodol teithiau awyr

Mae twf hedfan, ar gyfer busnes a thwristiaeth, yn arwain at effeithiau economaidd ac amgylcheddol. Mae ymgyrchwyr amgylcheddol yn pryderu am allyriadau carbon deuocsid o deithiau awyr sy'n ychwanegu at yr **effaith tŷ gwydr**. Hefyd, maent yn gwrthwynebu ehangu meysydd awyr. Mae'r rhai sy'n gweithio yn y diwydiant awyrennau yn dweud bod y twf yn nifer y teithiau hedfan yn dda i economi'r DU wrth i fwy o ymwelwyr tramor ymweld â'r DU. Maent yn dweud bod angen i ni gael mwy o redfeydd fel y gall mwy o awyrennau ddefnyddio meysydd awyr y DU.

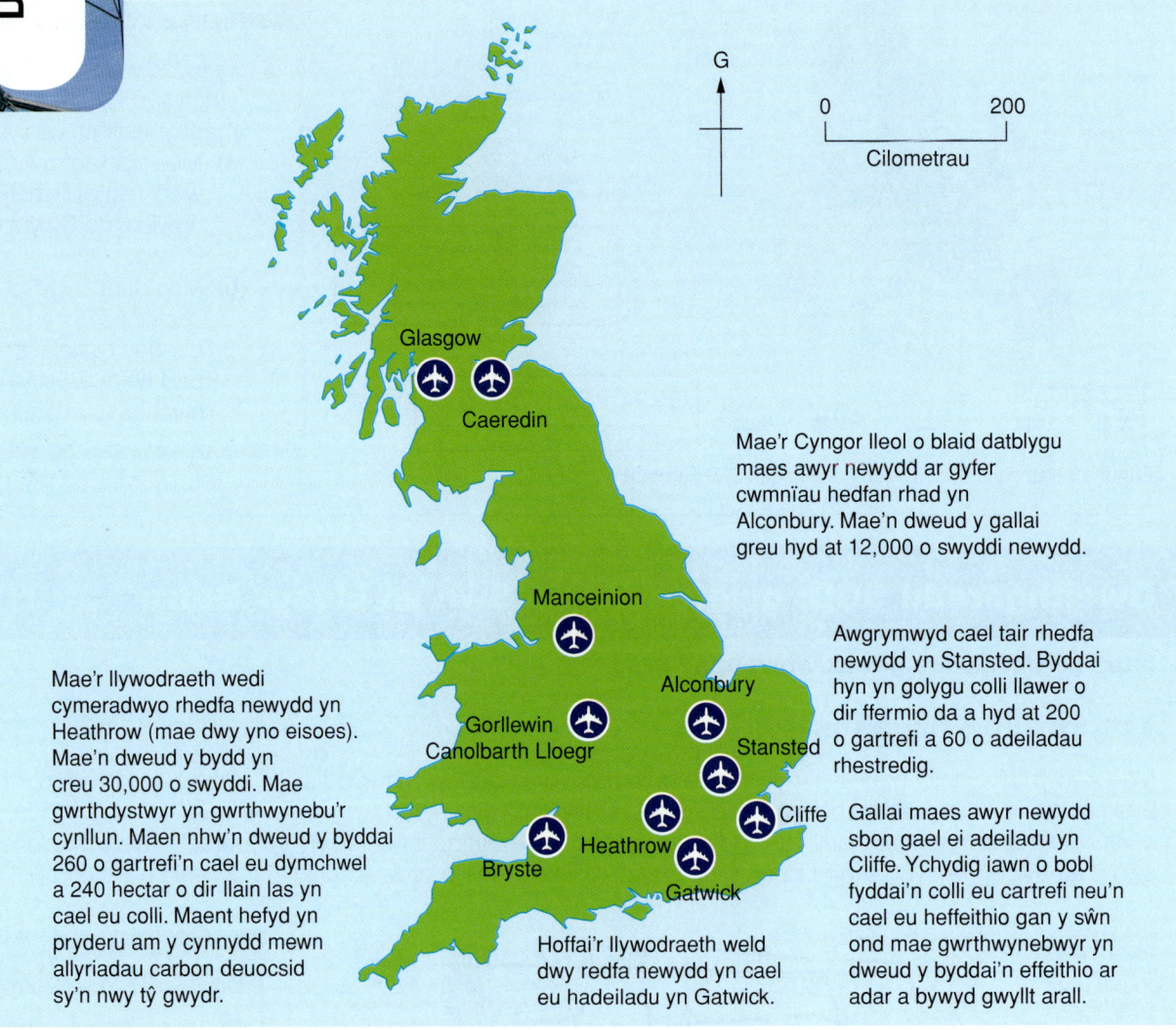

Mae'r Cyngor lleol o blaid datblygu maes awyr newydd ar gyfer cwmnïau hedfan rhad yn Alconbury. Mae'n dweud y gallai greu hyd at 12,000 o swyddi newydd.

Mae'r llywodraeth wedi cymeradwyo rhedfa newydd yn Heathrow (mae dwy yno eisoes). Mae'n dweud y bydd yn creu 30,000 o swyddi. Mae gwrthdystwyr yn gwrthwynebu'r cynllun. Maen nhw'n dweud y byddai 260 o gartrefi'n cael eu dymchwel a 240 hectar o dir llain las yn cael eu colli. Maent hefyd yn pryderu am y cynnydd mewn allyriadau carbon deuocsid sy'n nwy tŷ gwydr.

Awgrymwyd cael tair rhedfa newydd yn Stansted. Byddai hyn yn golygu colli llawer o dir ffermio da a hyd at 200 o gartrefi a 60 o adeiladau rhestredig.

Gallai maes awyr newydd sbon gael ei adeiladu yn Cliffe. Ychydig iawn o bobl fyddai'n colli eu cartrefi neu'n cael eu heffeithio gan y sŵn ond mae gwrthwynebwyr yn dweud y byddai'n effeithio ar adar a bywyd gwyllt arall.

Hoffai'r llywodraeth weld dwy redfa newydd yn cael eu hadeiladu yn Gatwick.

Ffigur 21 Meysydd awyr yn y DU lle y mae cynlluniau ehangu yn cael eu hystyried

Gweithgaredd

1. Astudiwch Ffigurau 21 a 23.
   a) Gwnewch linfap o Dde Ddwyrain Lloegr a dangoswch leoliad y meysydd awyr.
   b) Defnyddiwch y wybodaeth yn Ffigur 23 i ychwanegu symbolau a labeli at eich map i ddangos i ba raddau y mae pob maes awyr yn debygol o ehangu.
   c) Awgrymwch sut y gallai'r ehangu hwn effeithio ar gymunedau lleol.

Thema 10: Twristiaeth

Preswyliwr lleol, ger Heathrow: Rydym yn ddig ac yn ddigalon. Mae'r gymuned wedi bod ar bigau'r drain am chwe blynedd tra bo'r llywodraeth yn ystyried y cynllun ar gyfer y drydedd redfa. Byddwn yn ymladd y cynlluniau hyn yn y llysoedd.

Protestiwr newid yn yr hinsawdd (Paul): Mae twf traffig awyr yn y DU yn tanseilio targed y llywodraeth i leihau allyriadau carbon. Yma yn Plane Stupid rydym yn credu bod angen anghofio am y cynllun i gael rhedfa newydd yn Heathrow. Mae angen gwahardd teithiau awyr mewnol hefyd ac, yn hytrach, annog pobl i ddefnyddio'r trên.

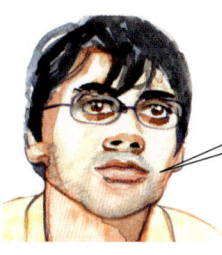

Gwerthwr eiddo: Mae sŵn awyrennau yn codi a glanio yn effeithio ar filoedd o berchenogion tai yn barod. Gall hyn gael effaith negyddol ar brisiau tai. Nid oes neb am fentro prynu tŷ mewn ardal lle gall maes awyr gael ei ehangu.

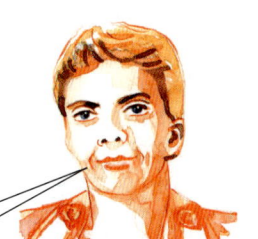

Gweinidog y llywodraeth: Mae twf parhaus teithiau awyr yn hanfodol, felly mae angen i ni ehangu ein meysydd awyr. Mae angen gwell meysydd awyr fel y gall mwy o ymwelwyr ymweld â'r DU. Rydym yn credu bod modd gostwng carbon deuocsid o awyrennau yn y dyfodol trwy ddefnyddio gwell technoleg megis peiriannau awyrennau glanach a mwy effeithlon.

Ffigur 22 Safbwyntiau gwahanol ar dwf teithiau awyr ac ehangu meysydd awyr y DU

Maes Awyr	2005	2015	2030
Heathrow	65	80	135
Gatwick	35	35	40
Stansted	20	35	55
Luton	10	15	15
Dinas Llundain	2	4	5
Cyfanswm ar gyfer holl feysydd awyr Llundain	**132**	**169**	**250**
Meysydd awyr eraill y DU	93	139	203
Cyfanswm ar gyfer holl feysydd awyr y DU	**225**	**308**	**453**

Ffigur 23 Twf rhagfynedig yn nifer y teithwyr sy'n defnyddio meysydd awyr y DU (miliynau o bobl y flwyddyn). Ffynhonnell: www.dft.gov.uk/pgr/aviation/atf/co2forecasts09/co2forecasts09.pdf

Gweithgaredd

2 Astudiwch Ffigurau 21 a 22.
   a) Amlinellwch y dadleuon o blaid ac yn erbyn ehangu'r meysydd awyr sy'n bodoli eisoes.
   b) Trefnwch eich dadleuon o dan y penawdau hyn: amgylcheddol   economaidd   cymdeithasol

3 A fyddai'n well ehangu Heathrow neu adeiladu maes awyr newydd i'r dwyrain o Lundain? Defnyddiwch yr adnoddau sydd yma, a'r rhyngrwyd, i ymchwilio i'r dewisiadau hyn. Gwnewch boster sy'n perswadio pobl i gefnogi pa un bynnag yw'r syniad gorau yn eich barn chi.

Thema 10: Twristiaeth

Beth yw effeithiau twristiaeth?

Gwlad yr Iâ A yw twristiaeth yn beth da neu'n beth drwg i Wlad yr Iâ?

Y rhaeadr yn Gullfoss (sy'n golygu 'Rhaeadr Aur') yw un o brif atyniadau ymwelwyr Gwlad yr Iâ. Mae'n denu dros 300,000 o ymwelwyr y flwyddyn. Mae Gullfoss a Geyser sydd gerllaw ychydig dros awr o daith ar y ffordd o Reykjavík. Mae llawer o bobl yn dod ar fws fel rhan o daith o amgylch rhanbarth y 'Cylch Aur'. Nid oes rhaid talu ffi i ymweld â'r rhaeadr ei hun ond mae ymwelwyr yn cyfrannu at yr economi leol trwy:

- wario arian yn y caffi mawr a'r siop roddion
- talu am daith bws o Reykjavík (tua £45 yn 2009)
- llogi car i ymweld â'r ardal
- aros dros nos yn un o'r nifer o westai lleol
- bwyta mewn tŷ bwyta lleol
- talu i hedfan dros y rhaeadr mewn awyren ysgafn
- talu am weithgareddau hamdden lleol megis rafftio dŵr gwyn neu farchogaeth.

Mae hyn i gyd yn creu llawer o swyddi a chyfleoedd busnes i bobl leol. Er enghraifft, mae llawer o ffermwyr lleol wedi newid eu hadeiladau i fod yn westai mawr neu wedi agor stablau ceffylau. Mae'r arian y mae pobl leol yn ei ennill yn cael ei wario wedyn mewn siopau a busnesau lleol. Mae hyn yn enghraifft o **effaith lluosydd cadarnhaol**.

Nid yw pob effaith y mae twristiaeth yn ei chael yn dda i Wlad yr Iâ a'i phobl. Cyfnod brig y tymor twristiaeth yn ardaloedd gwledig Gwlad yr Iâ yw mis Mehefin i fis Awst. Mae llai o bobl yn ymweld yn y gaeaf pan fo'r diwrnodau'n fyr iawn. Mae gwaith mewn gwestai yn dymhorol ac mae angen ail swydd ar y rhan fwyaf o bobl pan fydd llai o ymwelwyr.

Mae'r Cylch Aur, sef y rhanbarth gwledig agosaf i Reykjavík, wedi dod yn boblogaidd gydag ymwelwyr o Reykjavík yn ogystal ag ymhlith ymwelwyr tramor. Mae llawer yn prynu ail gartref yma. Mae yna berygl y gallai pobl leol deimlo bod newydd-ddyfodiaid yn eu llethu. Mewn un datblygiad tai yn Grimsnes, gerllaw Gullfoss, mae yna dros 1,500 o gartrefi gwyliau newydd mewn cymuned wledig sy'n cynnwys dim ond 356 o breswylwyr parhaol.

Mae nifer yr ymwelwyr yn gallu achosi problemau megis erydu llwybrau troed mewn **safleoedd pot mêl** megis Gullfoss. Mae'n rhaid rheoli grisiau a llwybrau yn ofalus er mwyn eu cadw'n ddiogel a sicrhau nad ydynt yn edrych yn hyll. Mae gyrru oddi ar y ffordd yn boblogaidd yn rhanbarthau gwledig Gwlad yr Iâ, ond mae olion y teiars a'r rhigolau dwfn yn amharu ar y dirwedd. Mae Asiantaeth Amgylchedd a Bwyd Gwlad yr Iâ yn poeni cymaint am y difrod hwn fel bod y rhan fwyaf o yrru oddi ar y ffordd wedi'i wahardd yng Ngwlad yr Iâ ers 1999.

Ffigur 25 Ymwelwyr wrth raeadr Gullfoss

Ffigur 24 Awyren ysgafn yn mynd ag ymwelwyr i weld y golygfeydd dros raeadr Gullfoss

Thema 10: Twristiaeth

Mae Gwlad yr Iâ ychydig i'r de o'r Cylch Arctig felly mae'r tymor tyfu yn fyr. Mae planhigion sydd wedi'u difrodi gan gerbydau oddi ar y ffordd yn tyfu'n ôl yn araf iawn.

Mae gan dirweddau sydd heb eu difrodi nodweddion **anialwch** oherwydd nad yw gweithgarwch dynol wedi amharu arnynt.

Mae'r priddoedd yn folcanig ac yn rhydd iawn. Mae'n hawdd iawn i deiars achosi rhigolau dwfn.

Mae olion teiars yn nodwedd annaturiol yn nhirwedd Gwlad yr Iâ.

Lle y mae planhigion wedi'u difrodi mae'r gwynt a'r glaw yn erydu'r priddoedd yn hawdd.

Ffigur 26 Mae gyrru oddi ar y ffordd yn anghyfreithlon ym Mharc Cenedlaethol Skaftafell ac mae wedi gadael yr olion teiars hyn

Ffigur 27 Llwybr troed wedi erydu yn Seljalandsfoss, atyniad ymwelwyr arall yn y Cylch Aur

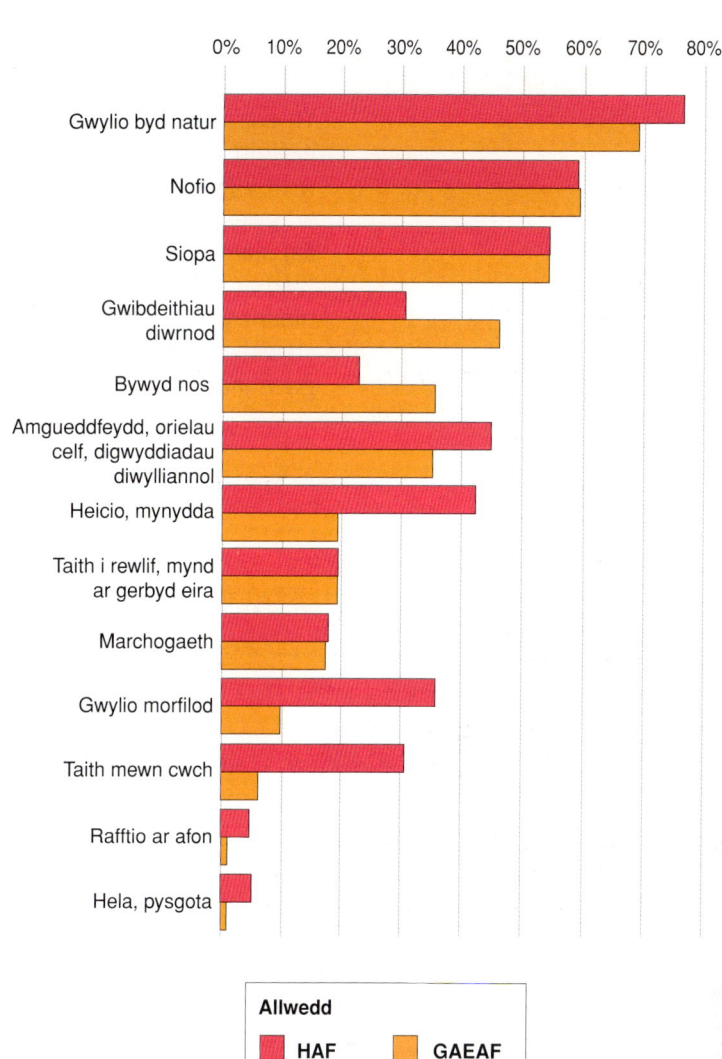

Ffigur 28 Prif weithgareddau hamdden ymwelwyr yng Ngwlad yr Iâ

Allwedd: HAF, GAEAF

Gweithgaredd

1. Defnyddiwch Ffigurau 24 a 25. Gweithiwch mewn parau i lunio rhestr o ddeg gair sy'n disgrifio sut y gallai'r dirwedd hon effeithio ar bobl.

2. Defnyddiwch Ffigur 28.
   a) Awgrymwch pam y mae bywyd nos a gwibdeithiau diwrnod (teithiau mewn bws i leoedd megis Gullfoss) yn fwy poblogaidd yn y gaeaf.
   b) Awgrymwch pam y mae gwylio morfilod a theithiau mewn cwch yn fwy poblogaidd yn yr haf.
   c) Rhestrwch y gweithgareddau hamdden sy'n gysylltiedig â thirwedd.

3. Eglurwch pam y mae'n bwysig i lywodraeth Gwlad yr Iâ ddiogelu tirwedd drawiadol y wlad.

Thema 10: Twristiaeth

México

Costau cymdeithasol twristiaeth yn Cancún

Yn sicr mae twristiaeth wedi creu nifer o swyddi yn Yucatán, ond beth yw ei heffeithiau ehangach ar bobl leol? Yn Cancún mae'r gwestai wedi'u gwahanu oddi wrth y gymuned leol: cynllun o'r enw **clofan ymwelwyr**. Tra bo ymwelwyr yn aros yn eu gwestai cyffyrddus â systemau aerdymheru, mae'r gweithwyr yn teithio adref i **dai sianti** yn Puerto Juarez sy'n awr o daith ar y bws. Nid oes hawl gan y bobl leol fynd ar y traethau hyd yn oed. Y wladwriaeth sydd yn berchen ar y traethau, ond maent yn cael eu rheoli gan y gwestai. Maent yn cadw'r bobl leol i ffwrdd i atal ymwelwyr rhag cael eu poeni gan bobl sy'n ceisio gwerthu bwyd, diodydd neu eu gwasanaethau fel tywyswyr.

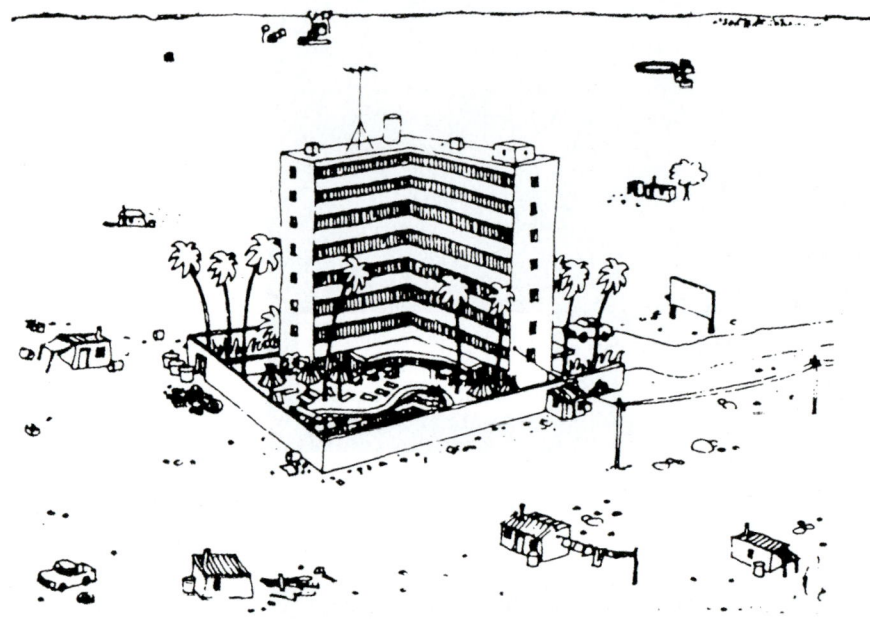

"*Annwyl George, dyma ni yng nghanol y bwrlwm yn cael amser gwych. Rydym yn teimlo ein bod yn cael blas go iawn ar y wlad egsotig hon….*"

Ffigur 29 Clofannau ymwelwyr

Mae'r bysiau wedi cael eu mewnforio. Maent yn cludo ymwelwyr i westai sy'n eiddo i dramorwyr. Mae'r gwestai hyn yn gweini llawer o fwyd a diod wedi'i fewnforio.

Mae'r rhan fwyaf o'r cwmnïau hedfan sy'n cludo'r ymwelwyr yn eiddo i gwmnïau trawswladol tramor.

Ffigur 30 I ble mae'r arian yn mynd?

Thema 10: Twristiaeth

Mae adroddiad gan Tourism Concern yn dod i'r casgliad bod amodau gwaith gweithwyr yn y diwydiant ymwelwyr yn Cancún yn wael. Mae llawer yn ennill dim ond $5 UDA am weithio 12–14 awr mewn diwrnod. Mae llawer o weithwyr yn y gwestai mawr yn cael cynnig contractau byr, dros dro. Mae hyn yn golygu y gall gweithwyr gael eu diswyddo ar ddiwedd contract mis neu dri mis os yw patrwm tymhorol yr ymwelwyr yn golygu nad oes digon o waith.

Mae'r gwahaniaeth mewn cyfoeth rhwng ymwelwyr a'r gymuned leol yn gallu creu gwrthdaro a rhwystredigaeth. Mae pobl ifainc yn eu harddegau yn tyfu i fyny gan ddisgwyl cael y nwyddau traul tebyg i'r rhai y maent yn gweld ymwelwyr yn eu mwynhau, ond ni allant eu fforddio bob amser. Mae'r siopau'n gwerthu bwyd, diodydd ysgafn a dillad wedi'u mewnforio ond yn aml mae'r rhain yn ddrutach na'r cynhyrchion lleol ac yn rhy ddrud i bobl leol eu prynu.

Ffigur 31 Safbwyntiau ar ddatblygiad twristiaeth yn Cancún

> Alla i ddim fforddio cartref digonol. Dw i'n byw mewn caban ar rent. Mae'n costio $80 y mis. Dw i'n rhannu tŷ bach y tu allan gyda chymdogion ac mae'r to tun yn gollwng pan fydd hi'n bwrw glaw yn drwm. Mae'r ymwelwyr yn cael popeth sydd ei angen arnyn nhw, ond does dim lle na chyfleusterau hamdden gyda ni. Dydyn ni ddim yn cael mynd ar y traeth hyd yn oed!

Gweithiwr mewn gwesty

> Mewn trefi gwyliau fel Cancún a Maya Riviera, mae'r costau byw yn uchel iawn ond nid yw'r cyflogau'n adlewyrchu hynny. Anaml iawn y mae'r cyflogau cyfartalog yn fwy na $4 y dydd, tra mae fflat un neu ddwy ystafell yn Playa yn gallu costio $150 y mis.

Ymgyrchydd i Tourist Concern
(sy'n ymgyrchu dros faterion twristiaeth a hawliau dynol)

> Rydym yn defnyddio gardiau diogelwch i gadw pobl leol oddi ar y traeth. Y broblem yw bod rhai o'r bechgyn yn achosi niwsans i ymwelwyr. Maen nhw'n ceisio gwerthu bwyd cyflym neu gofroddion. Weithiau, mae problemau wedi codi gyda phobl sy'n gwerthu cyffuriau ac mae rhai ymwelwyr wedi cael eu mygio hyd yn oed.

Rheolwr gwesty

Ffigur 32 Mewn tref sianti gerllaw Cancún, mae'r bar yn hysbysebu diod ysgafn cwmni trawswladol

> Mae llawer o'r bobl sy'n gweithio mewn gwestai yn Cancún yn fudwyr o rannau eraill o México. Maen nhw'n dioddef am eu bod wedi'u gwahanu oddi wrth eu teuluoedd a'u cymunedau gwreiddiol. Mae'r rhan fwyaf ohonyn nhw'n cael eu talu'n wael ac yn dibynnu ar gael cildwrn gan ymwelwyr i ychwanegu at eu cyflogau. Mae llawer ohonyn nhw'n gweithio oriau hir o dan amodau anodd. Mae rhai yn dioddef o gamddefnyddio alcohol neu gyffuriau.

Gweithiwr cymdeithasol

Gweithgaredd

1. Trafodwch:
   a) beth yw manteision ac anfanteision twristiaeth dorfol i bobl leol ac economi Yucatán yn eich barn chi
   b) y rhesymau pam y mae llywodraethwr Quintana Roo yn ceisio newid delwedd cyrchfan Cancún
   c) manteision ac anfanteision caniatáu i ran o farriff Yucatán ddod yn 'riff aberthol'.

2. Astudiwch Ffigur 29.
   a) Awgrymwch bennawd addas ar gyfer y cartŵn hwn.
   b) Ceisiwch gyfiawnhau pam y mae clofannau yn beth gwael i ymwelwyr a phobl leol.
   c) Awgrymwch pam y cafodd Cancún ei ddatblygu fel clofan.

3. Trafodwch y safbwyntiau yn Ffigur 31.
   a) Rhowch y materion a godwyd mewn rhyw fath o drefn (er enghraifft, gallech ddefnyddio *Incwm* fel un pennawd).
   b) Beth yw prif achosion y materion hyn?
   c) Awgrymwch atebion posibl i un o'r materion hyn.

Thema 10: Twristiaeth

Sut y mae modd datblygu twristiaeth mewn modd cynaliadwy?

Yn ddelfrydol, dylai twristiaeth fod yn gynaliadwy, sy'n golygu y dylai arwain at fanteision tymor hir. Fodd bynnag, er mwyn i dwristiaeth gael ei datblygu mewn modd cynaliadwy mae angen iddi fodloni sawl angen sy'n gwrthdaro. Mae'r rhain yn cael eu crynhoi yn Ffigur 33.

Ffigur 33 Gofynion sy'n gwrthdaro yn achosi twristiaeth gynaliadwy

Mae angen i bobl leol elwa. Gall hyn fod ar ffurf swyddi newydd a gwell cyflog. Lle y mae tlodi yn gyffredin dylai hefyd ddarparu gwell gwasanaethau sylfaenol megis dŵr glân, systemau trin carthion ac ysgolion i bobl leol.

Ni ddylai twf twristiaeth wneud cymaint o ddifrod i'r amgylchedd (gan gynnwys bywyd gwyllt/ecosystemau) fel na all gael ei adfer.

Ni ddylai twf twristiaeth greu problemau i genedlaethau o bobl leol yn y dyfodol. Er enghraifft, os yw datblygu twristiaeth yn defnyddio mwy o ddŵr glân nag y gall prosesau naturiol ei gyflenwi, yna mae twristiaeth yn anghynaliadwy.

Ni ddylai twf twristiaeth greu cymaint o broblemau fel bo ymwelwyr yn rhoi'r gorau i ymweld (oherwydd bod yr amgylchedd wedi'i ddifetha).

Gweithgaredd

1 Defnyddiwch Ffigur 33 i amlinellu dwy ffordd wahanol o leiaf lle y mae twristiaeth yn Cancún wedi methu â bod yn gynaliadwy.

2 Awgrymwch sut y dylai Llywodraethwr Quintana Roo gynllunio datblygiadau twristiaeth yn Yucatán dros y ddeg i ugain mlynedd nesaf. Rhowch resymau dros eich dewisiadau.

Dysgu gwersi o Yucatán

Mae yna dystiolaeth bod datblygiad twristiaeth dorfol yn Cancún yn y 1970au a'r 80au wedi achosi problemau i bobl leol a'r amgylchedd. Adeg adeiladu'r cyrchfan, cafodd miloedd o goed **mangrof** eu clirio o'r lagŵn i wneud lle i farinas cychod hwylio a chwaraeon dŵr. Erbyn diwedd y 1990au roedd hi'n amlwg bod carthion ac olew o'r cychod wedi llygru'r lagŵn yn ddifrifol. Roedd y barriff ar hyd y morlin hefyd yn cael ei ddifrodi. Mae riffiau cwrel yn fregus iawn ac yn tyfu'n araf. Maent yn agored i glefydau sy'n cael eu hachosi gan garthion yn y môr. Maent yn torri'n hawdd hefyd pan fydd deifars yn sefyll ar y riff, neu pan fydd angorau'r cychod deifio yn cael eu llusgo ar draws y cwrelau.

Gan ofni y byddai ymwelwyr yn rhoi'r gorau i ddod i'r ardal pe bai'r amgylchedd yn cael ei ddifetha, mae llywodraethwr Quintana Roo wedi mynnu bod yn rhaid gwneud mwy o ymdrech i ddiogelu'r amgylchedd. Mae'n rhaid i westai newydd fodloni safonau uwch o ran arbed egni a dŵr. Cafodd yr ardal snorcelio a deifio fwyaf poblogaidd oddi ar Cancún ei dynodi'n Barc Morol Cenedlaethol. Er gwaethaf hyn, mae yna gymaint o ddeifars o hyd fel bod difrod i **ecosystem** y riff yn anochel. Mae biolegwyr nawr yn cyfeirio at yr ardal fel 'riff aberthol'. Maent yn credu ei bod hi'n well cadw'r deifars yma mewn un man yn hytrach na gadael iddynt wasgaru i rannau eraill o'r riff nad ydynt yn denu cymaint o ymwelwyr ac sydd mewn gwell cyflwr.

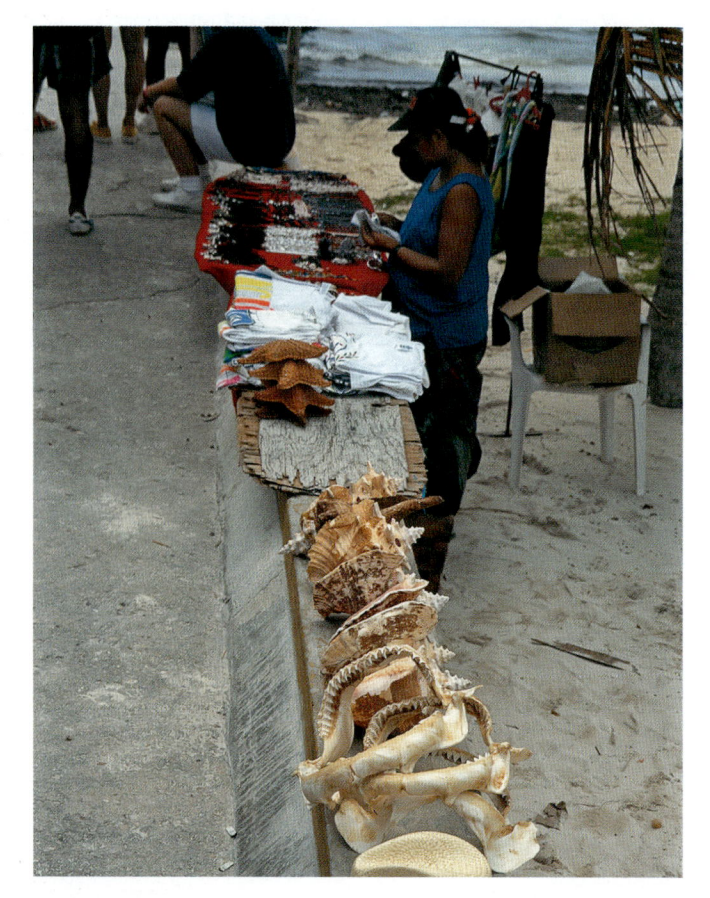

Ffigur 34 Mae cyfreithiau llym iawn yn atal ymwelwyr rhag mynd â chofroddion cwrel allan o México. Mae'r gwerthwr stryd hwn yn gwerthu cwrel a dannedd siarcod i ymwelwyr â Cancún

Thema 10: Twristiaeth

Cadw ymwelwyr yn eu cylchfa: strategaeth yn Tyrus, Libanus

Arfordir Tyrus yn ne Libanus yw'r traeth tywod mwyaf a'r un sydd wedi'i gadw orau yn Libanus. Byddai llywodraeth Libanus yn hoffi annog twristiaeth, ond mae'n cydnabod y byddai twristiaeth dorfol yn gwrthdaro ag anghenion pobl leol ac yn difrodi amgylchedd bregus. Mae dŵr yn un mater a allai achosi gwrthdaro. Amcangyfrifir bod ymwelwyr yn rhanbarth y Môr Canoldir yn defnyddio rhwng 300 ac 850 litr o ddŵr yr un y dydd: mae defnydd ymwelwyr o ddŵr yn cynnwys prosesau glanhau megis golchi dillad mewn gwestai a golchi llestri mewn tai bwyta. Ar y llaw arall, amcangyfrifir bod pobl yn Libanus yn defnyddio 200 litr o ddŵr yr un y dydd. Mae rhanbarth Tyrus yn dibynnu ar gyflenwadau naturiol o ddŵr daear. Mae'r cyflenwad yn cael ei **ail-lenwi** o ddŵr sy'n tryddiferu'n araf i'r creigiau o'r eira sy'n ymdoddi yn y mynyddoedd (gweler Ffigur 36). Ychydig iawn sy'n cael ei adnewyddu gan ddŵr glaw yn yr hafau hir sych pan fo galw mawr amdano gan ymwelwyr a ffermwyr lleol.

Mae arfordir Tyrus hefyd yn cynnwys nifer o ecosystemau bregus a fyddai'n cael eu difrodi'n hawdd yn sgil datblygiad twristiaeth. Mae'r rhain yn cynnwys traethau sy'n safleoedd nythu i'r crwban môr pendew a'r crwban gwyrdd, dwy rywogaeth mewn perygl. Mae'r twyni tywod a'r gwlyptiroedd y tu cefn i'r traeth yn gartref hefyd i frogaod, pryfed, llawer o blanhigion prin ac anifeiliaid megis y llygoden wrychog Arabaidd. Mae'r ardal wedi'i diogelu ers 1998 pan grëwyd Gwarchodfa Natur 380 hectar. Mae Gwarchodfa Arfordir Tyrus wedi'i rhannu'n ddwy gan wersyll ffoaduriaid Rachidieh. Mae'r warchodfa ei hun wedi'i rhannu'n gylchfaoedd o ddefnydd tir gwahanol gyda'r lefelau gwarchod uchaf ar waith yn y gylchfa gadwraeth.

Gweithgaredd

3 Eglurwch pam y mae angen ystyried adnoddau dŵr wrth benderfynu a yw datblygiad ymwelwyr yn debygol o fod yn gynaliadwy.

4 Defnyddiwch Ffigur 35.
   a) Disgrifiwch leoliad y gylchfa ymwelwyr.
   b) Eglurwch pam y mae'r gylchfa hon wedi'i gwahanu oddi wrth bob un o'r cylchfaoedd eraill.

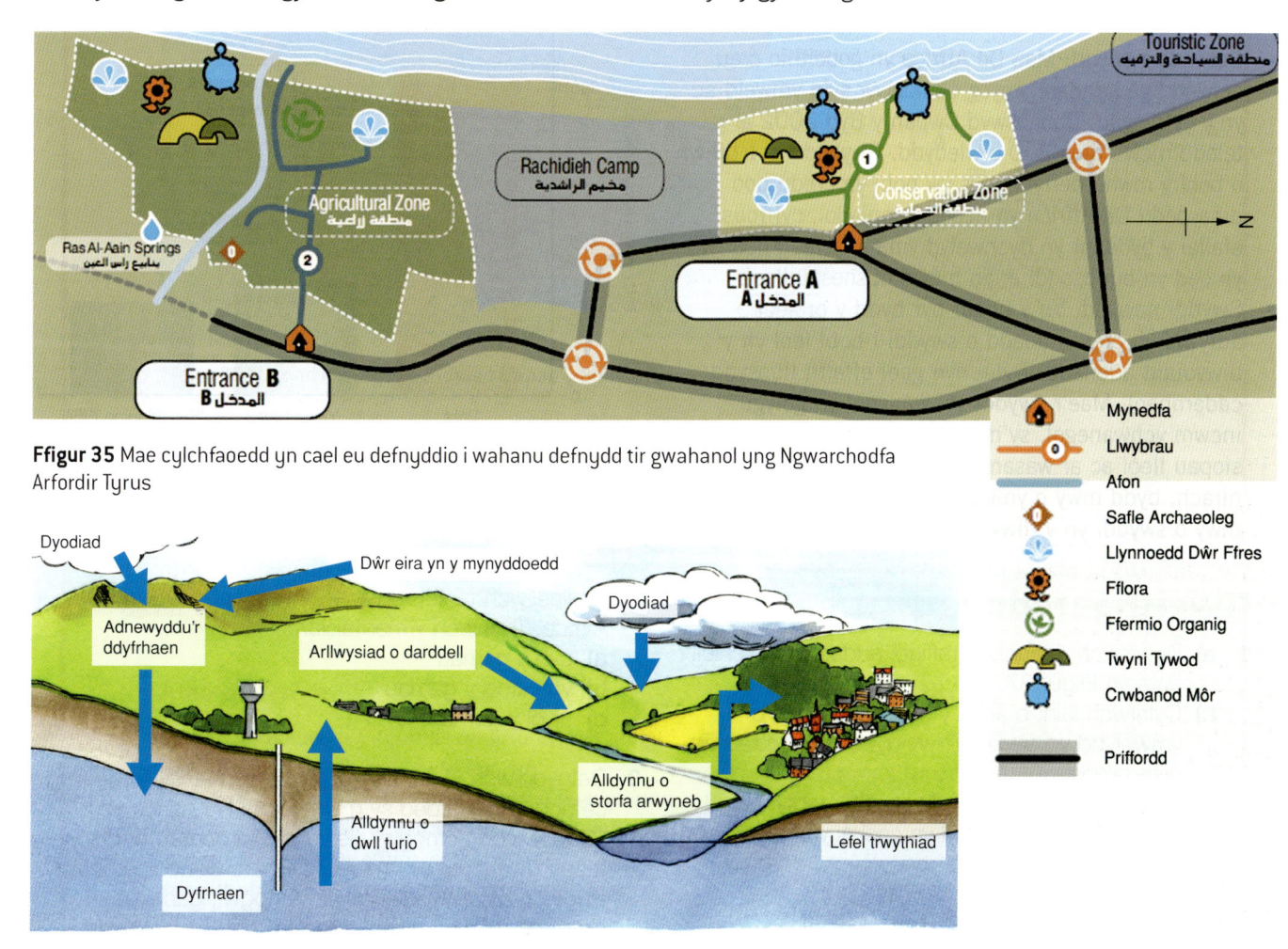

Ffigur 35 Mae cylchfaoedd yn cael eu defnyddio i wahanu defnydd tir gwahanol yng Ngwarchodfa Arfordir Tyrus

Ffigur 36 Beth fydd yn digwydd i'r lefel trwythiad os yw'r dŵr daear yn cael ei alldynnu yn gynt nag y mae'n cael ei adnewyddu?

Thema 10: Twristiaeth

A allai hela achub bywyd gwyllt Affrica?

Limpopo yw'r mwyaf gwledig o naw talaith De Affrica. Mae'r rhan fwyaf o bobl yn gweithio ar ffermydd ac nid yw gweithwyr fferm yn cael eu talu'n dda; mae llawer yn ennill llai nag $1 UDA y dydd. Mae incwm cyfartalog cartref yn llai na 1,000 Rand ($140 UDA) ac mae 60 y cant o deuluoedd yn byw o dan y llinell dlodi.

Mae anifeiliaid gwyllt fel jiraffod, sebras, gnwod ac impalaod yn gyffredin mewn sawl rhan o Limpopo. Mae ymwelwyr yn dod i'r rhanbarth i fynd ar saffari a gweld y bywyd gwyllt ysblennydd. Mae rhai o'r anifeiliaid hyn mor gyffredin fel eu bod yn cael eu **difa** fel na fyddant yn cystadlu â gwartheg am dir pori. Mae gwyddonwyr yn monitro poblogaethau bywyd gwyllt ac yn penderfynu bob blwyddyn faint o anifeiliaid gwyllt sydd angen eu saethu i gadw'r boblogaeth yn sefydlog.

Crëwyd Gwarchodfa Biosffer Waterberg yn 1999. Mae'r Warchodfa'n cynnwys 75 rhywogaeth o famolion (gan gynnwys eliffantod, rhinoserosod a jiraffod) a 300 rhywogaeth o adar, tra bo 77,000 o bobl yn byw yn y warchodfa. Mae'r hinsawdd sych yn gwneud ffermio yn anodd ac mae incwm pobl yn isel. Mae rhai pobl yn yr ardal hon yn arallgyfeirio eu hincwm trwy droi at ecodwristiaeth. Mae hyn yn golygu bod ymwelwyr yn talu i aros gyda theuluoedd lleol neu mewn cabanau ar ffermydd mwy. Mae pobl leol yn cael eu cyflogi fel tywyswyr a wardeniaid. Mae rhywfaint o'r arian a ddaw o ecodwristiaeth yn cael ei dalu'n uniongyrchol i brojectau cadwraeth. Mae'r rhain yn cynnwys rhaglenni bridio ar gyfer anifeiliaid mewn perygl, cadwraeth cynefinoedd a phatrolau gwrth-herwhela i ddiogelu anifeiliaid megis y rhinoseros.

Fel mewn rhannau eraill o Limpopo, mae gwyddonwyr o'r farn bod angen difa rhai anifeiliaid gwyllt fel nad yw'r tir yn cael ei or-bori, felly hyn a hyn o hela sy'n cael ei ganiatáu. Mae ymwelwyr yn talu ffi ddyddiol ac yna 'ffi troffi' am bob anifail gwyllt y maent yn ei saethu â reiffl neu fwa croes. Mae llawer o'r arian hwn yn cael ei dalu i'r tir feddiannwr sy'n gallu ei ddefnyddio i ddiogelu a gofalu am fywyd gwyllt ar ei dir.

Gweithgaredd

1. Disgrifiwch ddosbarthiad yr ardaloedd cadwraeth yn Limpopo.

2. Eglurwch pam y mae'n bwysig arallgyfeirio'r economi mewn ardaloedd fel Waterberg.

3. Eglurwch sut y mae project ecodwristiaeth yn Limpopo:
   a) yn gwella safonau byw
   b) yn gwarchod bywyd gwyllt.

Ffigur 40 Ardaloedd cadwraeth yn Limpopo

Ffigur 41 Bydd yr ymwelydd hwn wedi talu tua £165 am ddiwrnod o hela (prisiau 2009). Yn ychwanegol at hynny mae'n rhaid iddo dalu 'ffi troffi' am bob anifail y bydd yn ei ladd. Mae ffi o £1,060 am y cwdw hwn.

Thema 10: Twristiaeth

> Mae hela yn dda i gadwraeth. Roedd gen i wartheg ar fy fferm ond roedd y tir yn cael ei or-bori. Dw i wedi troi at ecodwristiaeth a hela anifeiliaid gwyllt. Dw i'n mynd â thwristiaid ar saffaris ar droed. Dw i hefyd yn caniatáu rhywfaint o hela. Mae fy musnes yn fwy proffidiol nawr. Dw i wrth fy modd â bywyd gwyllt! Dw i'n gofalu am y bywyd gwyllt oherwydd dyna'r brif ffynhonnell incwm i mi.

Tirfeddiannwr Gwyn o Dde Affrica

> Mae dros 900 o ffermydd hela yn Limpopo. Maen nhw'n denu dros $500 miliwn (£42 miliwn) y flwyddyn mewn ffioedd troffi. Mae twristiaeth a hela yn creu swyddi a chyfoeth i ranbarth tlawd o Dde Affrica.

Gweinidog y llywodraeth

> Rydym yn cefnogi 'hela anifeiliaid gwyllt' fel ffordd o reoli bywyd gwyllt ar yr amod ei fod yn cael ei fonitro gan wyddonwyr. Rydym yn cydnabod bod modd ei ddefnyddio i gynorthwyo rhai cymunedau gwledig i ddatblygu'n gynaliadwy.

Llefarydd y WWF

Ffigur 42 Safbwyntiau am hela anifeiliaid gwyllt

Gweithgaredd

4 Trafodwch y safbwyntiau ar hela anifeiliaid gwyllt yn Ffigur 42.
   a) Rhestrwch y prif ddadleuon o blaid ac yn erbyn hela anifeiliaid gwyllt.
   b) Fel grŵp, paratowch gyflwyniad neu boster i berswadio pobl bod hela anifeiliaid gwyllt naill ai'n ddatblygiad da neu ddrwg i Limpopo.

> Camp i ddynion cyfoethog yw hela anifeiliaid gwyllt. Nid yw'r helwyr yn gadwraethwyr. Y cyfan maen nhw'n hoff ohono yw lladd anifeiliaid. Mewn rhai achosion mae hyd yn oed anifeiliaid mewn perygl megis y llewpard yn cael ei ladd cyn belled â bod y ffi yn ddigon uchel.

Gwrthdystiwr gwrth-hela

> Dw i'n gwybod am rai pobl sy'n cael eu cyflogi i dywys helwyr ac i fynd ar drywydd anifeiliaid gwyllt. Fodd bynnag, nid yw'r rhan fwyaf o bobl gyffredin De Affrica yn elwa ar 'hela troffi'. Y tirfeddianwyr cyfoethog sy'n cadw'r rhan fwyaf o'r elw.

Ffermwr du o Dde Affrica

Gweithgaredd SGD: Cynllunio gwyliau gan ddefnyddio gwefan Bwrdd Croeso De Affrica

www.southafrica.net/sat/content/en/za/home

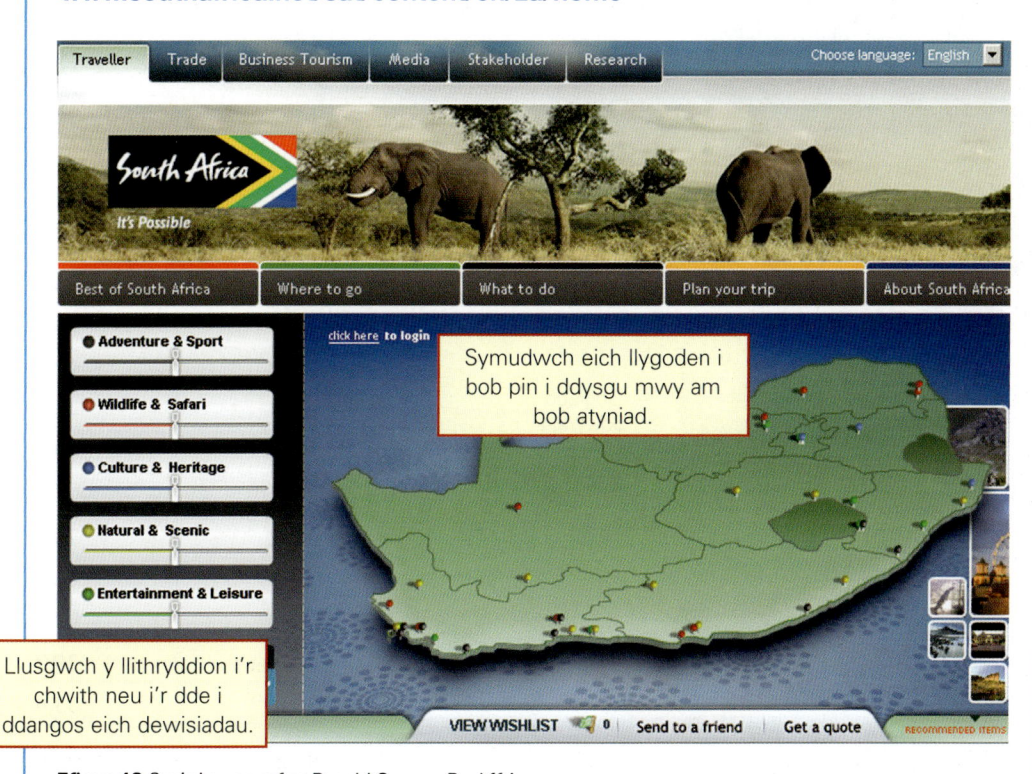

Symudwch eich llygoden i bob pin i ddysgu mwy am bob atyniad.

Llusgwch y llithryddion i'r chwith neu i'r dde i ddangos eich dewisiadau.

Ffigur 43 Sgrinlun o wefan Bwrdd Croeso De Affrica

Gweithgaredd

1 Os oes gennych offer TGCh, defnyddiwch y wefan hon i gynllunio gwyliau tair canolfan i ymwelydd:
   a) sydd eisiau gweld bywyd gwyllt
   b) sydd â diddordeb mewn antur a chwaraeon.

2 Defnyddiwch TGCh i baratoi cyflwyniad byr am y gwyliau rydych chi wedi'u cynllunio.

Thema 10: Twristiaeth

Gwlad yr Iâ

Gweithgaredd

1. Astudiwch Ffigur 45.
   a) Disgrifiwch ddosbarthiad y rhanbarthau sydd wedi colli'r nifer mwyaf o bobl.
   b) Disgrifiwch ym mha rannau o Wlad yr Iâ y mae'r boblogaeth yn tyfu.
   c) Eglurwch y patrwm rydych wedi'i nodi yn atebion a) a b).

A oes modd creu dyfodol cynaliadwy drwy gyfrwng twristiaeth yn ardaloedd gwledig Gwlad yr Iâ?

Ffiordau'r Gorllewin yw'r rhan bellaf o Wlad yr Iâ o Reykjavík. Mae'r rhan fwyaf o ymwelwyr Gwlad yr Iâ yn ymweld â Reykjavík, lle y mae'r clybiau nos yn eu denu, neu'n ymweld â'r De Orllewin i fwynhau sba y Lagŵn Las, prif atyniad y rhanbarth. Mae llawer o ymwelwyr yn ymweld â'r ardal wledig sy'n cael ei hadnabod fel y 'Cylch Aur' yn rhanbarth y de hefyd (gweler tudalen 76). Mae llawer llai o ymwelwyr yn ymweld â rhannau pellaf Gwlad yr Iâ.

Mae economi gwledig traddodiadol Ffiordau'r Gorllewin yn dirywio. Pysgota fu'r cyflogwr mwyaf ar hyd yr amser, ond mae'r llywodraeth wedi gostwng nifer y pysgod y gellir eu dal er mwyn diogelu'r stoc bysgod yn y môr. Ffermio defaid yw'r ail gyflogwr mwyaf, ond nid yw'n broffidiol ac mae'n amhoblogaidd ymysg y bobl ifainc.

Bob blwyddyn mae rhanbarthau gwledig Gwlad yr Iâ yn derbyn rhai mudwyr ac yn colli pobl eraill. Mewn rhai rhanbarthau mae mwy o bobl yn gadael nag sy'n symud i mewn, sefyllfa sy'n cael ei galw'n **allfudo net**. Mae colli pobl oherwydd mudo, yn ogystal â chyfraddau geni isel, yn achosi **diboblogi gwledig**. Mae diboblogi yn Ffiordau'r Gorllewin yn achosi pryder difrifol. Os bydd poblogaethau gwledig yn mynd yn rhy fach yna bydd gwasanaethau hanfodol megis ysgolion a chlinigau meddygon yn mynd yn fwy a mwy aneffeithlon a drud i'w cynnal. Os bydd meddygfa'n cau, bydd pobl leol yn gweld eu bod ymhellach ac ymhellach i ffwrdd o ofal iechyd. Gallai cymunedau gwledig fynd yn **anghynaliadwy** ac ni fydd dyfodol iddynt.

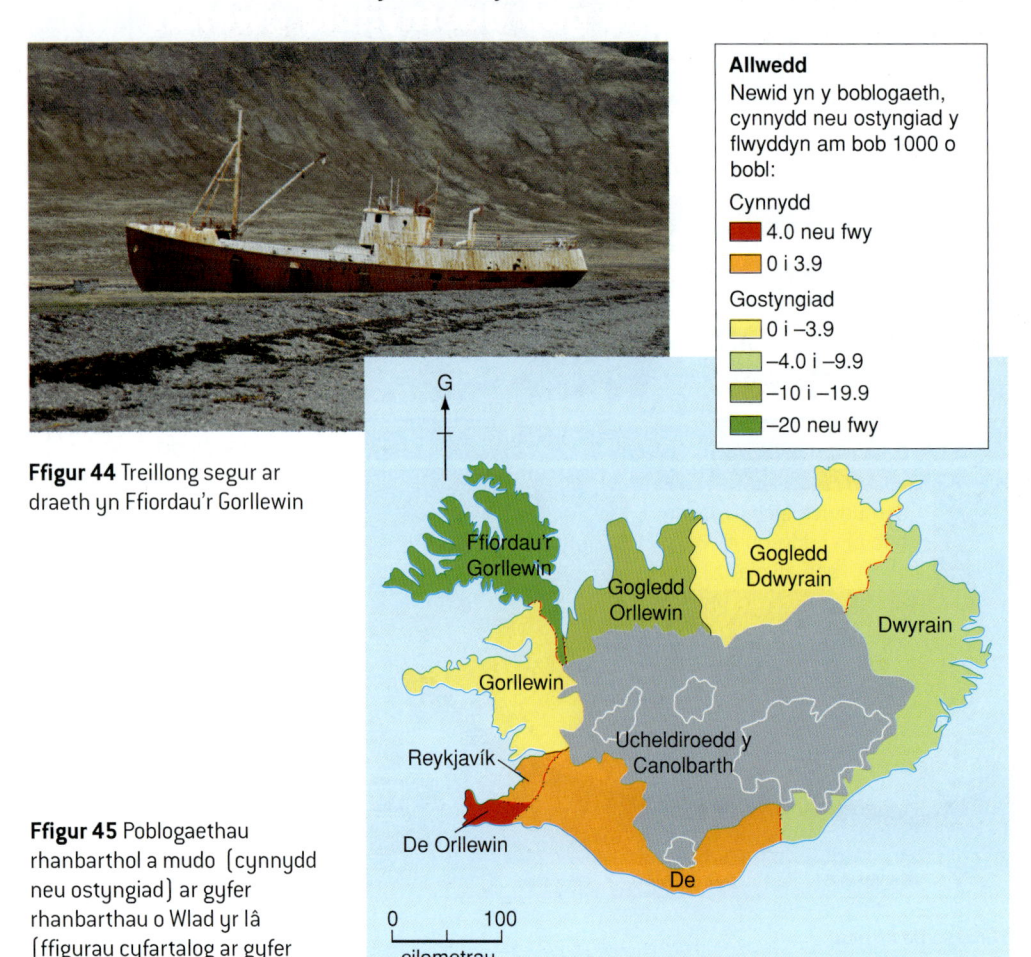

Ffigur 44 Treillong segur ar draeth yn Ffiordau'r Gorllewin

Ffigur 45 Poblogaethau rhanbarthol a mudo (cynnydd neu ostyngiad) ar gyfer rhanbarthau o Wlad yr Iâ (ffigurau cyfartalog ar gyfer 2001–5)

Allwedd
Newid yn y boblogaeth, cynnydd neu ostyngiad y flwyddyn am bob 1000 o bobl:

Cynnydd
- 4.0 neu fwy
- 0 i 3.9

Gostyngiad
- 0 i –3.9
- –4.0 i –9.9
- –10 i –19.9
- –20 neu fwy

Blwyddyn	Allfudo
1986	14.1
1987	17.8
1988	31.1
1989	27.7
1990	18.4
1991	23.4
1992	9.8
1993	16.0
1994	28.6
1995	47.9
1996	40.7
1997	44.6
1998	39.4
1999	43.5
2000	29.1
2001	21.2
2002	23.0
2003	16.7
2004	27.6
2005	39.2
2006	33.4

Ffigur 46 Allfudo net o Ffiordau'r Gorllewin, 1986–2006 (ffigurau fesul 1,000 o'r boblogaeth)

Thema 10: Twristiaeth

Mae gwylio morfilod yn creu swyddi a gall barhau heb ddifrodi'r amgylchedd, felly mae'n enghraifft o ddatblygu cynaliadwy ar gyfer cymunedau gwledig yng Ngwlad yr Iâ. Mae gan Wlad yr Iâ draddodiad hir o hela morfilod, ond mae llawer o bobl yn cefnogi rhoi diwedd ar hyn os yw swyddi'n cael eu creu yn lle mewn twristiaeth sy'n seiliedig ar fyd natur. Ac eithrio gwylio morfilod, mae gan Ffiordau'r Gorllewin lawer i'w gynnig i ymwelwyr sydd â diddordeb yn yr amgylchedd naturiol:

- pysgota môr neu afon
- gwylio adar
- caiacio, marchogaeth a heicio yn yr haf a sgïo yn y gaeaf.

Mae llywodraeth Gwlad yr Iâ o'r farn bod yn rhaid annog diwydiannau newydd megis twristiaeth er mwyn **arallgyfeirio'r** economi gwledig. Mae Asiantaeth Datblygu Ffiordau'r Gorllewin (Atvest) yn ceisio arallgyfeirio'r economi gwledig trwy hyrwyddo twristiaeth yn y rhanbarth yn ogystal â cheisio denu diwydiannau uwch-dechnoleg megis prosesu data, prosesu bwyd arbenigol a diwydiannau sy'n ymwneud â physgota. Mae Rhaglen Periffer'r Gogledd yn rhoi arian yr Undeb Ewropeaidd i brojectau yn rhanbarthau pell gwledydd yr Arctig. Un o'r projectau yw Saga Lands. Mae'r project hwn yn cael ei ddefnyddio yn Ffiordau'r Gorllewin i ddatblygu cyfleusterau ar gyfer ymwelwyr sydd â diddordeb yn nhreftadaeth a diwylliant Llychlynwyr y rhanbarth.

Ffigur 47 Mae gwylio morfilod yn helpu i gynnal cymunedau gwledig yng Ngwlad yr Iâ

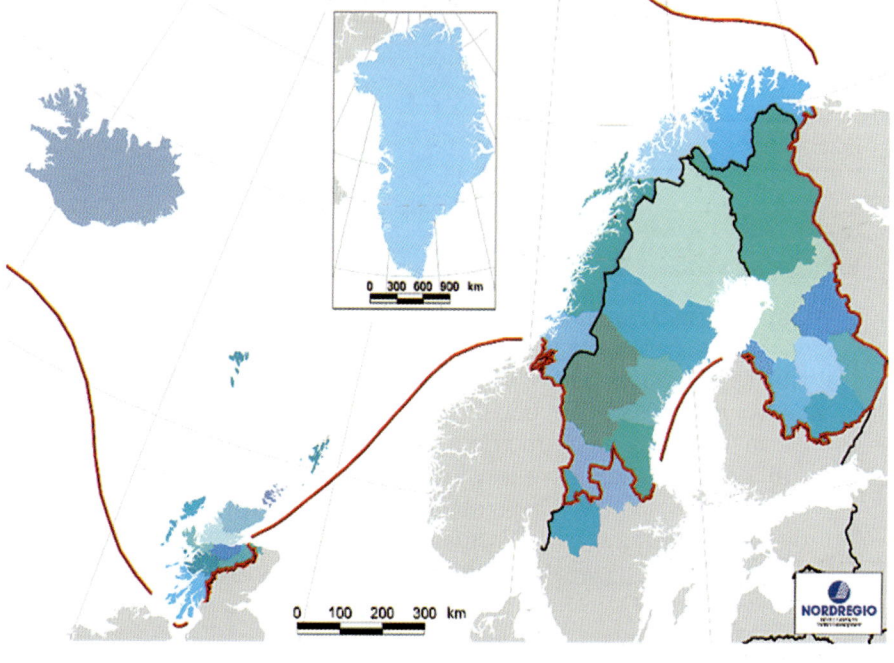

Ffigur 48 Map o'r rhanbarth sy'n gymwys i gael cymorth datblygu gan Raglen Periffer'r Gogledd

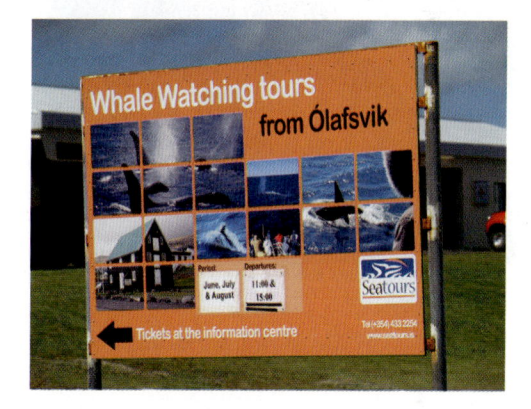

Gweithgaredd

2 Eglurwch sut y mae diboblogi yn gallu effeithio ar wasanaethau gwledig megis clinigau, ysgolion a swyddfeydd post.

3 a) Dewiswch dechneg addas i gynrychioli'r data yn Ffigur 46 ar ffurf graff.
  b) A yw diboblogi yn gwaethygu? Defnyddiwch dystiolaeth o'ch graff.

4 Defnyddiwch Ffigur 48 ac atlas.
  a) Enwch bedair gwlad.
  b) Disgrifiwch ddosbarthiad y gwledydd hyn.

5 Eglurwch sut y mae projectau megis Saga Lands (diwylliant Llychlynwyr) neu wylio morfilod yn creu swyddi yn uniongyrchol ac yn anuniongyrchol yn y gymuned wledig.

Thema 10: Twristiaeth

Daearyddiaeth i'r dyfodol

Creu cymunedau gwledig cynaliadwy

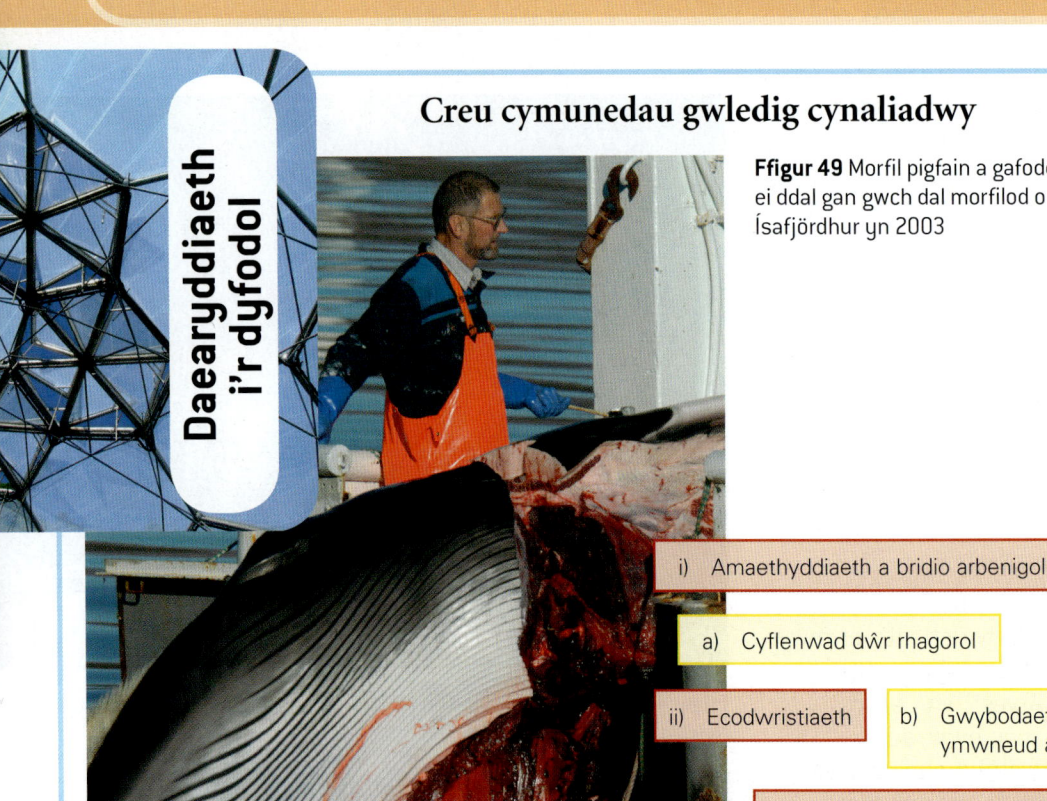

Ffigur 49 Morfil pigfain a gafodd ei ddal gan gwch dal morfilod o Ísafjördhur yn 2003

Bwyddyn	Nifer yr ymwelwyr
1995	2,200
1996	9,700
1997	20,540
1998	30,330
1999	32,250
2000	45,400
2001	60,550
2002	62,050

Ffigur 50 Twf yn nifer yr ymwelwyr gwylio morfilod yng Ngwlad yr Iâ

i) Amaethyddiaeth a bridio arbenigol

a) Cyflenwad dŵr rhagorol

ii) Ecodwristiaeth

b) Gwybodaeth am ddiwydiannau sy'n ymwneud â physgodfeydd

iii) Prosesu data o bell (defnyddio'r rhyngrwyd i drosglwyddo a phrosesu cronfeydd data, meddalwedd a thaenlenni)

c) Adeiladau diwydiannol a ffermydd gwag

iv) Cynhyrchu ffilmiau

ch) Ffynonellau trydan adnewyddadwy, cymharol rad

v) Cynhyrchu bwydydd dŵr croyw a môr (e.e. ffermio pysgod)

d) Morlin hir gyda **ffiordau** cysgodol

dd) Gweithlu addysgedig a medrus iawn

vi) Diwydiant sy'n gofyn am hyd at 30 megawat o bŵer

vii) Diwydiant sy'n ymwneud â physgodfeydd

e) Amgylchedd gwych a glân

f) Cyfathrebu symudol gwych a llawer o ddefnydd o gyfrifiaduron cartref

viii) Gwyliau gweithgaredd ac antur

Ffigur 51 Adnoddau Ffiordau'r Gorllewin a diwydiannau y byddai modd eu datblygu wrth i'r economi arallgyfeirio

Gweithgaredd

1. **a)** Dewiswch dechneg graffigol briodol i gynrychioli'r data yn Ffigur 50.
   b) Disgrifiwch duedd eich graff.
2. Awgrymwch safbwynt pob un o'r canlynol tuag at hela morfilod a gwylio morfilod:
   a) Aelod o Greenpeace yn y DU.
   b) Perchennog cwch hela morfilod yn Ísafjördhur, yr anheddiad mwyaf yn Ffiordau'r Gorllewin.
   c) Perchennog gwesty yn Ísafjördhur.
3. Eglurwch pam y mae'n bwysig i economi gwledig Gwlad yr Iâ arallgyfeirio.
4. Astudiwch Ffigur 51.
   a) Parwch adnoddau Ffiordau'r Gorllewin a) – f) â diwydiannau posibl a allai gael eu denu i'r rhanbarth i) – viii).
   b) Defnyddiwch eich rhestr i ddisgrifio sut y dylai rhanbarth Ffiordau'r Gorllewin arallgyfeirio ei economi yn eich barn chi. Awgrymwch fanteision posibl eich cynllun o gymharu â mathau eraill o arallgyfeirio.

Thema 11
Newidiadau mewn Adwerthu a Bywyd Trefol

Ym mha ffyrdd gwahanol y mae canol dinasoedd Ewropeaidd yn cael eu hadnewyddu?

Ffigur 1 Canolfan Siopa newydd Dewi Sant yng Nghaerdydd a agorodd yn 2009

Mae trefi a dinasoedd yn ddynamig – maent yn newid yn gyflym. Mae cynllunwyr a phenseiri yn cynllunio ar gyfer heddiw ac yfory, gyda'r bwriad o wella ein bywydau trwy adnewyddu a datblygu. Rydym yn gweld hyn yn digwydd ym mhob man o'n cwmpas, fel y newidiadau sy'n digwydd yng nghanol dinas Caerdydd (gweler Ffigur 1). Mae rhai o'r newidiadau hyn yn y cam cynllunio cynnar wrth i ddylunyddion ystyried cynlluniau uchelgeisiol i greu dinasoedd cynaliadwy a gwyrdd ar gyfer y dyfodol.

Mae Ffigur 2 yn dangos pedair dinas lle y mae projectau mawr ar y gweill.

Gweithgaredd

1. Trafodwch Ffigur 1.
   a) Beth yw manteision y math hwn o ganolfan siopa i siopwyr a busnesau yn eich barn chi?
   b) Pam nad yw rhai pobl yn hoffi'r math hwn o ddatblygiad?

2. Defnyddiwch y gwefannau a/neu'r geiriau chwilio yn Ffigur 2 i ddarganfod mwy am y newidiadau sy'n digwydd yn y dinasoedd hyn. Bydd y gwefannau yn rhoi manylion penodol i chi am y projectau. Defnyddiwch y cysylltau o fewn y gwefannau i ddysgu mwy. Bydd y geiriau chwilio yn eich galluogi i gael mwy o wybodaeth.

Dinas	Project	Gwefan a geiriau chwilio
Dulyn (Iwerddon)	Project adfywio canol y dref	www.springcross.ie neu chwiliwch gan ddefnyddio 'Ballymun Town Centre regeneration'
Llundain (Y DU)	Adfywio'r ddinas trwy chwaraeon	www.legacy-now.co.uk neu chwiliwch gan ddefnyddio 'The legacy of the London Olympics'
Caeredin (Y DU)	Gwella trafnidiaeth, gwella bywyd yn y ddinas	www.edinburghtrams.com neu chwiliwch gan ddefnyddio 'Edinburgh Trams back on track'
Rotterdam (Yr Iseldiroedd)	Dinas ar gyfer yfory – adfywio preswyl a masnachol	Chwiliwch gan ddefnyddio 'Kop van Zuid project'

Ffigur 2 Dinasoedd dethol ar draws Ewrop sydd â phrojectau datblygu mawr

Thema 11: Newidiadau mewn Adwerthu a Bywyd Trefol

A yw fy ninas i yn debyg i'ch dinas chi?

Rwy'n falch o fy ninas. Mae'n lle gwych i fyw. Mae'r ddinas wedi newid yn sylweddol dros y blynyddoedd diwethaf. Wrth deithio ar draws y wlad rwy'n gweld newidiadau tebyg yn digwydd mewn dinasoedd eraill fel Caerdydd a Manceinion, a hyd yn oed ar y cyfandir mewn dinasoedd megis Lille (Ffrainc) a Bielefeld (yr Almaen). Mae'r map yn Ffigur 3 yn dangos rhai o'r newidiadau a wnaed yn fy ninas yn y blynyddoedd diwethaf.

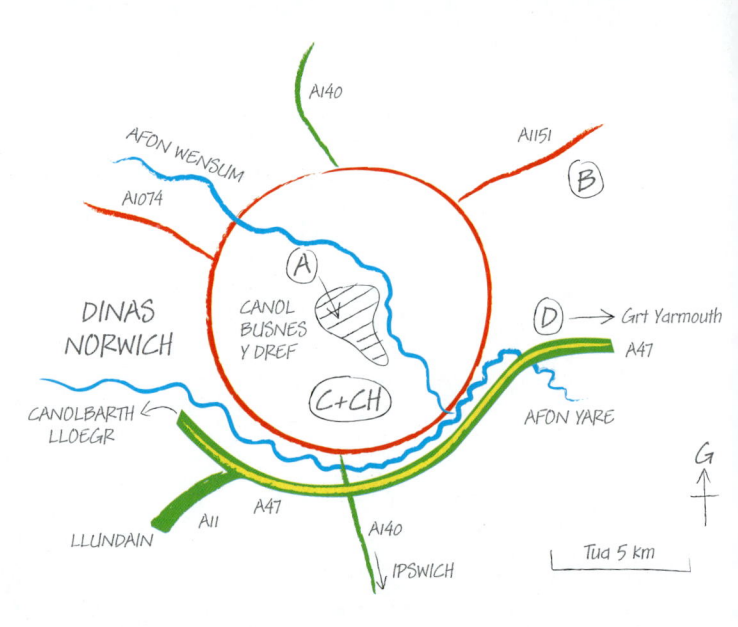

Ffigur 3 Newid trefol yn Norwich

Gweithgaredd

1. Gofynnwch i'ch ffrindiau a pherthnasau am y newidiadau sydd wedi digwydd mewn dinas yn eich ardal chi. A oedd y newidiadau i gyd er gwell?

Projectau adnewyddu diweddar yn Norwich

A Mae Norwich ymhlith y deg dinas orau am gyfleusterau siopa yn y DU. Dyluniwyd dwy ganolfan siopa anferth i ategu craidd canoloesol y ddinas. Darganfyddwch fwy ar:
www.visitnorwich.co.uk/norwich-shopping-centres.aspx

B Cyhoeddodd y llywodraeth bod 4 eco-gymuned i gael eu datblygu gan arwain y ffordd ym maes datblygu cynaliadwy. Bydd un i'r gogledd-ddwyrain o Norwich. Darganfyddwch fwy ar:
www.rackheatheco-community.com

C Mae Norwich yn manteisio i'r eithaf ar adennill hen safleoedd diwydiannol. Mae datblygiad Riverside Housing wedi'i adeiladu ar dir wedi'i ddadlygru ger canol y ddinas. Darganfyddwch fwy ar:
Thww.norwich.gov.uk/webapps/atoz/service_page.asp?id=1268

Gweithgaredd

2. Mae Ffigur 3 yn llinfap delfrydol. Mae'n cynnwys arwydd o raddfa a chyfeiriad cwmpawd; mae'n glir ac yn gryno; mae'n dangos dosbarthiad amlwg. Gwnewch linfap i ddangos newid trefol mewn dinas neu dref yn eich ardal chi.

CH Erbyn hyn mae gan Norwich fywyd nos bywiog. Mae'r Riverside Centre yng nghanol ardal hamdden ac adloniant sy'n tyfu. Darganfyddwch fwy ar:
www.riversidecentrenorwich.co.uk

D Gyda'i chraidd canoloesol, mae Norwich, fel llawer o ddinasoedd Ewropeaidd, yn wynebu problemau traffig llym. Mae cyflwyno cynllun Parcio a Theithio eang yn un ffordd o fynd i'r afael â'r broblem. Darganfyddwch fwy ar:
www.norwich.gov.uk/webapps/atoz/service_page.asp?id=1481

Thema 11: Newidiadau mewn Adwerthu a Bywyd Trefol

Pwy fyddai'n gynlluniwr?

Mae cynllunwyr yn gwneud sylwadau mentrus am y dyfodol. Yng Nghymru a Lloegr maent yn gweithio gyda chynghorwyr etholedig i gynhyrchu Fframwaith Datblygu Lleol (FfDLl). Maent yn cynnig atebion i ddatrys problemau sy'n bodoli eisoes a datblygu syniadau ar gyfer dyfodol gwell. Mae'r datganiadau isod yn nodweddiadol o gynnwys sawl FfDLl.

> Ein gweledigaeth yw gwella ansawdd bywyd i bawb sy'n byw, gweithio a dysgu yn y ddinas ac yn ymweld â hi, trwy gefnogi twf a sicrhau bod datblygu'n cael ei gyflawni mewn ffordd gynaliadwy fel nad yw'r cyfleusterau y mae pobl leol yn eu mwynhau yn cael eu difetha a bod y dref yn cael ei gwella. Erbyn 2025 byddwn yn byw mewn dinas fodern fwy bywiog, cyffrous a deniadol sy'n cyfuno datblygiadau modern â chymeriad hanesyddol yn llwyddiannus. Bydd yn rhywle lle y mae pobl eisiau byw, gweithio, dysgu, ymweld a buddsoddi - a bydd wedi lleihau ei hôl troed carbon.

Ffigur 4 Cynlluniwr yn cyflwyno'r FfDLl

Gweithgaredd

3. Beth fyddech chi'n ei ddweud wrth eich cynllunwyr lleol er mwyn gwneud yn siŵr bod safbwyntiau pobl ifanc yn eu harddegau yn cael eu cynrychioli yn y FfDLl? Fel man cychwyn, defnyddiwch y syniadau a gyflwynwyd gan bobl ifainc yn eu harddegau mewn ysgol yng Nghasnewydd (Ffigur 6) pan ymwelodd cynllunwyr â'u dosbarth daearyddiaeth.

Mae'r diagram corryn (Ffigur 5) yn dangos nifer bach yn unig o'r ffactorau y mae angen i gynllunwyr eu hystyried wrth lunio'r FfDLl. Rhan bwysig o'r broses hon yw ymgynghori â phobl leol am eu teimladau.

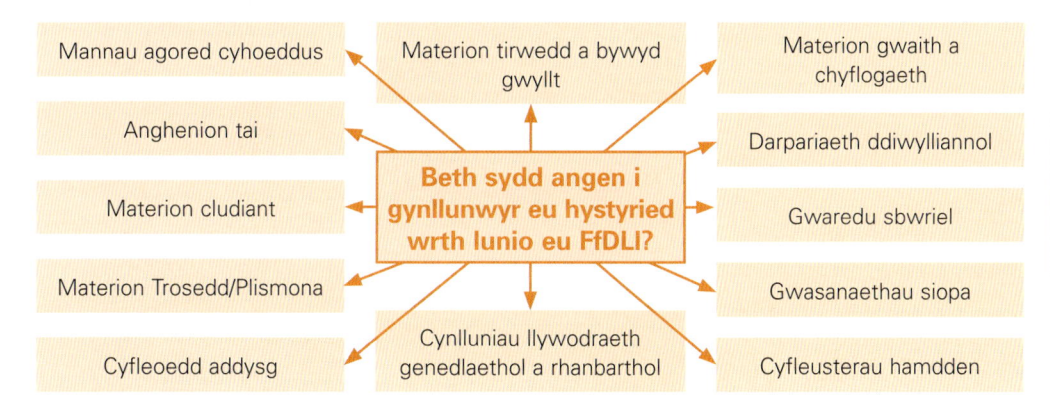

- Mannau agored cyhoeddus
- Materion tirwedd a bywyd gwyllt
- Materion gwaith a chyflogaeth
- Anghenion tai
- Darpariaeth ddiwylliannol
- Materion cludiant
- Gwaredu sbwriel
- Materion Trosedd/Plismona
- Gwasanaethau siopa
- Cyfleoedd addysg
- Cynlluniau llywodraeth genedlaethol a rhanbarthol
- Cyfleusterau hamdden

Beth sydd angen i gynllunwyr eu hystyried wrth lunio eu FfDLl?

Ffigur 5 Beth sydd angen i gynllunwyr eu hystyried wrth lunio eu FfDLl?

> Mae'r cyfleusterau yn y parc lleol yn wael. Pam na wnewch chi adeiladu pethau fel parc sgrialu?

> Mae angen mwy o gamerâu teledu cylch-caeedig mewn rhai ardaloedd o'r dref i'n diogelu, yn enwedig yn y nos.

> Pam na wnewch chi ddarparu mwy o ardaloedd chwaraeon yng nghanol stadau tai? Byddai'n wych pe bai cawell o'u hamgylch a bod llifoleuadau ynddynt.

> Mae angen i chi roi mwy o lonydd beic ar ein ffyrdd. Rydych chi eisiau i ni feicio i'r ysgol, ond nid ydym yn teimlo'n ddiogel.

Ffigur 6 Syniadau a awgrymwyd gan bobl ifainc yn eu harddegau mewn ysgol yng Nghasnewydd ar gyfer eu FfDLl

Thema 11: Newidiadau mewn Adwerthu a Bywyd Trefol

Ipswich

Newid trefol – rhy dda i fod yn wir?

Ipswich yw un o'r trefi sy'n tyfu gyflymaf yn y DU. Mae Ffigur 7 yn dangos twf rhagfynedig y dref a nifer yr anheddau newydd sydd eu hangen i fodloni'r cynnydd hwn. Fel llawer o drefi a dinasoedd yn Ne Ddwyrain Lloegr, mae Ipswich yn tyfu yn rhannol trwy gynnydd naturiol yn y boblogaeth ond hefyd gan fod nifer sylweddol o bobl yn mudo yno. Mae gan bob awdurdod cynllunio ddyletswydd i gynllunio ar gyfer dyfodol cynaliadwy. Nid yw Cyngor Bwrdeistref Ipswich yn eithriad a phenderfynodd roi blaenoriaeth i ddefnyddio **safleoedd tir llwyd** wrth gynllunio i fodloni'r angen am dai. Roedd y Waterfront, ardal fawr sy'n gysylltiedig â'r hen ddociau ac sydd wrth ymyl canol y dref, yn ddelfrydol ar gyfer bodloni rhywfaint o'r angen am dai. Mae lleoliad y Waterfront i'w weld yn Ffigur 8.

Ffigur 7 Twf poblogaeth Ipswich a'r angen am dai

	Poblogaeth			Amcangyfrif o'r nifer o anheddau newydd sydd eu hangen
	Cyfrifiad 2001	2021 (rhagfynegiad)	Newid	
Suffolk yn gyffredinol	670,200	733,600	+ 63,400	61,700
Ipswich	117,400	138,700	+ 21,300	15,400

Gweledigaeth y Waterfront

Y Waterfront yw'r project adfywio mwyaf yn Nwyrain Lloegr. Yn y gorffennol, dociau diwydiannol oedd yma gyda warysau a ffatrïoedd. Roedd y safle wedi dirywio'n gynyddol ers y 1970au. Gan weithio mewn partneriaeth â nifer o ddatblygwyr, creodd Cyngor Bwrdeistref Ipswich weledigaeth o anheddau newydd ochr yn ochr â diwylliant, busnes ac amrywiaeth o gyfleoedd hamdden ac addysg. Byddai'r gorau o'r hen safleoedd yn cael eu cadw a byddai dyluniadau newydd trawiadol yn dangos uchelgais y dref wrth iddi symud i'r unfed ganrif ar hugain. Er gwaetha'r dirwasgiad gydol 2009, mae disgwyl i'r project gael ei gwblhau erbyn 2011. Mae'r wefan www.ipswich.gov.uk (defnyddiwch y cyfleuster chwilio ar y wefan) yn rhoi mwy o fanylion i chi ar bob agwedd ar y cynllun.

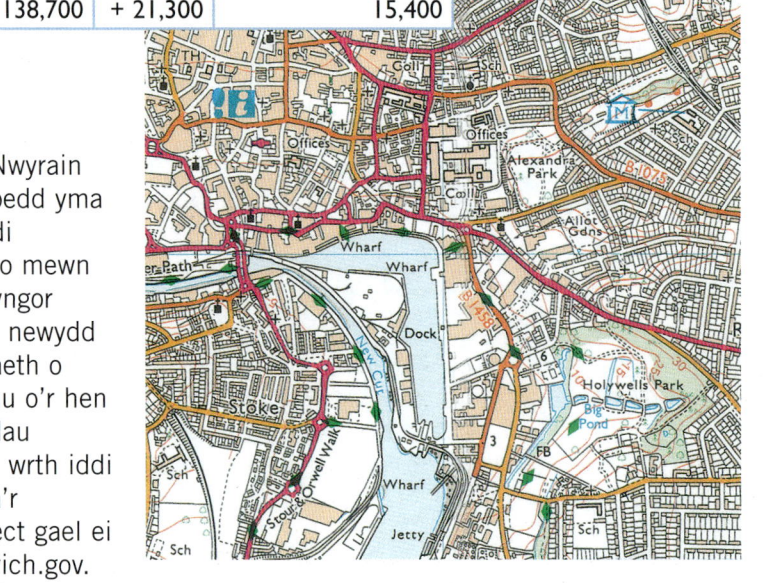

Ffigur 8 Rhanfap Arolwg Ordnans yn dangos lleoliad y Waterfront yn Ipswich. Graddfa 1:25,000 Taflen 197

Edrych i'r gorllewin ar draws y marina newydd tuag at y fflatiau uchel

Ailddefnyddio'r hen i greu cyfleoedd hamdden newydd ymysg y fflatiau

Yr ychydig warysau sydd yno o hyd yn aros i gael eu datblygu

Ffigur 9 Gwireddu'r weledigaeth

Thema 11: Newidiadau mewn Adwerthu a Bywyd Trefol

Bu myfyriwr Safon Uwch Daearyddiaeth a oedd yn ymchwilio i'r Waterfront yn cyfweld â 50 o breswylwyr y fflatiau newydd o amgylch y dociau a 30 o ymwelwyr a oedd yn mwynhau llawer o'r tafarnau a'r tai bwyta yn yr ardal. O'r ymatebion, mae'r datblygiad yn amlwg yn boblogaidd iawn!

> Mae'r lleoliad yn wych. Rwy'n gallu cerdded i'm swyddfa yng nghanol y dref mewn mater o funudau ac nid oes angen i mi ddefnyddio'r car yn ystod yr wythnos. Mae gennyf yr holl adloniant sydd ei angen arnaf ar drothwy'r drws. Mae'r tafarnau'n fywiog gyda'r nos ac ar ddiwrnod braf gallwch eistedd a gwylio hynt a helynt y marina tra'n mwynhau latte. Er nad yw'r rhent yn rhad, mae'r fflat yn cynnwys popeth sydd ei angen arnaf. Mae'r gegin/ardal fwyta fach yn cynnwys offer newydd sbon ac mae dwy ystafell wely yn golygu y gall ffrindiau ddod i aros.

> Dyma fy ymweliad cyntaf ag Ipswich. Rwy'n rhyfeddu at ba mor fodern y mae popeth yn edrych, ond mae'n dda eu bod wedi cadw rhai o'r hen adeiladau i ychwanegu cymeriad. Hen felin flawd oedd y gwesty pedair seren rwy'n aros ynddi. Rwy'n credu bod ganddyn nhw gydbwysedd gwych o leoedd gwaith, megis y cwmnïau cyfreithwyr a'r gwerthwyr eiddo, yn ogystal â'r cyfleusterau hamdden megis y stiwdio ddawns a'r oriel gelf – a, gorau oll, mae yna amrywiaeth o fflatiau. Byddai byw yma yn wych. Rwy'n hoffi'r arddulliau pensaernïol dewr a lliwiau'r adeiladau prifysgol newydd. Pan fydd y neuaddau preswyl wedi'u cwblhau, byddai hwn yn lle gwych i fod yn fyfyriwr.

Ffigur 10 Safbwyntiau preswylwyr ac ymwelwyr

A yw'r newyddion i gyd yn dda?

Gyda'r fath adroddiadau cadarnhaol, mae'n anodd dod o hyd i unrhyw wrthwynebiad i'r hyn y mae cynllunwyr wedi'i gyflawni yn Ipswich. Fodd bynnag, mae un llythyr, at olygydd y papur newydd lleol, yn mynegi rhai pryderon....

Annwyl Syr

Unwaith eto mae eich papur newydd yn rhoi sylw cadarnhaol i ddatblygiad y Waterfront. A oedd eich newyddiadurwr yn edrych ar y byd trwy sbectol rosliw pan ysgrifennodd yr erthygl yn rhifyn neithiwr o'r papur (4 Chwefror 2010)? Onid yw wedi clywed bod y cyngor lleol wedi methu â chynnwys digon o dai fforddiadwy yn ei gynlluniau? Rwy'n gwybod bod y Pleidiau Llafur a Rhyddfrydol lleol wedi'u cynhyrfu. Sut yr ydych yn egluro bod rhai o'r fflatiau drud yn parhau'n wag?

Efallai nad yw'r problemau mwyaf wedi codi hyd yma. Rhaid mai nid fi yw'r unig un sy'n meddwl nad oes neb wedi cofio am gynllun rheoli traffig ar gyfer yr ardal. Mae'r cynnydd ym mhreswylwyr a busnesau yn yr ardal wedi tagu'r system ffyrdd a oedd eisoes yn rhy brysur. Rwy'n deall bod y ffyrdd lleol bellach wedi'u dynodi'n Ardal Rheoli Ansawdd Aer oherwydd y mygdarthau o'r ceir mewn tagfeydd.

Rwy'n siŵr y bydd yn rhaid i'r cyngor adeiladu croesfan newydd dros yr afon i wella llif y traffig. Er mwyn gwneud hyn bydd yn rhaid iddo ddefnyddio'i bwerau prynu gorfodol. Fel arfer, bydd rhywun ar ei golled. Ni fyddant yn meddwl dwywaith am gyfle i symud un o'r ychydig iardiau atgyweirio cychod sydd ar ôl yn yr ardal.

Mr G Dixie,
preswylydd yn Ipswich

Ffigur 11 Llythyr at y golygydd...

Gweithgaredd

1 Astudiwch Ffigur 7. Pa ffactorau sy'n creu'r angen am gymaint o anheddau newydd yn Ipswich?

2 Trafodwch pam y mae angen i'r gwaith o ddatblygu cymunedau cynaliadwy gynnwys cyfleusterau ar gyfer tai, gwaith a hamdden.

3 Ar gyfer datblygiad newydd gerllaw eich ysgol, lluniwch dabl gyda dwy golofn yn dangos agweddau cadarnhaol a negyddol y cynllun. Ceisiwch ystyried ffactorau cymdeithasol, economaidd ac amgylcheddol wrth adolygu llwyddiannau a methiannau'r cynllun.

Thema 11: Newidiadau mewn Adwerthu a Bywyd Trefol

Barcelona

Ymchwilio i adfywio - datrys un broblem, creu un arall?

Fel llawer o ddinasoedd Ewropeaidd eraill, mae Barcelona yn Sbaen wedi gweld twf cyflym trwy gydol yr ugeinfed ganrif. Mae poblogaeth yr ardal fetropolitan fwyaf wedi cynyddu o 500,000 yn 1930 i dros 4 miliwn heddiw.

Gweithgaredd

1 Astudiwch y rhestr o egwyddorion a ddefnyddiwyd gan gynllunwyr Barcelona sydd wedi'u hamlinellu yn Ffigur 15. Dewiswch ddwy o'r rhestr ac eglurwch pam y maent yn bwysig yn eich barn chi.

Ffigur 12 Lleoliad Barcelona

	Poblogaeth yr ardal fetropolitan	Maint yr ardal fetropolitan (km^2)
1930	500,000	60
1950	800,000	125
1970	1,500,000	250
1990	4,000,000	500
2020 (amcan)	4,200,000	500

Ffigur 13 Twf Barcelona

Rhoddodd y twf cyflym hwn bwysau aruthrol ar y systemau cludiant a gwasanaethau eraill yn y rhanbarth. Erbyn 1980, roedd 4 y cant o'r bobl yn byw mewn cartrefi nad oeddynt yn addas i bobl fyw ynddynt ac 16 y cant yn byw mewn ardaloedd o dai heb gyfleusterau sylfaenol. O'r anhrefn trefol hwn mae Barcelona nawr wedi datblygu enw da am adfywio trefol effeithiol, gyda dinasoedd ledled Ewrop yn copïo ei dulliau.

Ffigur 14 Adfywio'r hen ardal ddiwydiannol arfordirol – a elwir yn Vila Olimpica nawr

Yn yr 1980au, aeth y cynllunwyr i'r afael â safleoedd tir llwyd anferth megis yr ardaloedd diwydiannol a oedd yn dirywio ger y porthladd. Roedd safle Gemau Olympaidd 1992 yn lle delfrydol i gynllunwyr ddefnyddio'u doniau.

Wrth gyrraedd yr unfed ganrif ar hugain, mae'r pwyslais wedi symud i ffwrdd o brojectau sy'n golygu clirio ardaloedd mawr o dir diwydiannol diffaith. Yn hytrach mae cynllunwyr yn ceisio adnewyddu a gwella ardaloedd sy'n bodoli eisoes. Mae Ffigur 15 yn dangos rhai o'r egwyddorion sy'n sail i waith cynllunwyr Barcelona.

Ffigur 15 Cynllunio yn Barcelona – sut i adfywio ardal drefol

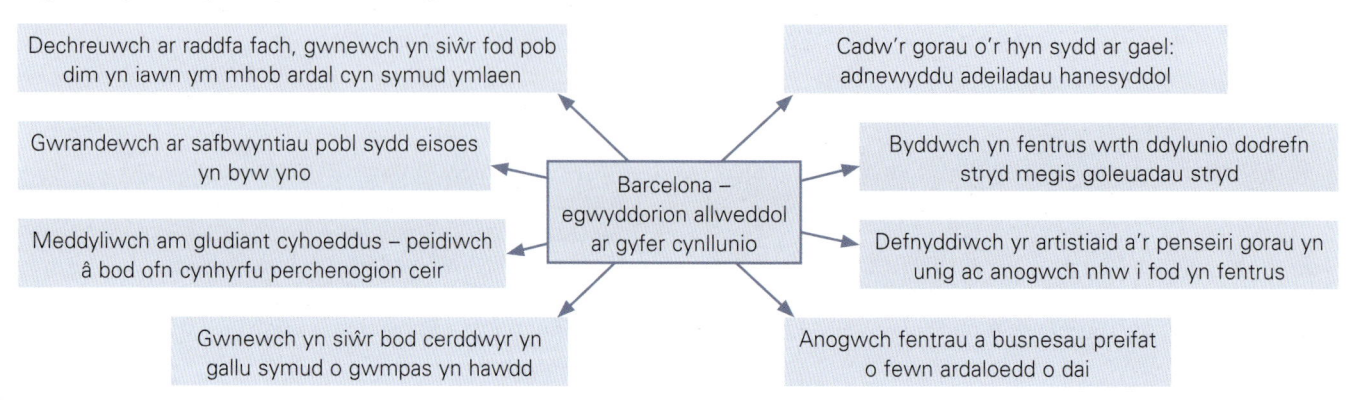

- Dechreuwch ar raddfa fach, gwnewch yn siŵr fod pob dim yn iawn ym mhob ardal cyn symud ymlaen
- Gwrandewch ar safbwyntiau pobl sydd eisoes yn byw yno
- Meddyliwch am gludiant cyhoeddus – peidiwch â bod ofn cynhyrfu perchenogion ceir
- Gwnewch yn siŵr bod cerddwyr yn gallu symud o gwmpas yn hawdd
- Cadw'r gorau o'r hyn sydd ar gael: adnewyddu adeiladau hanesyddol
- Byddwch yn fentrus wrth ddylunio dodrefn stryd megis goleuadau stryd
- Defnyddiwch yr artistiaid a'r penseiri gorau yn unig ac anogwch nhw i fod yn fentrus
- Anogwch fentrau a busnesau preifat o fewn ardaloedd o dai

Barcelona – egwyddorion allweddol ar gyfer cynllunio

Thema 11: Newidiadau mewn Adwerthu a Bywyd Trefol

Un o'r ardaloedd cyntaf i fwynhau manteision adfywio yw rhanbarth El Raval sydd gerllaw'r Ramblas enwog yng nghanol Barcelona. Hon oedd un o ranbarthau mwyaf annymunol Barcelona gyda phroblemau trosedd difrifol a oedd yn gysylltiedig â chyffuriau a phuteindra. Heddiw mae'r ardal ar i fyny. Mae fflatiau wedi'u gwella ac mae tafarnau, neuaddau dawns a thai bwyta wedi'u creu. Mae llawer o arian wedi'i fuddsoddi yn y strydlun.

Roedd gan yr ardal hanes hir o drosedd

Heddiw mae'n fywiog, yn enwedig gyda'r hwyr

Ffigur 16 Adfywio ardal broblemus El Ravel

Datrys un broblem, creu un arall!

Mae Barcelona bellach yn ffefryn fel cyrchfan ar gyfer gwyliau byr. Mae arweinlyfrau yn llawn gwybodaeth am sut i fwynhau hanes, celfyddyd a diwylliant y ddinas gyffrous hon. Mae rhai llyfrau'n onest am y problemau y gallech ddod ar eu traws. Mewn ardaloedd sydd wedi'u hadnewyddu megis El Raval gall yr awyrgylch bywiog gyda'r nos fod yn fygythiol i rai ymwelwyr ac yn hunllef i bobl leol sydd eisiau cysgu.

Mae awdurdodau'r ddinas wedi taro yn ôl. Yn 2006, cyflwynwyd is-ddeddfau newydd gyda dirwyon yn y fan a'r lle am:

- fod yn swnllyd ar nosweithiau allan, yn enwedig mewn strydoedd cefn cul ac ar strydoedd â balconïau
- yfed alcohol yn amhriodol mewn mannau cyhoeddus
- graffiti
- defnydd amhriodol o fannau cyhoeddus a dodrefn stryd.

Mae arwyddion stryd wedi cael eu rhoi mewn ardaloedd a oedd yn broblem megis El Raval, ac mae bysiau yn dangos hysbysebion i annog beicwyr modur i symud o gwmpas yn dawel!

Ffigur 18 Mae miloedd o feiciau modur yn cael eu defnyddio gan bobl ifainc yn y nos sy'n tarfu ar y preswylwyr

---

Mae'r strydoedd yn cael eu golchi bob nos i gael gwared ar faw y cŵn di-ri a'r afonydd o biso sydd wedi'u creu gan bobl feddw. Mae llygredd sŵn yn broblem yn El Raval hefyd. Mae sgrechian a gweiddi'r bobl yn y tafarnau a rhuo'r beiciau modur yn cadw preswylwyr lleol yn effro. Mae'n ymddangos bod y bobl ifainc yn mynd ati'n fwriadol i addasu system wacáu eu motobeics i greu cymaint o niwsans sŵn â phosib. Mae pobl leol yn rhoi arwyddion ar y balconïau yn gofyn am dawelwch. Mae'r awdurdod lleol wedi dechrau tynnu trwyddedau yn ôl am dorri rheolau llygredd sŵn.

Damien Simonis – Lonely Planet

Ffigur 17 Cyfieithiad o ddarn o'r *Lonely Planet Guide: Barcelona*

Gweithgaredd

2. Mewn trafodaeth ddosbarth, nodwch ardaloedd sy'n dioddef o ymddygiad gwrthgymdeithasol. Awgrymwch sut y gall yr awdurdod lleol leihau'r broblem.

3. Mae'r gwefannau canlynol yn cynnwys mwy o wybodaeth am sut y mae Barcelona yn arwain y ffordd o ran adfywio ardaloedd sy'n broblem mewn dinasoedd. Astudiwch y wybodaeth a defnyddiwch y cysylltau, yna rhestrwch bum peth y dylai cynllunwyr Prydain gynnwys yn eu gwaith yn eich barn chi.
http://w3.bcn.es
www.guiabcn.cat/guiaturistica/en_ordinance.html

Thema 11: Newidiadau mewn Adwerthu a Bywyd Trefol

Beth yw patrymau adwerthu ar hyn o bryd mewn dinasoedd Ewropeaidd?

Mae patrwm adwerthu yn ein trefi mawr a'n dinasoedd yn newid yn gyflym. Mae pob dinas a thref yn unigryw i ryw raddau. Mae rhai dinasoedd/trefi yn cynnwys siopau sy'n adlewyrchu nodweddion lleol, er enghraifft lle y mae twristiaeth yn swyddogaeth bwysig. Mae rhai siopau'n adlewyrchu ethnigrwydd y boblogaeth leol. Mae'r amrywiaeth o siopau yn dibynnu ar faint y ddinas/dref a'i swyddogaeth (neu beidio) fel canolfan ranbarthol. Er hyn, mae patrymau tebyg o adwerthu i'w gweld ar draws holl ardaloedd trefol y DU.

Mae'r rhan fwyaf o'n trefi a'n dinasoedd yn adlewyrchu'r un patrwm daearyddol o allfeydd adwerthu. Ystyriwch y map isod (Ffigur 19). I ba raddau y mae'n adlewyrchu'r hyn sydd i'w weld yn eich tref neu ddinas agosaf? Beth yw'r tebygrwydd, beth yw'r gwahaniaethau?

Blwch ffeithiau 1
- Mae'r ddinas/dref yn dal i fod yn ganolbwynt pwysig ar gyfer adwerthu.
- Mae yna ganolfannau siopa mawr dan do.
- Mae yna siopau adrannol mawr.
- Mae'r ardaloedd siopa wedi'u haddasu i fod ar gyfer cerddwyr yn unig.
- Mae llawer o ddinasoedd nawr yn debyg i drefi clôn. Gallech fod yn unrhyw le, yn unrhyw fan.
- Mae strydoedd gerllaw'r canolfannau siopa newydd yn dirywio'n aml, gydag unedau gwag yn fwyfwy cyffredin. Mae yna gynnydd mewn 'siopau punt' a siopau elusen.

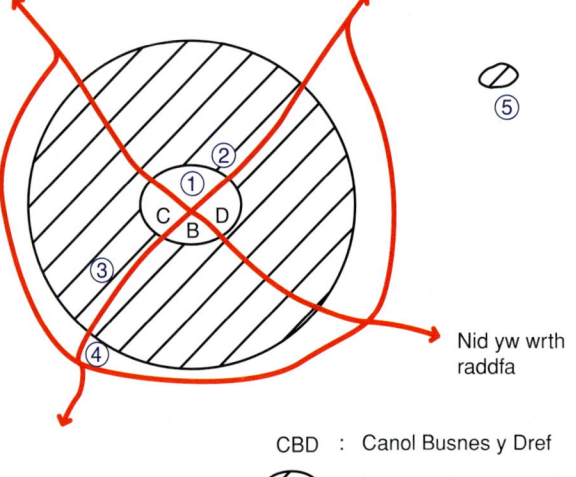

Blwch ffeithiau 2
- Mae ardaloedd maestrefol mewnol yn cynnwys siopau cornel. Mae llawer wedi cau oherwydd cystadleuaeth gan uwchfarchnadoedd. Mae'r siopau sy'n weddill ar agor am oriau hir.
- Nodwedd arall yw'r rhodfeydd o siopau ar ffyrdd cyswllt sy'n arwain at y CBD.
- Mae mwy a mwy o allfeydd bwyd cyflym, ynghyd â siopau sy'n darparu ar gyfer grwpiau ethnig lleol.
- Gall prinder lleoedd parcio fod yn broblem sylweddol, yn enwedig ar lwybrau cymudo prysur.

Blwch ffeithiau 3
- Mae rhodfeydd bach o siopau wedi'u lleoli mewn stadau maestrefol.
- Mae llawer o'r siopau gwreiddiol (siopau cigydd/siopau llysiau) wedi cau oherwydd cystadleuaeth gan uwchfarchnadoedd.
- Mae allfeydd papurau newydd/diodydd meddwol/bwyd parod yn nodwedd.

Blwch ffeithiau 4
- Mae uwchfarchnadoedd mawr wedi'u datblygu ar safleoedd tir glas ger priffyrdd.
- Mae'r safleoedd hyn yn fwy ffafriol gan eu bod yn cynnwys cyfleusterau parcio eang ac mae'r priffyrdd yn golygu bod cwsmeriaid a loriau cyflenwi yn gallu cael mynediad hawdd.
- Yn aml, mae yna gryn dipyn o wrthwynebiad lleol pan fo bwriad i gael uwchfarchnad newydd.
- Mae parciau adwerthu mawr wedi datblygu o'r 1980au hyd at heddiw.
- Siopau trydanol mawr, siopau DIY mawr a warysau dodrefn sydd fwyaf cyffredin.
- Mae llawer o barciau adwerthu yn cynnwys allfeydd bwyd cyflym.
- Mae'r rhan fwyaf ar agor am oriau hir gan gynnwys y Sul.
- Yn gynyddol, mae awdurdodau lleol yn ei gwneud hi'n ofynnol i safleoedd tir llwyd gael eu hystyried yn gyntaf.

Blwch ffeithiau 5
- Mewn aneddiadau bach y tu allan i ardal drefol, mae gwasanaethau siopa wedi dioddef yn y blynyddoedd diwethaf.
- Yn aml yn cyd-ddigwydd â chau swyddfa bost y pentref, nid yw siopau pentref yn gallu cystadlu ag uwchfarchnadoedd, y mae preswylwyr yn eu defnyddio wrth gymudo i'r gwaith yn y ddinas neu'r dref.
- Tuedd ddiweddar yw twf marchnadoedd ffermwyr ar benwythnosau.

CBD : Canol Busnes y Dref
⊘ : Ardal drefol
①–⑤ : Gweler y blychau ffeithiau
→ : Priffyrdd

Ffigur 19 Patrwm nodweddiadol darpariaeth adwerthu yn ninasoedd y DU

Thema 11: Newidiadau mewn Adwerthu a Bywyd Trefol

Gwahanol safbwyntiau ar newid mewn adwerthu

Mae straeon fel y pennawd newyddion yn Ffigur 20 yn gyffredin yn ein papurau newydd lleol. Mae newid mewn adwerthu bob amser yn creu amrywiaeth o safbwyntiau. Mae rhai pobl yn ddigon bodlon ynglŷn â'r hyn sy'n digwydd yn ein trefi a'n dinasoedd, tra mae pobl eraill yn digalonni. Mae'r amrywiaeth o safbwyntiau sy'n cael eu mynegi yn Ffigur 21 yn dangos sut y mae gwahanol bobl o dan wahanol amgylchiadau yn ymateb i'r digwyddiadau o'u hamgylch.

Ffigur 21 Gwahanol safbwyntiau ar newidiadau mewn adwerthu

Safle newydd ar gyfer uwchfarchnad yn wynebu gwrthwynebiad lleol

Mae'r awdurdod cynllunio lleol wedi cadarnhau ei fod wedi derbyn dros 100 o lythyrau yn gwrthwynebu'r uwchfarchnad arfaethedig ar safle'r hen farchnad anifeiliaid yn Stryd y Dwyrain. Mae'r rhan fwyaf yn gwrthwynebu oherwydd bydd yr uwchfarchnad yn lladd busnesau lleol. Eisoes, mae gennym ddigon o …

Ffigur 20 Pennawd newyddion ynglŷn â safle newydd arfaethedig ar gyfer uwchfarchnad

Gwraig oedrannus – byw yn y maestrefi

Roeddwn yn arfer siopa'n lleol. Roedd perchenogion y siopau i gyd yn fy adnabod ac roeddwn yn arfer sgwrsio â nhw. Caeodd y cigydd a'r gwerthwr pysgod pan agoron nhw uwchfarchnad fawr filltir i ffwrdd. Nid wyf yn gallu mynd i'r uwchfarchnad yn hawdd gan nad wyf yn gyrru. Mae pethau ychydig yn rhatach os ydych chi'n swmp-brynu. Nid oes angen i mi wneud hynny, yr wyf yn byw ar fy mhen fy hun.

Mam ifanc – byw yn y pentref

Roeddwn yn falch pan agoron nhw ganolfan siopa newydd yng nghanol y ddinas. Mae'r cwbl o dan do felly does dim ots beth yw'r tywydd a gallaf fynd â'm dwy ferch fach o gwmpas gyda mi yn gyffyrddus. Mae yna lifftiau a thoiledau a hyd yn oed reid ceffylau bach yn y brif neuadd. Gall parcio fod yn broblem ac yn ddrud, ond nid oes gwahaniaeth gen i gan mai dim ond unwaith yr wythnos y byddaf yn mynd yno.

Gŵr proffesiynol – byw yn y maestrefi

Rhaid cyfaddef bod gennyf deimladau cymysg am y parc adwerthu newydd ar gyrion y dref. Roeddwn yn ei weld yn gyfleus pan oeddwn yn dodrefnu'r fflat ac yn addurno ac uwchraddio'r holl offer cegin. Mae fy nghalon yn drom fodd bynnag, oherwydd roedd gan fy nhad siop DIY yng nghanol y dref. Gallech gael popeth yno. Yn anffodus, bu'n rhaid iddo gau oherwydd y trethi uchel a'r gystadleuaeth gan yr uwchfarchnadoedd anferth.

Amgylcheddwr – byw yn y maestrefi mewnol

Bob man o'n cwmpas rydym yn creu problemau ar gyfer y dyfodol. Rydym yn gorfodi pobl i'w ceir i siopa y tu allan i'r dref ar dir oedd unwaith yn gaeau gwyrdd. Nid oedd dim o'i le ar siopa'n lleol. Efallai fod pethau wedi bod yn ddrutach yn y siop gornel, ond roedden nhw'n rhan bwysig o'r gymuned. Mae canol y dref yn edrych yn gynyddol ddi-raen. Ar rai strydoedd mae pethau'n mynd o ddrwg i waeth wrth i siopau allweddol symud allan. Mae'n ymddangos mai dim ond banciau a chymdeithasau adeiladu ochr yn ochr â siopau elusen a siopau punt sydd ar ôl. Rwy'n casáu'r canolfannau siopa. Maen nhw'n llosgi trydan ddydd a nos, llawer ohono ar gyfer y system aerdymheru.

Gweithgaredd

1. Gofynnwch i'ch rhieni beth yw eu barn nhw am y newidiadau mewn patrymau siopa dros y 30 mlynedd ddiwethaf. Cofnodwch eu teimladau fel rhai cadarnhaol neu negyddol. Rhannwch y canlyniad yn y dosbarth i greu rhestr gyflawn.

2. Yn ogystal â'r newidiadau sydd wedi eu nodi eisoes ar y ddwy dudalen hyn, mae nifer o newidiadau eraill yn digwydd yn ein bywydau sy'n cael effaith ar ddarpariaeth siopa.
   a) Darllenwch y wybodaeth ar y dde, dewiswch un o'r newidiadau ac awgrymwch sut y gallai digwyddiadau/enghreifftiau lleol eich helpu i gael gwell dealltwriaeth ac ymwybyddiaeth o'r mater.
   b) Neu, ar ôl rhywfaint o waith ymchwil cychwynnol, awgrymwch hyd at bum gwefan y gallai myfyrwyr yn eich dosbarth eu defnyddio i ymchwilio i'r mater/newid ar raddfa genedlaethol neu Ewropeaidd.

- Mae swyddfeydd post yn cau ar draws y wlad. Beth yw'r rheswm, a sut y mae hyn yn effeithio ar wahanol grwpiau o bobl?
- Mae pobl yn dod yn fwy ymwybodol o 'filltiroedd bwyd'. A ddylem bryderu am y pellter y mae peth o'n bwyd yn ei deithio cyn i ni ei brynu? Beth allai gael ei wneud i ostwng milltiroedd bwyd?
- Mae pobl yn chwilio am safleoedd newydd ar gyfer siopau mawr/parciau adwerthu drwy'r amser. Mae gan awdurdodau lleol ddyletswydd i hybu'r defnydd o safleoedd tir llwyd yn y lle cyntaf. Pam y mae safleoedd tir glas yn cael eu ffafrio gan berchenogion siopau?
- Mae defnyddio'r rhyngrwyd i siopa yn dod yn fwyfwy poblogaidd. I ba raddau y mae eich teulu a'ch ffrindiau yn ei ddefnyddio? Beth yw goblygiadau (da neu ddrwg) y duedd hon?

Thema 11: Newidiadau mewn Adwerthu a Bywyd Trefol

Amwythig — A all canol y dref frwydro'n ôl?

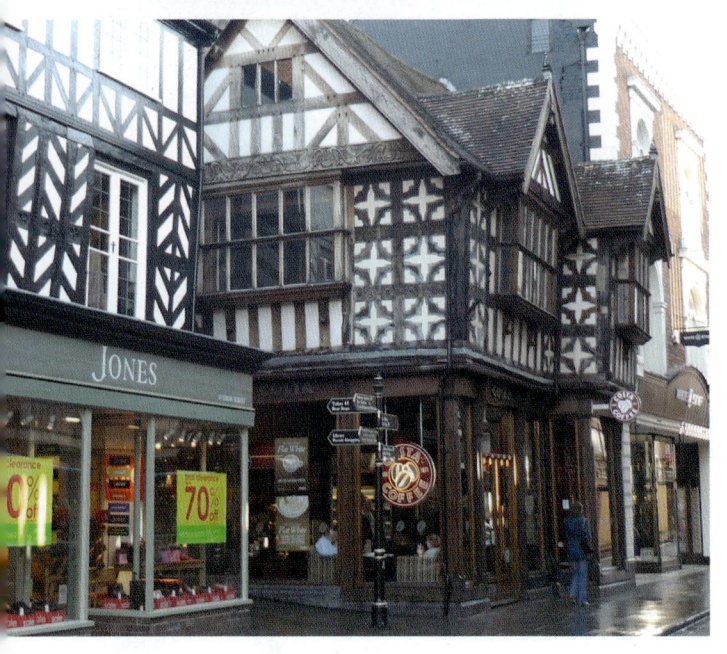

Mae Amwythig yn nodweddiadol o batrymau a thueddiadau adwerthu yn y rhan fwyaf o ddinasoedd y DU. Mae'r ardal siopa draddodiadol i'w gweld yng nghraidd hanesyddol y dref, o fewn dolen anferth Afon Hafren. Yn y blynyddoedd diwethaf adeiladwyd dwy ganolfan siopa ac mae rhai ardaloedd yng nghanol y dref wedi newid i fod ar gyfer cerddwyr yn unig. Er hynny, mae Amwythig yn eithriad am ei bod wedi cadw nifer o'r siopau annibynnol hŷn, gan osgoi cael ei galw'n **dref glôn**. Yn yr adran hon rydym yn edrych ar sut y mae cynllunwyr lleol, gan gydweithio â phartneriaid ym maes adwerthu, yn ceisio adfywio canol y dref. Effeithiodd dirwasgiad 2008/2009 ar siopau Amwythig ac, fel y byddech yn ei ddisgwyl, mae yna ddadl barhaus yn y dref ynglŷn â'r effeithiau negyddol ar ganol y dref wrth ddatblygu parciau adwerthu maestrefol.

Dros y blynyddoedd diwethaf, mae preswylwyr Amwythig wedi lleisio'u barn ar y nifer cynyddol o fforymau a blogiau ar-lein sydd ar gael iddynt. Mae darpariaeth siopa yn y dref wedi bod yn thema gyson ar y fforwm.

Mae'r enghreifftiau yn Ffigur 24 yn nodweddiadol o'r amrywiaeth o safbwyntiau.

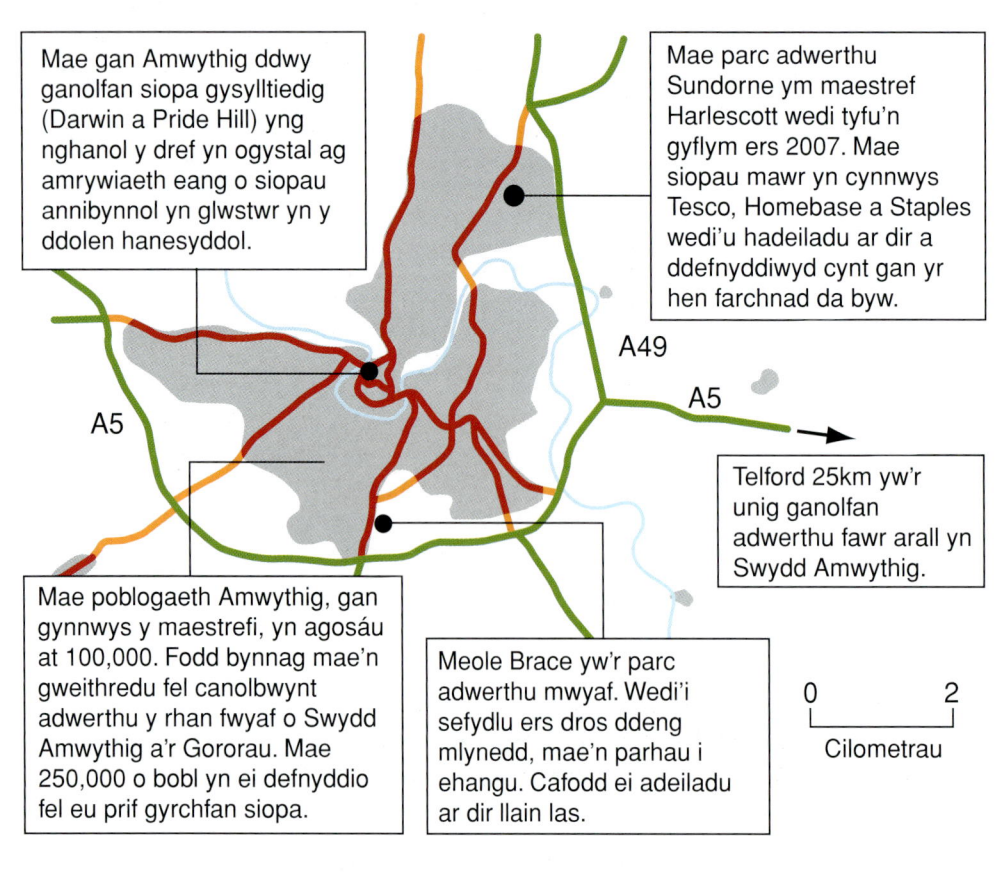

Ffigur 22 Craidd siopa hanesyddol Amwythig

Mae gan Amwythig ddwy ganolfan siopa gysylltiedig (Darwin a Pride Hill) yng nghanol y dref yn ogystal ag amrywiaeth eang o siopau annibynnol yn glwstwr yn y ddolen hanesyddol.

Mae parc adwerthu Sundorne ym maestref Harlescott wedi tyfu'n gyflym ers 2007. Mae siopau mawr yn cynnwys Tesco, Homebase a Staples wedi'u hadeiladu ar dir a ddefnyddiwyd cynt gan yr hen farchnad da byw.

Telford 25km yw'r unig ganolfan adwerthu fawr arall yn Swydd Amwythig.

Mae poblogaeth Amwythig, gan gynnwys y maestrefi, yn agosáu at 100,000. Fodd bynnag mae'n gweithredu fel canolbwynt adwerthu y rhan fwyaf o Swydd Amwythig a'r Gororau. Mae 250,000 o bobl yn ei ddefnyddio fel eu prif gyrchfan siopa.

Meole Brace yw'r parc adwerthu mwyaf. Wedi'i sefydlu ers dros ddeng mlynedd, mae'n parhau i ehangu. Cafodd ei adeiladu ar dir llain las.

Ffigur 23 Lleoliad yr ardaloedd adwerthu yn Amwythig

'Y broblem yw, dyna'n union yw Tesco Extra. Mae'n fwy nag uwchfarchnad yn unig. Bydd yr archfarchnad newydd (a dyna fydd hi'n dechnegol) yn ganol tref ynddi ei hun. Mae hyn yn wych i Ogledd Amwythig, ond efallai nid felly i ganol tref Amwythig.'

'Rwy'n teimlo'n flin dros y masnachwyr llai yn y dref, ond yn y byd economeg sydd ohoni allan nhw ddim goroesi!'

'Mae parcio yn y dref mor ddrud, dyna pam y byddaf i'n bendant yn defnyddio'r parc adwerthu.'

'O leiaf mae Amwythig yn lle diddorol i siopa. Es i Telford yr wythnos diwethaf a gallwn fod wedi bod unrhyw le yn y DU. Nid yw'n ddim ond tref glôn yn fy marn i.'

Ffigur 24 Safbwyntiau preswylwyr Amwythig

Thema 11: Newidiadau mewn Adwerthu a Bywyd Trefol

A all Amwythig ddenu siopwyr yn ôl i ganol y dref?

Mae pob awdurdod lleol yn wynebu'r un mater: mae'n rhaid iddynt fodloni anghenion cwsmeriaid ac ymateb i gwmnïau sydd am fuddsoddi yn eu trefi a'u dinasoedd, sy'n arwain at ddatblygiad parciau adwerthu y tu allan i'r dref. Ar y llaw arall, nid yw'r cynllunwyr am niweidio canol y dref fel lle bywiog i ymweld ag ef a siopa yno. Mae'r cynllunwyr yn Amwythig yn gweithio'n galed i gefnogi'r adwerthwyr annibynnol llai a'r siopau mwy sydd am aros yng nghanol y dref. Mae menter a gychwynnodd yn Amwythig bellach yn cael ei chopïo ym mhob rhan o'r wlad. Mae Ffigur 25 yn dangos sut y gall siopwyr llai gydweithio, gan ddefnyddio dulliau adwerthu modern. Mae e-bapur hyrwyddo newydd misol yn rhoi hwb i fasnach ac yn annog aelodau newydd i ymuno.

Yn y blynyddoedd diwethaf mae'r cynllunwyr wedi cydweithio â pherchenogion siopau yn Amwythig. Eu nod yw gwneud canol y dref yn lle mwy deniadol i siopa. Mae eu syniadau yn amrywiol iawn a bydd angen i'r ymdrech barhau os yw Amwythig eisiau gwrthsefyll cystadleuaeth gan wasanaethau a ddarperir yn Telford a thu hwnt. Mae'r rhestr isod yn grynodeb o rai o'r projectau sydd ar waith:

- gwell arwyddion yng nghanol y dref
- gwell darpariaeth parcio heb gosbi perchenogion ceir
- gwell defnydd o fannau agored a hybu diwylliant caffi fel sydd ar y cyfandir
- mwy o doiledau cyhoeddus
- mwy o gyfleoedd i fasnachu ar y Sul
- trethi is i annog perchenogion newydd i siopau gwag
- meddwl cysylltiedig o ran yr holl isadeiledd a gwasanaethau gan gynnwys cludiant cyhoeddus

Ffigur 25 Cynllun All The Little Shops

Mae All The Little Shops/Amwythig wedi'i noddi gan *Bartneriaeth Menter Amwythig a BeVivid* i gynorthwyo adwerthwyr annibynnol Amwythig. Mae cyllid wedi golygu bod yr holl adwerthwyr a busnesau annibynnol yn y rhanbarth yn gallu creu eu gwefannau eu hunain, arddangos hyd at 30 o gynhyrchion ac os ydynt yn dymuno, masnachu ar-lein – am ddim.

Mae'n hawdd i'r adwerthwr sefydlu siop ar y wefan hon ac yr un mor hawdd i ymwelwyr â'r wefan weld yr adwerthwyr annibynnol amrywiol sydd ar gael yn Amwythig, pori drwy amrywiaeth eang o gynhyrchion, cynllunio eu trip siopa, a gweld beth arall sydd i'w wneud tra maent yn y dref yn yr adran 'Whilst in Town'.

Y gobaith yw y bydd All The Little Shops/Amwythig yn annog pobl i siopa'n lleol a chynyddu'r ymweliadau â'r siopau - ond bydd rhai ymwelwyr yn dod o bell, felly rydym wedi creu 'porth un taliad diogel' sy'n golygu y gall ymwelydd brynu amrywiaeth o gynhyrchion o wahanol siopau a thalu â cherdyn credyd - gydag un taliad yn unig.

Mae'r fenter bwysig hon yn rhywbeth cwbl newydd i All The Little Shops - mae'r cynllun peilot wedi bod yn llwyddiannus ac mae'r cynllun bellach yn cael ei gyflwyno'n raddol ym mhob rhan o'r wlad. Y gobaith yw, trwy gynorthwyo adwerthwyr annibynnol lleol - enaid canol trefi'r DU – y byddant yn manteisio ar y cyfle gwych hwn ac yn gadael i'r rhyngrwyd gynorthwyo i godi ymwybyddiaeth o'u busnesau ac annog mwy o bobl i'w siopau.

Ewch i www.allthelittleshops.co.uk i gael rhagor o wybodaeth

Mae yna ddyddiau da yn disgwyl canol trefi ym mhob rhan o'r DU. Bydd costau cynyddol tanwydd yn denu pobl yn ôl i ganol trefi hygyrch. Mae canolfannau y tu allan i'r dref wedi cyrraedd eu hanterth a bydd awdurdodau lleol yn cynyddol wrthod rhoi caniatâd cynllunio o dan ddeddfwriaeth newydd y llywodraeth. Bydd apêl fytholwyrdd canol y dref yn denu pobl allan o'r marchnadoedd concrit i'r lleoedd cymdeithasol, ysbrydol a deniadol sydd i'w cael yng nghanol trefi hanesyddol.

Ffigur 26 Dyddiau da i ddod?

Gweithgaredd

1. Mae'r erthygl newyddion yn Ffigur 26 yn seiliedig ar sylwadau a wnaed gan Syr Stuart Rose, gweithredwr Marks & Spencer, i gefnogi fforwm canol tref Amwythig. I ba raddau ydych chi'n cytuno ag ef? A ydych chi'n cefnogi'r rhesymau y mae'n eu rhoi, bod dyfodol disglair i ganol trefi?

2. Rhestrwch bump peth y byddai modd eu gwneud yn eich barn chi i ailfywiogi ardaloedd siopau canol tref. Rhowch y rhestr yn nhrefn blaenoriaeth a rhannwch y rhestr gyda'ch dosbarth. Coladwch yr ymatebion a cheisiwch roi trefn ar y deg syniad gorau.

Thema 11: Newidiadau mewn Adwerthu a Bywyd Trefol

Cynnydd parhaus yng ngwerthiannau rhyngrwyd

Yn ogystal â chael eu taro'n galed gan siopau mawr a pharciau adwerthu y tu allan i'r dref, mae strydoedd mawr canol y dref wedi dioddef oherwydd y cynnydd parhaus yn siopa ar y rhyngrwyd. Roedd rhai o'r siopau gwag ar y stryd fawr yn arfer bod yn siopau CDau a DVDau. Mae'r siopau hyn wedi wynebu cystadleuaeth yn sgil lawrlwytho cerddoriaeth ar y rhyngrwyd a chynnydd cyson cwmnïau megis Amazon, y cwmni gwerthu llyfrau a cherddoriaeth ar-lein.

Mae Ffigur 28 yn dangos y cynnydd anferth yn y defnydd o'r rhyngrwyd (ar gyfer siopa) yn y cyfnod 2001–6.

- Gwariodd siopwyr y DU £3.8 biliwn ar-lein ym mis Awst 2009, 16 y cant yn uwch na'r un mis yn 2008.
- Roedd gwerthiannau ar-lein yn y DU gwerth £4.8 biliwn i gyd yn 2008.
- Cododd gwerthiannau ar-lein Marks & Spencer 30 y cant yn y 13 wythnos hyd at fis Medi 2009.
- Cododd gwerthiannau John Lewis 11.6 y cant i gyrraedd £151.5 miliwn am y flwyddyn hyd at fis Awst 2009.

Ffaith ddiddorol yw bod y chwyldro siopa ar-lein wedi cael effaith ar wahanol grwpiau o bobl. Nid yw'r rhai a elwir yn *silver surfers* - hynny yw pobl dros 65 oed – ar ei hôl hi. Mewn gwirionedd, nhw oedd yn cyfrif am y canran uchaf o gynnydd yn y rhai sy'n defnyddio'r rhyngrwyd ar gyfer bancio yn 2009, gyda chynnydd syfrdanol o 275 y cant o gymharu â'r flwyddyn flaenorol. Mae siopwyr ifanc yn croesawu'r syniad hefyd. Mae hysbysebwyr yn targedu gwefannau rhwydweithio cymdeithasol megis Facebook a Twitter, yn enwedig gyda'r bwriad o gynyddu gwerthiannau caledwedd cyfrifiadurol a gemau cyfrifiadurol.

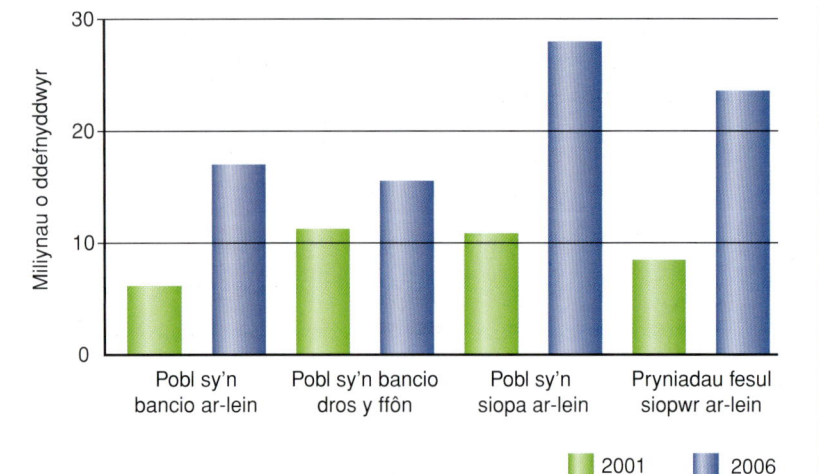

Ffigur 27 Roedd Zavvi wedi cau y rhan fwyaf o'i siopau erbyn 2009

Ffigur 28 Cynnydd yn siopwyr rhyngrwyd y DU

Gweithgaredd

1. Gwnewch arolwg yn eich dosbarth ac adref i ddarganfod yr arferion siopa ar-lein yn eich ardal. Trafodwch pa gwestiynau sydd angen i chi eu gofyn gyda'ch gilydd, er mwyn i chi allu creu darlun o bwy sy'n prynu ar-lein a beth y maent yn ei brynu.

2. Rhestrwch yr effeithiau cadarnhaol a negyddol y mae'r cynnydd parhaus yn siopa ar y rhyngrwyd yn eu cael. Ceisiwch feddwl am effeithiau cymdeithasol, economaidd ac amgylcheddol.

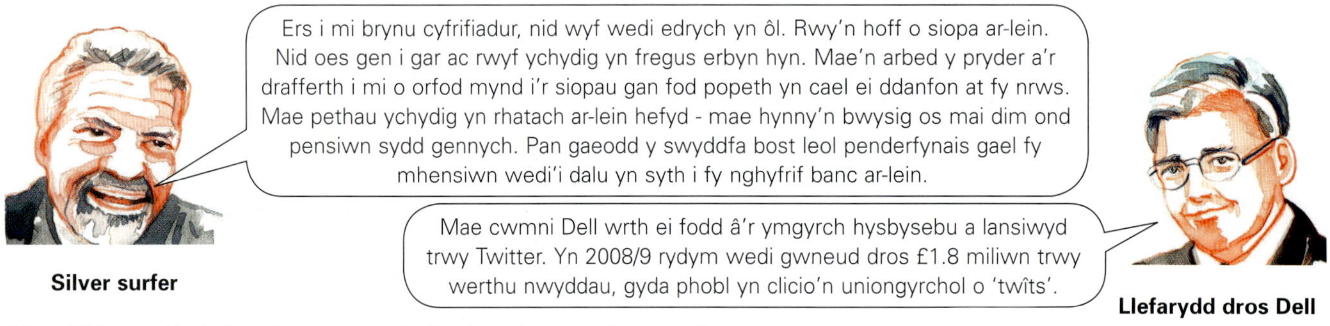

Silver surfer: Ers i mi brynu cyfrifiadur, nid wyf wedi edrych yn ôl. Rwy'n hoff o siopa ar-lein. Nid oes gen i gar ac rwyf ychydig yn fregus erbyn hyn. Mae'n arbed y pryder a'r drafferth i mi o orfod mynd i'r siopau gan fod popeth yn cael ei ddanfon at fy nrws. Mae pethau ychydig yn rhatach ar-lein hefyd - mae hynny'n bwysig os mai dim ond pensiwn sydd gennych. Pan gaeodd y swyddfa bost leol penderfynais gael fy mhensiwn wedi'i dalu yn syth i fy nghyfrif banc ar-lein.

Llefarydd dros Dell: Mae cwmni Dell wrth ei fodd â'r ymgyrch hysbysebu a lansiwyd trwy Twitter. Yn 2008/9 rydym wedi gwneud dros £1.8 miliwn trwy werthu nwyddau, gyda phobl yn clicio'n uniongyrchol o 'twîts'.

Ffigur 29 Mae pobl o bob oed yn croesawu'r chwyldro siopa ar y rhyngrwyd

Thema 11: Newidiadau mewn Adwerthu a Bywyd Trefol

Abertawe — Amazon yn lleoli warws newydd yn Abertawe

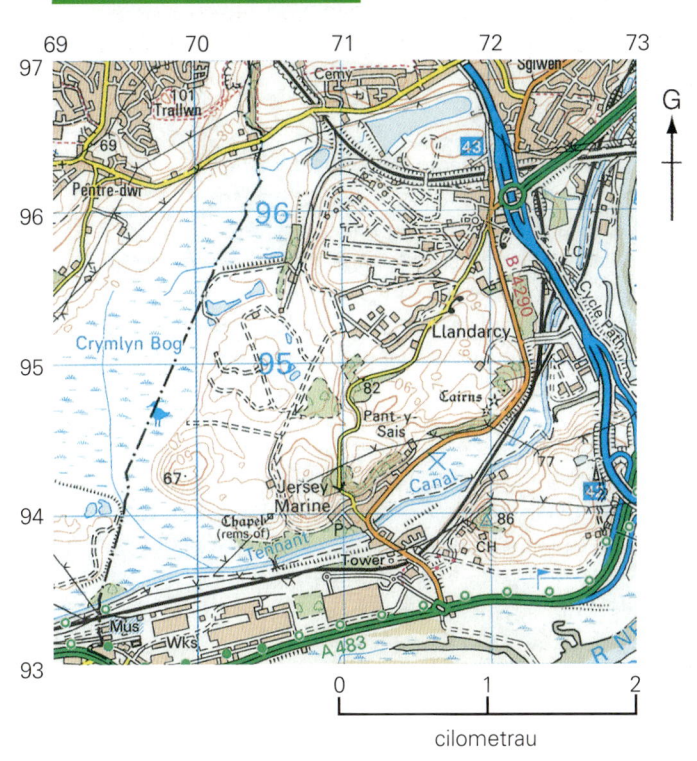

Ffigur 30 Rhanfap Arolwg Ordnans yn dangos lleoliad warws Amazon. Graddfa 1:50,000 Taflen 170. Mae canol y warws ar 711934

Ffigur 31 Warws anferth Amazon ger Abertawe

Amazon yw un o'r prif adwerthwyr ar-lein yn y DU. Yn 2008 agorodd ei bedwerydd warws yn y DU. Wedi'i leoli yn Jersey Marine i'r dwyrain o Abertawe, mae ar dir yr hen waith alwminiwm Delta Compton (gweler Ffigur 30). Mae warysau eraill y DU yn Glenrothes yn Fife, Gourock yn Inverclyde a Milton Keynes, Swydd Buckingham. Mae'r safle yn Abertawe yn cyflogi 1,200 o weithwyr llawn amser ac yn gorchuddio ardal o dir sy'n gywerth â 10 cae pêl-droed.

Pan agorodd y warws yn 2008, derbyniodd gefnogaeth gadarnhaol gan y rhan fwyaf o bobl, ond cafwyd rhai sylwadau negyddol. Edrychwch ar yr amrywiaeth o safbwyntiau a fynegwyd isod:

- 'Dyma hwb sylweddol i economi Cymru. Creu swyddi i'r dyfodol sy'n bwysig.'
- 'Bydd y swyddi adeiladu'n unig yn creu swyddi am flynyddoedd.'
- 'Nid dim ond gweithwyr warws a gyrwyr nwyddau. Bydd yna swyddi ar gyfer rheolwyr a swyddi ym maes cymorth TG.'
- 'Bydd y ffordd gyswllt newydd i draffordd yr M4 yn gwella cysylltiadau ffordd â'r holl ddiwydiannau eraill gerllaw.'
- 'Bydd cael enw mor fawr ym maes e-fasnach yn rhoi'r rhanbarth ar y map - mae'n siŵr o ddenu diwydiannau eraill.'
- 'Rydym yn colli swyddi gweithgynhyrchu ac yn datblygu'n genedl o weithwyr gwasanaethau; all hyn ddim bod yn dda yn y tymor hir.'
- 'Bydd y rhan fwyaf o'r swyddi yn rhai cyflog isel – prin fod hynny'n hwb i'r economi.'
- 'Lleoedd fel hyn sy'n lladd ein stryd fawr. Ni fydd hyn yn helpu i adfywio ardal siopa canol dinas Abertawe.'

Gweithgaredd

3. Edrychwch ar Ffigurau 30 a 31. Awgrymwch pam y mae hwn yn safle delfrydol ar gyfer warws.

4. Defnyddiwch fap o'r DU a nodwch lle y mae holl warysau Amazon. Disgrifiwch ddosbarthiad y warysau ac awgrymwch resymau pam y mae Amazon wedi dewis y safleoedd hyn.

5. Ystyriwch y safbwyntiau ar agor y warws newydd. Yn eich dosbarth, dadleuwch a yw'r ffatri hon, a'r cynnydd yn siopa ar y rhyngrwyd yn gyffredinol, yn beth da i'r DU ar y cyfan.

Thema 11: Newidiadau mewn Adwerthu a Bywyd Trefol

Cyngor Arholwr

Trefnu eich ymholiad eich hun

Pan fydd Thema 11 yn cael ei defnyddio fel y cyd-destun ar gyfer tasgau asesu dan reolaeth, mae'r pwnc yn gallu cynhyrchu cyfoeth o wybodaeth.

Creu holiaduron effeithiol

Mae holiaduron yn ffordd ddelfrydol o gasglu data am wahanol safbwyntiau ar newidiadau mewn adwerthu. I'ch cynorthwyo, dychmygwch fod myfyriwr wedi cael cais i gyflawni ymchwiliad i'r dirywiad mewn adwerthu yng nghanol trefi. Os bydd angen i chi lunio eich holiadur eich hun, gwnewch yn siŵr eich bod yn ystyried y canlynol cyn cychwyn:

- Pa gwestiynau ddylech chi eu gofyn a fydd yn *uniongyrchol berthnasol* i'r ymchwiliad?
- Sut y gallwch chi ffurfio'r cwestiynau unigol i sicrhau bod y data a gynhyrchir yn hawdd i'w ddeall ac yn hawdd i'w droi yn ddeunydd gweledol/graffigol?
- Faint o gwestiynau fyddwch chi'n eu gofyn a faint o bobl sydd angen i chi eu holi?

Mae gormod o holiaduron yn cynnwys cwestiynau sy'n cymhlethu'r ymchwiliad yn ddiangen. Gofalwch fod y cwestiynau yn uniongyrchol berthnasol i'ch ymchwiliad.

✗ Peidiwch â gofyn cwestiynau rhagarweiniol na fydd yn cael eu defnyddio yn y dadansoddiad, e.e. *Beth yw eich oedran? Ble rydych yn byw?*

✓ Gofynnwch gwestiynau sy'n uniongyrchol berthnasol i'r thema gyffredinol, megis cwestiynau sy'n ymwneud â pha mor aml y mae pobl yn siopa yng nghanol y dref; a allant roi unrhyw dystiolaeth o'r dirywiad yng nghanol trefi; a allant awgrymu rhesymau pam y mae canol trefi yn ei chael hi'n anodd cadw cwsmeriaid; a ydynt wedi siopa mewn lleoliadau eraill; pam y mae'n well ganddynt leoliadau eraill.

✗ Peidiwch â gofyn cwestiynau agored gan fod yr ymatebion yn rhy anodd i'w cofnodi.

✓ Defnyddiwch gwestiynau caeedig. Mae'r ymatebion yn hawdd i'w cofnodi ar y pryd a, phan ddaw hi'n amser creu graff a dadansoddi'r canlyniadau, maent yn gwneud bywyd gymaint yn haws. Mae sawl ffordd o ofyn cwestiynau caeedig - dyma ddwy enghraifft:

Enghraifft 1

A yw siopa yng nghanol y dref wedi dirywio yn y deng mlynedd diwethaf yn eich barn chi? Dewiswch un o'r blychau ar y raddfa pum pwynt hon:

Na rwy'n credu bod siopau canol y dref cystal heddiw ag erioed.

1 ☐   2 ☐   3 ☐   4 ☐   5 ☐

Ydw mae'r ardal wedi dirywio'n sylweddol yn y blynyddoedd diwethaf.

Enghraifft 2

Mae'n well gan lawer o bobl siopa mewn uwchfarchnadoedd y tu allan i'r dref neu mewn parciau adwerthu. Edrychwch ar y rhestr isod. Yn eich barn chi, dewiswch y pum prif reswm pam y mae'n well gan bobl siopa y tu allan i'r dref yn hytrach nag yng nghanol y dref.

Siopau ar agor yn hirach	☐	Llai o bobl yn y siopau	☐
Gallu parcio am ddim	☐	Gallu cael popeth o dan yr un to	☐
Prisiau'n rhatach	☐	Dim grisiau i'w dringo	☐
Llai o draffig ar y ffyrdd	☐	Llai prysur	☐

✓ Rhannwch yr un holiadur gyda myfyrwyr yn eich dosbarth. Byddwch yn casglu mwy o ddata (ceisiwch holi 50 o bobl o leiaf). Po fwyaf o bobl y byddwch yn eu holi, po fwyaf dibynadwy fydd eich canlyniadau.

Defnyddio data eilaidd o'r rhyngrwyd

Mae llawer o fyfyrwyr yn gwneud y camgymeriad o dorri a gludo gwybodaeth i'w haseiniad – a dyna ni. Na, dw i'n ofni! Ni fyddwch yn cael marciau oni bai eich bod yn *defnyddio'r* data eilaidd a'u cysylltu â'ch ymchwiliad. Mae sawl ffordd o wneud hyn gan gynnwys:

- lliwddangos geiriau/ymadroddion allweddol o fewn yr erthygl ac yna trafod pam eich bod chi wedi tynnu sylw atynt
- torri lluniau/mapiau o'r erthygl ac anodi'r hyn y maent yn ei ddangos mewn perthynas â'ch ymchwiliad
- defnyddio gwybodaeth o'r erthygl a'i rhoi mewn tabl i gyflwyno tystiolaeth i gefnogi eich canfyddiadau, neu dystiolaeth sy'n gwrthddweud eich canfyddiadau.

Cofiwch gydnabod ffynhonnell y data bob amser trwy enwi gwefannau a rhoi'r cyfeiriad llawn.

Thema 11: Newidiadau mewn Adwerthu a Bywyd Trefol

Gweithgaredd SGD: Gwefan cyngor dinas Barcelona

http://w20.bcn.cat:1100/GuiaMap

Dinas fawr yn Catalunya ar arfordir Gogledd Ddwyrain Sbaen yw Barcelona. Mae gan gyngor y ddinas SGD ragorol ar ei wefan. Gallwch weld map o'r ddinas gyfan, fel yn Ffigur 32, neu ddefnyddio'r cyfleuster chwyddo i weld strydoedd unigol yn fwy manwl.

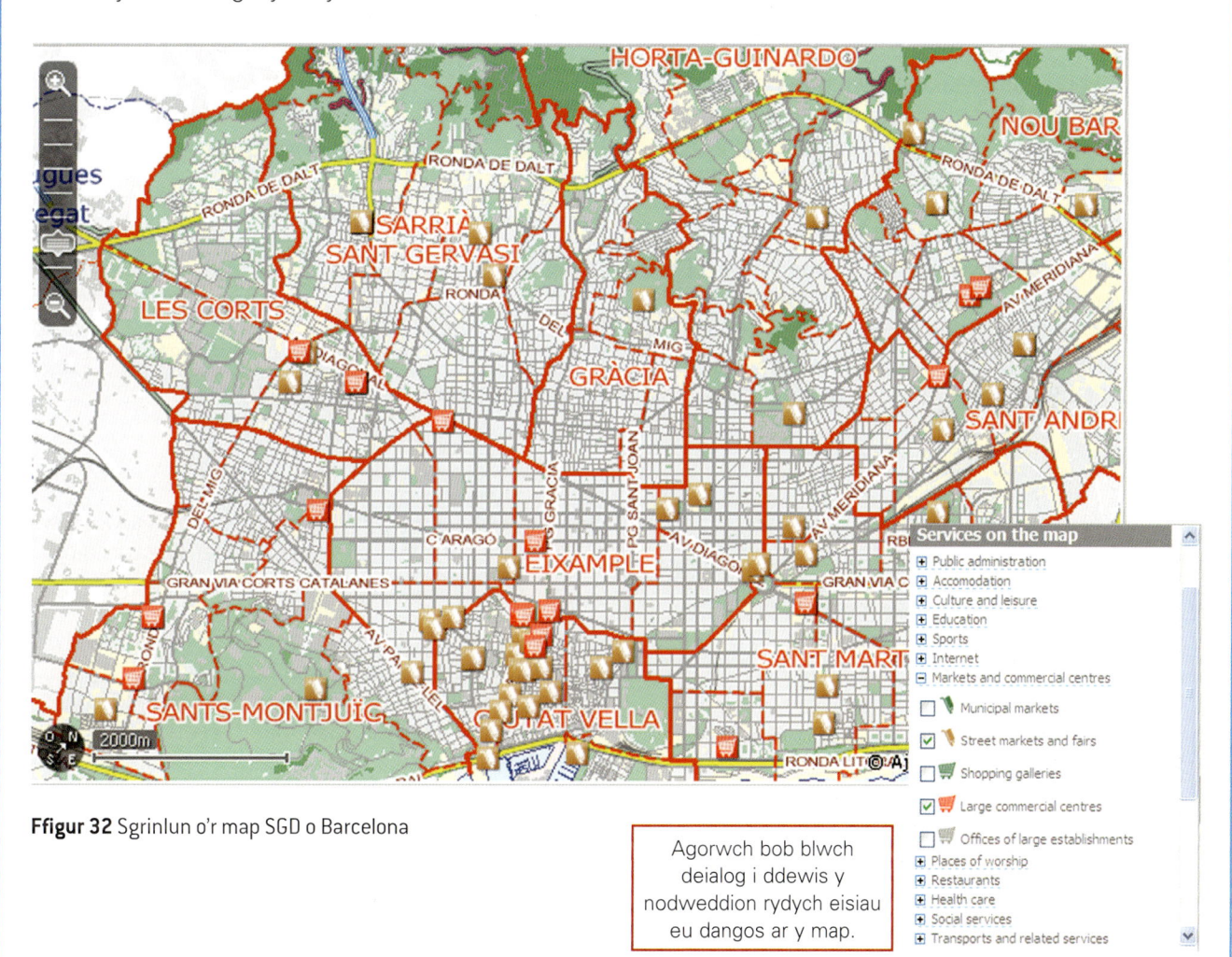

Ffigur 32 Sgrinlun o'r map SGD o Barcelona

Agorwch bob blwch deialog i ddewis y nodweddion rydych eisiau eu dangos ar y map.

Ffigur 33 Sgrinlun yn dangos i chi sut y mae dewis y gwasanaethau rydych eisiau eu harddangos ar y map

Gweithgaredd

1. **a)** Disgrifiwch ddosbarthiad y canolfannau masnachol mawr.
   b) Awgrymwch pam y mae cymaint ohonynt ar briffyrdd megis Av. Diagonal.

2. **a)** Cymharwch ddosbarthiad y canolfannau mwy hyn â'r marchnadoedd a'r ffeiriau stryd.
   b) Rhowch resymau dros y gwahaniaethau y sylwoch arnynt.

Thema 11: Newidiadau mewn Adwerthu a Bywyd Trefol

Sut y mae newidiadau yn newisiadau defnyddwyr Ewropeaidd yn cael effaith fyd-eang?

Beth yw effeithiau cynnydd yn newisiadau defnyddwyr?

Yn yr adran hon byddwn yn ymchwilio i effaith defnyddwyr y DU ar bobl ledled y byd ac ar yr amgylchedd. Fe welwch fod gallu defnyddwyr y DU i wario arian yn cael effaith bellgyrhaeddol ar bobl a lleoedd. Mae rhai effeithiau yn gadarnhaol tra mae eraill yn negyddol. Un peth sy'n bendant, mae gallu anferth gan bobl sy'n byw yn y DU i wario arian. Er gwaethaf natur dros dro'r dirwasgiad yn 2008/9, mae'r DU yn dal i fod yn un o'r gwledydd cyfoethocaf yn y byd. Mae'r wybodaeth yn Ffigur 34 yn dangos tystiolaeth o'r ffaith hon.

dillad ac esgidiau £47,507

bwyd a diod heb alcohol £84,993

addysg £14,100   iechyd £13,659

diod feddwol a thybaco £31,120

Ffigur 34 Pŵer prynu defnyddwyr y DU mewn miliynau

Safle	Gwlad	CMC (PPP, $ miliynau)
2	UDA	14,260,000
8	Y DU	2,226,000
13	Sbaen	1,403,000
59	Morocco	136,600
163	Sierra Leone	4,285

Ffynhonnell: *CIA World Factbook* [2008]

Gweithgaredd

1. Mae'r ffigurau a roddir ar gyfer CMC (Cydraddoldeb Pŵer Prynu (*PPP*)) yn dod o *CIA World Factbook*. Darganfyddwch fwy trwy fynd i https://www.cia.gov/library/publications/the-world-factbook/rankorder/2001rank.html

2. Darganfyddwch beth yw ystyr *incwm gwario*. Pam y mae'n fesur pwysig i ddangos pŵer prynu posibl defnyddwyr?

3. Gan edrych ar y wybodaeth hon yn gyffredinol, i ba raddau y mae'n cadarnhau bod y gallu sydd gan ddefnyddwyr y DU i wario arian yn debygol o gael effaith fawr ar bobl o bob rhan o'r byd ac ar amgylcheddau?

Beth yw cyrhaeddiad byd-eang defnyddwyr y DU?

Mae Ffigur 35 yn dangos detholiad bach o gynhyrchion a brynwyd gan ddefnyddwyr yn y DU. Dangosir ffynhonnell pob cynnyrch. Mae'n amlwg bod defnyddwyr y DU yn mwynhau prynu'r cynhyrchion gorau o bob rhan o'r byd.

Gweithgaredd

4. Gwnewch arolwg yn eich cartref. Dewch o hyd i ffynhonnell deg cynnyrch a brynwyd o bob rhan o'r byd. Rhaid cynnwys o leiaf ddwy enghraifft o bob un o'r tri chategori sef bwyd, dillad a chynhyrchion trydanol. Rhannwch y wybodaeth pan fyddwch yn y dosbarth a phlotiwch y gwledydd y daw'r cynhyrchion ohonynt ar fap o'r byd. Defnyddiwch atlas i ddarganfod lleoliad y wlad. Ceisiwch ychwanegu manylion trwy ddefnyddio cod lliw ar gyfer y saethau i ddangos gwahanol fathau o gynhyrchion.

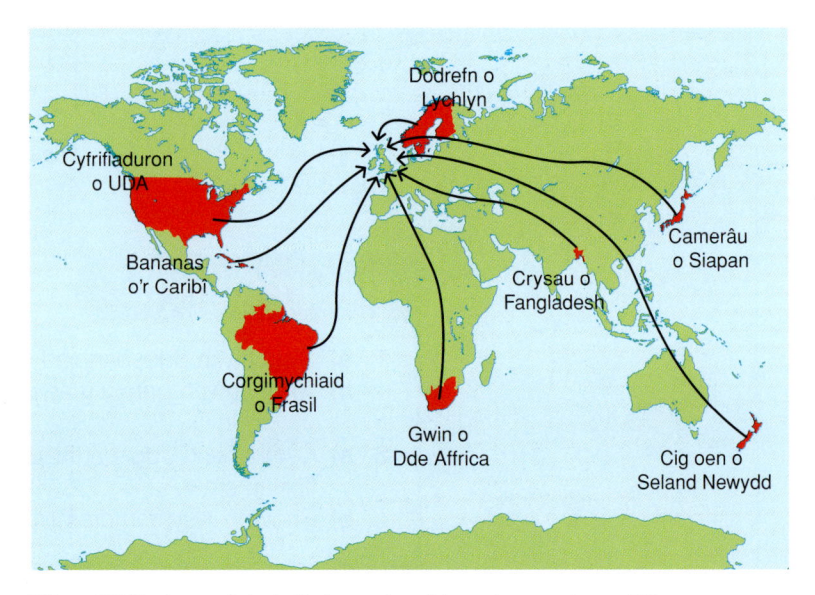

Ffigur 35 Ffynhonnell detholiad o gynhyrchion a brynwyd yn y DU

(Map labels: Dodrefn o Lychlyn; Cyfrifiaduron o UDA; Bananas o'r Caribi; Corgimychiaid o Frasil; Gwin o Dde Affrica; Crysau o Fangladesh; Camerâu o Siapan; Cig oen o Seland Newydd)

Thema 11: Newidiadau mewn Adwerthu a Bywyd Trefol

Effeithiau cadarnhaol gwariant defnyddwyr y DU

Yn 2009 amcangyfrifir bod dros 135,000 o bobl Kenya'n cael eu cyflogi i dyfu a phacio blodau ar gyfer marchnad y DU. Mae Ffigur 37 yn dangos effaith lluosydd cadarnhaol y gwaith hwn.

Ffigur 37 Effaith lluosydd cadarnhaol swyddi a grëwyd yn Kenya

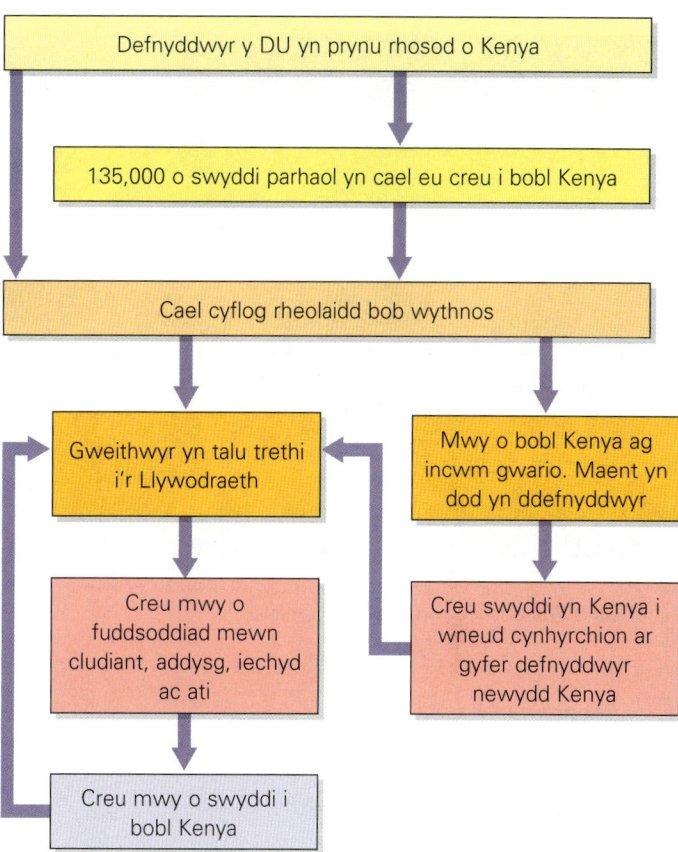

```
Defnyddwyr y DU yn prynu rhosod o Kenya
              ↓
135,000 o swyddi parhaol yn cael eu creu i bobl Kenya
              ↓
      Cael cyflog rheolaidd bob wythnos
         ↓                    ↓
Gweithwyr yn talu trethi    Mwy o bobl Kenya ag
   i'r Llywodraeth          incwm gwario. Maent yn
                            dod yn ddefnyddwyr
         ↓                    ↓
Creu mwy o                  Creu swyddi yn Kenya i
fuddsoddiad mewn            wneud cynhyrchion ar
cludiant, addysg, iechyd    gyfer defnyddwyr
ac ati                      newydd Kenya
              ↓
     Creu mwy o swyddi i
         bobl Kenya
```

Ffigur 36 Rhosod o Kenya ar gyfer defnyddwyr y DU

A yw hyn i gyd yn newyddion da?

Yr ateb yn bendant yw NA! Mae ein dymuniad am gynhyrchion sy'n dod o bob rhan o'r byd yn cael effeithiau pellgyrhaeddol a rhai annisgwyl weithiau. Mae Ffigur 38 yn dangos detholiad bach o'r effeithiau negyddol amrywiol y gall gwariant defnyddwyr mewn gwledydd megis y DU eu creu. Mae diwylliant prynu yn creu problemau cymdeithasol, economaidd ac amgylcheddol.

Mae corgimychiaid sy'n cael eu dal yn nyfroedd yr Alban yn cael eu cludo mewn llongau ar draws y byd i Asia i'w prosesu ac yna yn ôl eto i'r DU. Mae'r ôl troed carbon a'r 'milltiroedd bwyd' uchel y mae hyn yn eu creu yn waeth oherwydd bod angen i'r cynnyrch gael ei rewi gydol ei daith. Darganfyddwch fwy ar: http://news.bbc.co.uk1/hi/uk/7150834.stm neu defnyddiwch y geiriau chwilio 'Scampi and food miles'.

Yn ogystal â dadleuon am ysmygu mae'r galw mawr am dybaco wedi creu nifer o broblemau. Nid yw tir, a oedd yn cael ei ddefnyddio'n wreiddiol ar gyfer cynhyrchu bwyd ar draws y byd sy'n datblygu, yn cael ei ddefnyddio ar gyfer cynhyrchu mwyach gan fod ffermwyr yn cael eu denu i dyfu tybaco i wneud elw. Mae coedwigoedd naturiol yn cael eu defnyddio i greu planhigfeydd newydd. Darganfyddwch fwy ar: www.quitbecause.org.uk/environment.php#tobaccoanddeforest neu defnyddiwch y geiriau chwilio 'Land loss through tobacco'.

Mae cotwm yn cael ei ddefnyddio yn y diwydiant dillad. Amcangyfrifir (2009) bod masnach y byd mewn cotwm yn werth dros $32 biliwn. Mae llawer o'r gwaith cynhyrchu'n digwydd mewn gwledydd LlEDd. Dylai'r fasnach hon ddod â chyfoeth a ffyniant i'r gwledydd sy'n cynhyrchu ond er mwyn bodloni galw'r gwledydd sy'n defnyddio'r cotwm, am bris sy'n eu plesio, mae yna straeon am lafur plant a gorddefnyddio plaleiddiaid. Darganfyddwch fwy ar: www.ejfoundation.org/page 327.html neu defnyddiwch y geiriau chwilio 'Child labour and environmental problems with cotton'.

Mae'r DU yn creu digon o wastraff bob dydd i lenwi Neuadd Frenhinol Albert yn Llundain. Er gwaethaf ymdrechion i ailgylchu mae ein cymdeithas o ddefnyddwyr gwastraffus yn llenwi'r holl safleoedd tirlenwi sydd ar gael ac yn rhoi pwysau ar awdurdodau lleol i ddefnyddio llosgyddion dadleuol. Darganfyddwch fwy ar: www.guardian.co.uk/environment/2007/jan/19/waste neu defnyddiwch y geiriau chwilio 'Running out of landfill'.

Ffigur 38 Rhai o effeithiau negyddol gwariant defnyddwyr

Thema 11: Newidiadau mewn Adwerthu a Bywyd Trefol

Defnyddwyr moesegol a'r fasnach ffasiwn

Ffigur 39 Amodau mewn ffatrïoedd yn Asia

Mae'r rhan fwyaf o bobl yn awyddus i fwynhau dillad ffasiynol, fforddiadwy o siopau stryd fawr y DU. Mae'r rhan fwyaf o ddefnyddwyr yn cytuno y dylai gweithwyr cynhyrchu yn Asia gael cyflog teg am ddiwrnod o waith a chael gweithio mewn amgylchedd diogel.

Yn 2008, o ganlyniad i ymchwiliad gan y BBC i Primark, cyhuddwyd yr adwerthwr ffasiwn stryd fawr poblogaidd o:

- dorri ei bolisi masnachu moesegol ac anwybyddu ei warant cyfrifoldeb cymdeithasol
- caniatáu i lafur plant gynhyrchu llawer o'i eitemau ffasiwn
- caniatáu i weithwyr weithio mewn gweithdai cyflog isel heb eu rheoleiddio.

Gellir gweld rhannau o'r datganiad a ryddhawyd gan y cwmni yn fuan ar ôl i'r BBC ddarlledu ei raglen yn Ffigur 40.

Ddwy flynedd yn gynharach cynhyrchodd yr elusen 'War on Want' adroddiad 'Fashion Victims: The true cost of cheap clothes', lle tynnodd sylw at weithwyr Asiaidd a oedd yn ceisio byw ar gyflog tlodi ac yn gweithio mewn gweithdai cyflog isel. Awgrymodd yr adroddiad bod gweithwyr yn Asia yn byw mewn tlodi dychrynllyd er mwyn i ni allu prynu dillad ffasiynol am brisiau rhad. Heddiw mae'r un elusen yn dweud nad oes fawr ddim wedi newid.

Panorama – hawl i ymateb

'Cafodd y gwaith o gynhyrchu r eitemau a gafodd sylw gan y BBC ei is-gontractio heb yn wybod i Primark a heb ei ganiatâd.

Ymatebodd y cwmni ar unwaith drwy ganslo archebion newydd â nhw a thynnu'r eitemau o'r siopau.

O dan ein Cod Ymddygiad, ni chaiff plant weithio ar ddillad a gynhyrchir ar ein cyfer ar unrhyw gyfrif.

Mae Primark yn cefnogi tua 2 filiwn o bobl drwy ei gontractau cyflenwi. Fel rhan o'i gyfraniad, mae'r cwmni eisoes wedi cyhoeddi ei fwriad i sefydlu'r 'Primark Better Lives Foundation', a fydd yn rhoi cymorth ariannol i sefydliadau sy'n gweithio i wella bywydau pobl ifainc.'

Ffigur 40 Detholiad o ddatganiad Primark, Mehefin 2008

www.waronwant.org/campaigns/supermarkets-and-sweatshops/fashion-victims
Mae'n bosibl gweld copi llawn o'r adroddiad yn y cyfeiriad hwn. Hefyd chwiliwch am 'War on Want campaigns' i gael y wybodaeth ddiweddaraf.

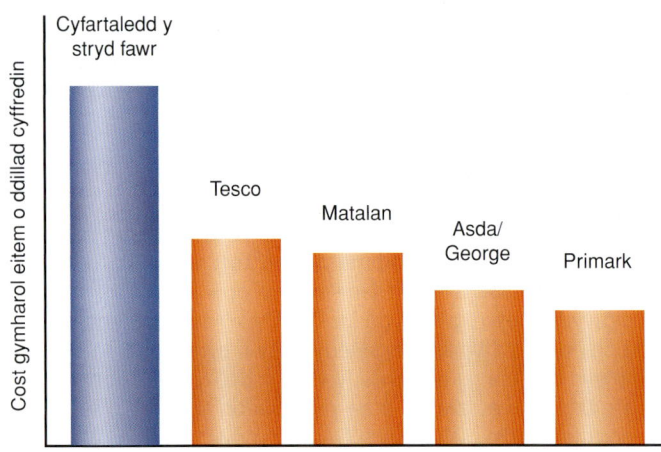

Ffigur 41 War on Want

Ffigur 42 Cost gymharol dillad, fel sy'n cael ei dangos yn adroddiad War on Want. Ffynhonnell: 'Primark Kings of Budget Clothing', *Daily Record*, 3 Rhagfyr 2005

Thema 11: Newidiadau mewn Adwerthu a Bywyd Trefol

Mewn gwers ddaearyddiaeth yn ei choleg ym Mryste, bu Claire, sy'n fyfyrwraig Safon Uwch, yn sôn am ei theimladau cymysg ar ôl astudio'r materion a godwyd yn yr adroddiad. Mae ei sylwadau yn Ffigur 43 yn dangos nad yw hi bob amser yn hawdd dod i gasgliadau am faterion sydd mor ddadleuol.

> Ar yr un llaw rwy'n gwerthfawrogi bod llawer o swyddi'n cael eu creu yn Asia, yn enwedig yn yr ardaloedd gwledig lle mae'n anodd dod o hyd i waith cyflogedig llawn amser. Rwy'n deall bod llawer o Sefydliadau Anllywodraethol yn goruchwylio'r amodau gwaith i wneud yn siŵr bod pobl yn cael eu trin yn deg a chyda pharch.

> Ar y llaw arall, mae yna lawer o straeon yn y newyddion sy'n gwneud i mi feddwl yn hir a dwys ynghylch a ddylwn i siopa am gynhyrchion ffasiwn rhatach. Penderfynodd rhai o fyfyrwyr y coleg brotestio ar achlysur agor siop Primark newydd ym Mryste yr wythnos diwethaf.

Ffigur 43 Casgliadau anodd

Beth bynnag yw'r dadleuon, o blaid ac yn erbyn y mater hwn, mae defnyddwyr y DU (yn enwedig defnyddwyr ifanc) yn parhau i siopa yn siopau ffasiwn rhatach y stryd fawr. Trwy gydol 2009 ac yn 2010, roedd y cyfryngau yn llawn straeon am y ffordd yr oedd cadwyni megis George, Primark, Tesco a Matalan yn mynd o nerth i nerth hyd yn oed adeg dirwasgiad.

Adroddiad newyddion
Mawrth 2010

Mae siopau ffasiwn y stryd fawr, sy'n darparu ar gyfer pen rhatach y farchnad, yn mynd o nerth i nerth, hyd yn oed trwy'r dirwasgiad. Dywedodd un gadwyn, Primark, fod gwerthiant wedi cynyddu 21 y cant ers y llynedd.

Mae llwyddiant y gadwyn yn seiliedig ar gadw prisiau i lawr a rhoi gwerth am arian. Ar adeg pan fo'r stryd fawr yn wynebu cyfnod anodd iawn, fel y mae'r nifer o siopau gwag yng nghanol ein trefi yn dangos, agorodd Primark 11 siop newydd yn 2009 ac mae gan y cwmni 190 o siopau ar draws y DU erbyn hyn. Mae cynlluniau ar y gweill i agor siopau newydd ym Mhortiwgal a'r Almaen.

Ffigur 45 Elw ar i fyny

Ffigur 44 Protestiadau y tu allan i siop newydd Primark ym Mryste, Awst 2009

Ffigur 46 Siopwyr yn heidio i siop newydd Primark i hel bargeinion

Gweithgaredd

1 Mae'r mater hwn yn gymhleth ac yn ddadleuol iawn. Mae yna gyfoeth o wybodaeth ar gael i'ch cynorthwyo i ddatblygu eich barn. Gwnewch ymchwil ar y rhyngrwyd. Defnyddiwch dermau chwilio megis 'ethical shopper' neu 'ethical consumer'.

Thema 11: Newidiadau mewn Adwerthu a Bywyd Trefol

Cyngor Arholwr

Deall mapiau

Mae mapiau'n arf hanfodol i ddaearyddwyr ac mae arholwyr yn awyddus i ddarganfod a allwch chi ddarllen, deall, dehongli a defnyddio'r wybodaeth ar fap. Efallai y bydd angen i chi wneud llinfap. Mae bron yn sicr y bydd o leiaf un cwestiwn yn eich arholiad TGAU yn cynnwys map Arolwg Ordnans, ac mae'n debygol y bydd cwestiynau eraill yn cynnwys mapiau coropleth, ystadegol neu linfapiau.
Felly mae'n hanfodol eich bod yn gallu:

- darllen symbolau, rhoi cyfeirnodau grid a chyfeiriadau, mesur pellterau a deall cyfuchlinau
- disgrifio ac egluro nodweddion daearyddol sy'n cael eu dangos ar fap e.e. nodweddion ffisegol megis bryniau a dyffrynoedd afon neu nodweddion dynol megis patrymau a lleoliad aneddiadau
- gwneud llinfap clir wedi'i labelu
- defnyddio'r wybodaeth sy'n cael ei darparu ar fap, ynghyd â'ch gwybodaeth ddaearyddol eich hun, mewn ymarfer gwneud penderfyniad.

Cwestiwn enghreifftiol

Astudiwch Ffigur 31 ar dudalen 101. Gyda chymorth llinfap wedi'i labelu eglurwch leoliad warws Amazon ger Abertawe.

Ateb myfyriwr

Teitl – Lleoliad warws Amazon

Mae dinas Abertawe 4 km i ffwrdd. Gall gweithwyr deithio'r pellter hwn yn hawdd.

Mae Amazon yn anfon ei nwyddau dros y wlad i gyd. Mae traffordd yr M4 yn rhoi mynediad i rwydwaith traffyrdd y wlad.

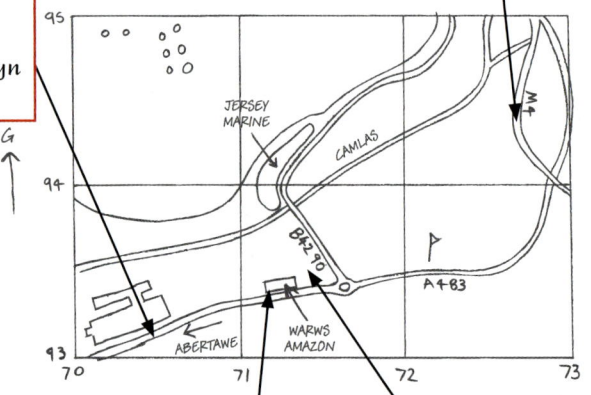

Mae Amazon yr un maint â deg cae pêl-droed. Mae tir gwastad yn ei gwneud hi'n hawdd adeiladu adeilad mawr fel hwn.

Mae safle tir llwyd yn ei gwneud hi'n hawdd cael caniatâd i adeiladu. Efallai y bydd grantiau ar gael hefyd i glirio'r hen safle.

Gwneud llinfap

Mae gan linfapiau nifer o ddefnyddiau. Yn eich asesiad dan reolaeth efallai y bydd angen i chi wneud llinfap i amlinellu ardal eich astudiaeth. Mewn arholiad efallai y byddwch yn penderfynu cynnwys llinfap yn eich ateb i ddangos y pwyntiau rydych yn eu gwneud e.e. llinfap o ranbarth ymwelwyr rydych wedi'i astudio (byddai hyn yn creu argraff ar arholwr ac mewn cwestiwn lefelau byddai'n eich cynorthwyo i gyflawni ateb lefel 3). Efallai y bydd angen i chi hefyd wneud llinfap, neu ychwanegu manylion at un sydd wedi'i gwblhau'n rhannol, i roi prawf ar eich sgiliau mapio. Y cam cyntaf ar gyfer cwblhau llinfap da yw gwneud amlinell syml. Os ydych yn braslunio map AO mae'n syniad da i gopïo'r grid o'r map ar eich papur i roi ffrâm i'ch llinfap. Ychwanegwch wybodaeth megis enwau trefi, ffyrdd ac afonydd. Rhowch deitl, graddfa ac arwydd y gogledd ar eich map a defnyddiwch bensil bob amser. Defnyddiwch anodiadau i ateb y cwestiwn a osodwyd. Edrychwch i weld faint o amser sydd gennych a sawl marc sydd ar gael am y cwestiwn. Bydd hyn yn rhoi syniad i chi o faint o fanylion sydd angen i chi eu hychwanegu.

Sylwadau'r arholwr!

Mae hwn yn fraslun maes da iawn. Mae'n daclus, yn glir, yn fanwl ac mae'r anodiadau yn berthnasol ac yn fanwl. Yr unig beth pwysig sydd ar goll yw graddfa. Gallai fod wedi cael ei raddliwio er mwyn nodi ardaloedd o dir uwch.

Ymarfer arholiad

Astudiwch Ffigur 51 ar dudalen 109.

1. Rhowch gyfeirnod grid chwe ffigur ar gyfer:
   a) Bythynnod Isaac Morgan
   b) y gylchfan lle y mae'r A4102 yn cwrdd â'r A4060T.
2. Pa ddwy ffordd o ddangos uchder uwchben lefel y môr sydd i'w gweld yn sgwâr grid 0706?
3. Disgrifiwch siâp y tir o amgylch y safle arfaethedig ar gyfer y llosgydd gwastraff yn Ffos-y-frân.
4. Rhowch ddau ddarn o dystiolaeth map sy'n awgrymu bod hon yn ardal fwyngloddio bwysig ar un adeg.
5. Gyda chymorth llinfap wedi'i labelu disgrifiwch leoliad y llosgydd gwastraff arfaethedig yn Ffos-y-frân. Anodwch eich llinfap i awgrymu pam y gallai hwn fod yn lleoliad da ar gyfer datblygiad o'r fath.

Thema 12
Newid Economaidd a Chymru

Beth yw'r mathau o waith sydd i'w cael yng Nghymru ar hyn o bryd?

Gwefan yw GO Wales sy'n rhoi cyfle i bobl ymgeisio am brofiad gwaith yng Nghymru. Mae'r wefan hefyd yn hysbysebu cyfleoedd gwaith i raddedigion yn y sefydliadau canlynol:

- Mae pedwar o'r chwe phrif gwmni uwch-dechnoleg ym meysydd electroneg, awyrofod, peirianneg a thelathrebu wedi'u lleoli yng Nghymru: mae gan BT, Vodaphone, T-Mobile ac NTL ganolfannau a chanolfannau galwadau yma.
- Mae technoleg opteg ffibr yn ffynnu yng Nghymru ac mae'n cyflogi dros 30 y cant o weithlu'r DU yn y sector hwn.
- Mae cwmnïau biotechnoleg yn ehangu, gyda 70 o gwmnïau gofal iechyd yn cyflogi dros 13,000 o staff.
- Mae gan Gymru beth o gynnyrch y cyfryngau gorau yn y DU, gan gynnwys y cyfryngau argraffu a darlledu, ffilm a theledu, cerddoriaeth ac adloniant.
- Mae gan saith o'r deg cwmni prosesu bwyd mwyaf yn y DU weithrediadau yma, gan gynnwys y cwmnïau amlwladol, Unilever a Kellogg's.

Ffigur 1 GO Wales

Yn Eryri, mae'r mwyafrif o bobl yn cael eu cyflogi yn y sectorau cynradd a thrydyddol [ffermio a chwarela, twristiaeth].

Abertawe a Chaerdydd sy'n cyflogi'r nifer mwyaf o bobl yn y sectorau trydyddol [87 y cant yn y ddwy ddinas].

Sir y Fflint sy'n cyflogi'r nifer mwyaf o bobl ym maes cynhyrchu ac adeiladu [38 y cant].

Ffigur 2 Swyddi gwahanol mewn ardaloedd cyferbyniol o Gymru

Thema 12: Newid Economaidd a Chymru

Sut yr ydym yn dosbarthu gwaith a chyflogaeth?

Y ffordd arferol o ddosbarthu cyflogaeth yw didoli'r holl weithgareddau economaidd i un o dri sector:

- **Sector cynradd** – mae'r sector hwn yn cynhyrchu defnyddiau crai fel cnydau bwyd, coed neu fwynau. Enghreifftiau o alwedigaethau economaidd cynradd yw swyddi ym meysydd pysgota, mwyngloddio a chwarela.
- **Sector eilaidd** – mae'r sector hwn yn ymwneud â phrosesu a gweithgynhyrchu. Enghreifftiau o alwedigaethau economaidd eilaidd yw prosesu bwyd a gweithgynhyrchu microsglodion neu adenydd awyrennau.
- **Sector trydyddol** – mae'r sector hwn yn darparu gwasanaethau i ddiwydiannau eraill neu i unigolion fel chi a fi. Enghreifftiau o alwedigaethau economaidd eilaidd yw gwaith mewn ysgol, ysbyty neu westy.

Datblygiad diweddar yn y ffordd rydym yn cofnodi cyflogaeth yw nodi swyddi yn yr **economi gwybodaeth**. Mae angen lefelau uchel o hyfforddiant neu addysg ar gyfer y swyddi hyn. Maent yn cynnwys swyddi yn y meysydd canlynol:

- **diwydiannau uwch-dechnoleg**, fel systemau amddiffyn, cyfarpar meddygol
- **diwydiannau uwch-dechnoleg/technoleg ganolig**, fel electroneg
- **diwydiannau gwybodaeth-ddwys**, fel cyllid, Technium (cymorth gan brifysgol leol ar gyfer pobl sy'n sefydlu eu busnes eu hunain).

Sectorau cyhoeddus a phreifat

Gall cyflogaeth berthyn i'r sector cyhoeddus neu'r sector preifat.

- Mae pobl sy'n gweithio yn y **sector cyhoeddus** yn cael eu cyflogi gan y llywodraeth genedlaethol, ranbarthol neu leol. Mae hyn yn cynnwys athrawon, nyrsys, gweithwyr cymdeithasol, cynllunwyr a milwyr.
- Mae pobl sy'n gweithio yn y **sector preifat** naill ai'n hunangyflogedig neu'n gweithio i gwmni nad yw'n eiddo i'r llywodraeth. Mae'r sector preifat yn darparu amrywiaeth eang o swyddi ar y tir (ffermio, coedwigaeth), ym maes adeiladu (dylunio, peirianneg, adeiladu) ac ym meysydd gweithgynhyrchu a gwasanaethau (cydosod ceir, adeiladu tyrbinau ar gyfer ffermydd gwynt).

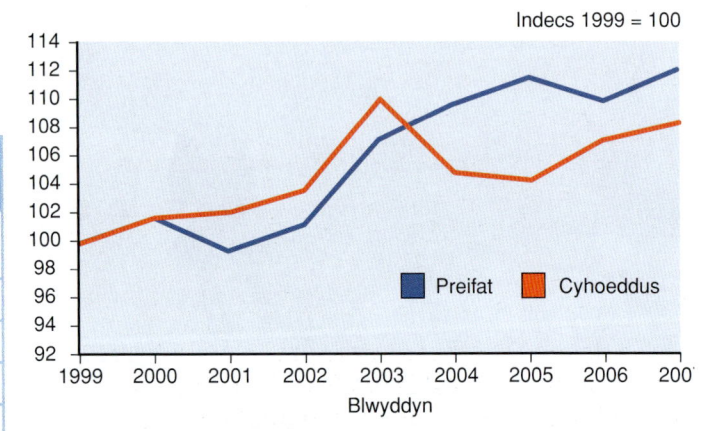

	Niferoedd mewn miloedd
Amaethyddiaeth, hela, coedwigaeth a physgota	38
Mwyngloddio a chwarela	2
Gweithgynhyrchu	167
Egni a dŵr	6
Adeiladu	100
Dosbarthu (adwerthu, cyfanwerthu, gwerthu ac atgyweirio moduron)	215
Gwestai a thai bwyta	92
Cludiant, storio a chyfathrebu	61
Gweithgareddau cyllid a busnes	191
Gweinyddiaeth gyhoeddus	93
Addysg	123
Iechyd	184
Diwydiannau eraill	82
Pob diwydiant	**1354**
Pob diwydiant cynhyrchu (eilaidd)	**271**
Pob diwydiant gwasanaethu (trydyddol)	**1029**

Ffigur 3 Cyflogaeth yn y gweithle fesul diwydiant, Cymru 2007

Ffigur 4 Newidiadau cyflogaeth yng Nghymru fesul y sectorau cyhoeddus/preifat. Er mwyn gallu cymharu'r sectorau yn haws, mae nifer y bobl a gyflogwyd ym mhob sector yn 1999 wedi'i drosi i indecs o 100

	Sector cyhoeddus	Sector preifat
Dynion	36.3	61.7
Menywod	63.7	38.3

Ffigur 5 Canran cyflogaeth yn y sectorau cyhoeddus a phreifat yng Nghymru ar sail rhyw, 2007

Thema 12: Newid Economaidd a Chymru

Beth yw'r patrymau daearyddol cyfredol o ran gwaith yng Nghymru?

Nifer y bobl sy'n gweithio yn y sectorau cynradd, eilaidd a thrydyddol yw **strwythur cyflogaeth** y rhanbarth hwnnw. Mae gan wahanol ranbarthau o Gymru strwythurau cyflogaeth gwahanol. Felly beth yw patrwm daearyddol swyddi yng Nghymru?

Yn Ffigur 6, mae'r llinell fertigol yn cynrychioli'r ffaith fod 59 y cant o'r holl swyddi wedi'u lleoli yn y Gorllewin a'r Cymoedd. Lle y mae'r barrau yn bell o'r llinell fertigol hon, maent yn dangos bod gormod neu ddim digon o'r swyddi hyn.

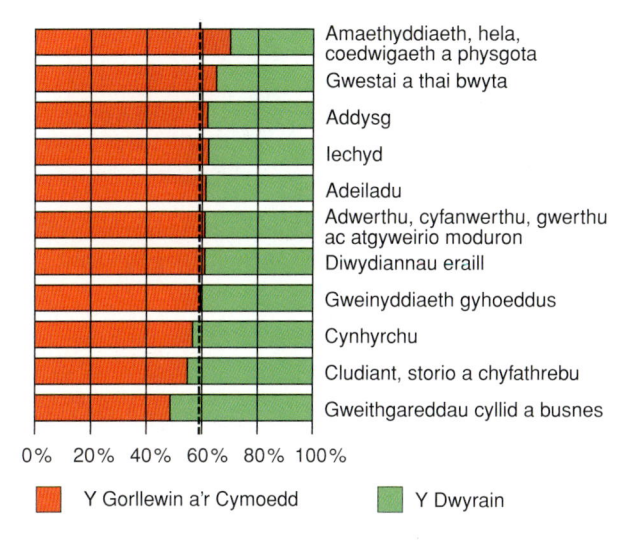

Ffigur 6 Cyflogaeth yng Nghymru, 2007

Allwedd
- Dros 10
- 5–9.9
- 3–4.9
- 1–2.9
- 0–0.9
- Ffin rhwng y Gorllewin a'r Cymoedd a'r Dwyrain

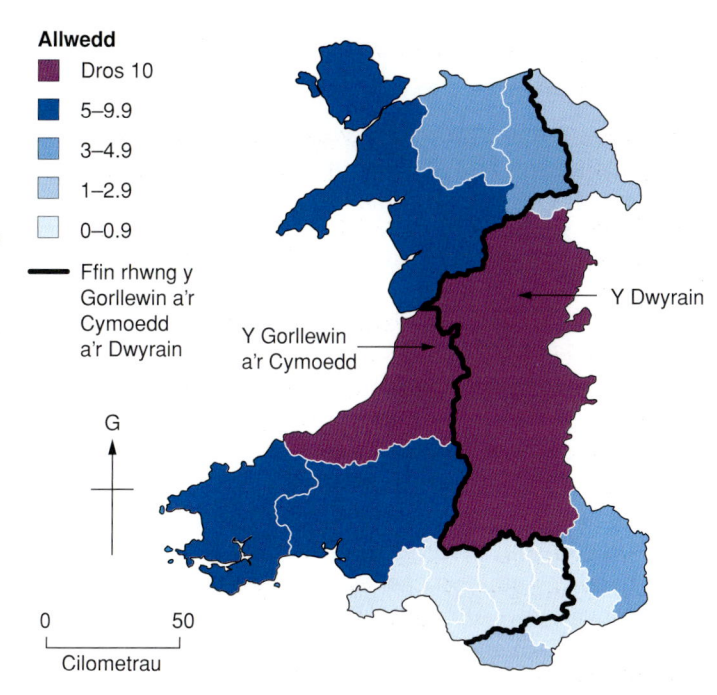

Ffigur 7 Canran y bobl a gyflogir yn y diwydiant ffermio ym mhob awdurdod yng Nghymru

Beth yw patrwm ffermio yng Nghymru?

Mae'r Undeb Ewropeaidd wedi nodi bod wyth deg y cant o Gymru yn **Ardal Lai Ffafriol (ALFf)**. Mae'n anodd ffermio'r ardal hon oherwydd y dirwedd fynyddig rewlifol sydd â llethrau serth a phriddoedd tenau. Mae hinsawdd yr ardal hon yn anaddas ar gyfer llawer o gnydau. Ychydig iawn o gysylltiadau ffordd neu reilffordd cyflym sydd i boblogaethau mawr, ble mae'r marchnadoedd ar gyfer bwyd ffres. Da byw sy'n cael eu ffermio'n bennaf ar dir ymylol fel hwn. Mae naw deg y cant o ddiwydiant ffermio defaid Cymru yn digwydd yn yr Ardal Lai Ffafriol. Mae ffermydd llaeth yn fwy poblogaidd yn y Gorllewin, ac mae gwartheg cig eidion yn fwy cyffredin ym Mhowys. Mae ffermydd mewn ardaloedd arfordirol yn tyfu mwy o gnydau. Y prif gnwd grawnfwyd yw haidd. Mae ffermydd yn yr ardaloedd arfordirol is, cynhesach sy'n agosach at y trefi mawr yn tyfu llysiau.

Gweithgaredd

1. Dosbarthwch y mathau o swyddi i raddedigion sy'n cael eu cynnwys ar wefan GO Wales (Ffigur 1).

2. Astudiwch Ffigur 3.
   a) Enwch y pedwar cyflogwr pwysicaf yn y sector trydyddol.
   b) Enwch y ddau gyflogwr pwysicaf yn y sector cyhoeddus.
   c) Pa ganran a gyflogwyd yn y sectorau:
      i) trydyddol ii) eilaidd iii) cynradd?

3. Defnyddiwch Ffigur 4 i ddisgrifio beth sydd wedi digwydd i swyddi yn y sector preifat ers 1999.

4. Defnyddiwch Ffigurau 4 a 5 i ddisgrifio'r prif wahaniaethau rhwng swyddi yn y sector cyhoeddus a'r sector preifat.

5. Awgrymwch resymau dros y gwahaniaethau mewn cyflogaeth yn y Dwyrain a'r Gorllewin sydd i'w gweld yn Ffigur 6.

6. Defnyddiwch Ffigur 7 a'r testun i ddisgrifio dosbarthiad swyddi ffermio yng Nghymru.

113

Thema 12: Newid Economaidd a Chymru

Beth yw'r patrwm gweithgynhyrchu yng Nghymru?

Mae yna lawer o gwmnïau gweithgynhyrchu uwch-dechnoleg yng Nghymru ym meysydd electroneg, awyrofod a meddyginiaethau. Fodd bynnag, fel y mae Ffigurau 8 a 9 yn ei ddangos, nid yw'r cwmnïau hyn wedi'u dosbarthu'n gyfartal.

Yn 2008, roedd diwydiant awyrofod Cymru yn cyflogi 25,000 o bobl mewn 180 o gwmnïau oedd â gwerthiant blynyddol o £3 biliwn. Mae llawer o ddarnau awyrennau yn cael eu gwneud yng Nghymru. Mae'r rhain yn cynnwys adenydd enfawr ar gyfer awyrennau a gynhyrchir gan Airbus ym Mrychdyn, Sir y Fflint, sydd angen gofod ffatri agored sy'n gywerth â deuddeg cae pêl-droed maint llawn. Ar ôl cael eu cydosod, mae adenydd yr Airbus yn cael eu cludo fesul un ar y ffordd ac wedyn i lawr Afon Dyfrdwy i Harbwr Mostyn, lle y maent yn cael eu llwytho ar y fferi gyrru mewn ac allan bwrpasol sy'n mynd â nhw i Toulouse yn Ffrainc.

www.aerospacewalesforum.com
Mae'r wefan hon yn darparu newyddion a gwybodaeth i ddiwydiannau sy'n ymwneud â'r diwydiannau awyrofod yng Nghymru. Cliciwch ar y map rhyngweithiol i ddarganfod mwy am bob un o'r aelodau.

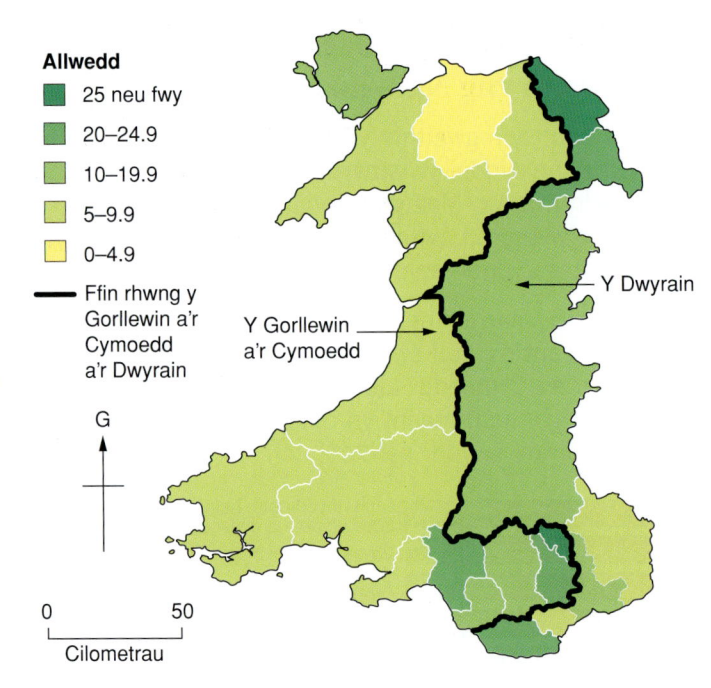

Allwedd
- 25 neu fwy
- 20–24.9
- 10–19.9
- 5–9.9
- 0–4.9
- Ffin rhwng y Gorllewin a'r Cymoedd a'r Dwyrain

Y Dwyrain
Y Gorllewin a'r Cymoedd

Ffigur 8 Canran y bobl sy'n cael ei gyflogi ym maes cynhyrchu (gweithgynhyrchu, egni a dŵr) ym mhob awdurdod yng Nghymru

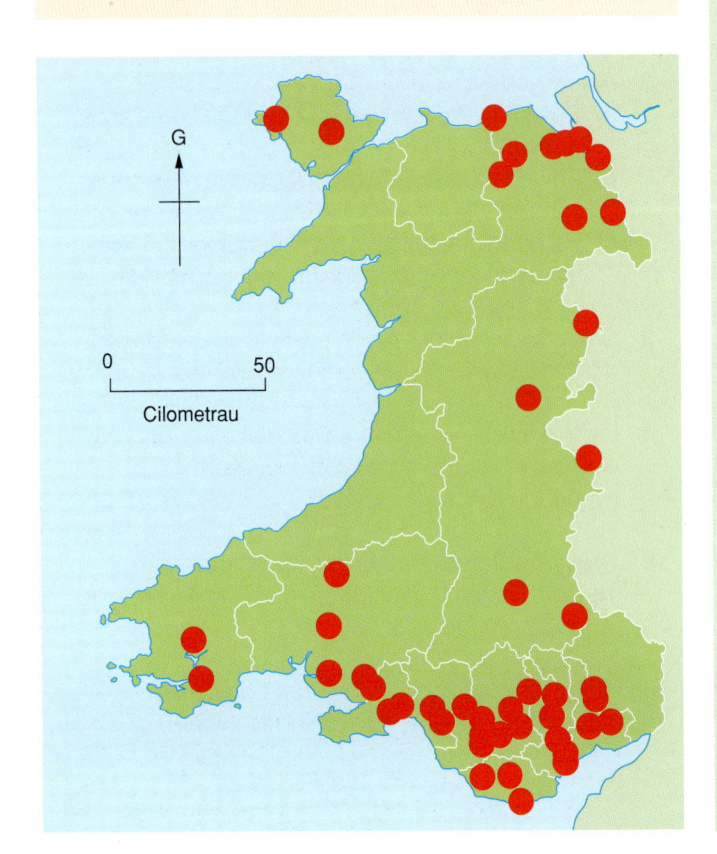

Gweithgaredd

1. Astudiwch Ffigur 8. Disgrifiwch ddosbarthiad awdurdodau sydd â mwy nag 20 y cant o'r gweithlu yn gweithio yn y maes gweithgynhyrchu.

2. Astudiwch Ffigur 9. Disgrifiwch ddosbarthiad cwmnïau awyrofod ledled Cymru.

3. a) Gwnewch dabl, Awyrofod Cymru, gyda phedair colofn gan ddefnyddio'r penawdau canlynol:

    Gweithgynhyrchu darnau awyrennau

    Gwaith cynnal a chadw, atgyweirio, adnewyddu

    Ymchwil a Datblygu ar gyfer syniadau newydd

    Hyfforddiant, datblygu sgiliau

   b) Ewch i'r map rhyngweithiol ar wefan Awyrofod Cymru:
   www.aerospacewalesforum.com/home.php?page_id=37
   a chliciwch ar ddetholiad o'r pinnau. Ar gyfer pob lleoliad, rhowch grynodeb o'r diwydiant yn y golofn briodol.

Ffigur 9 Lleoliad rhai diwydiannau awyrofod yng Nghymru, 2009

Thema 12: Newid Economaidd a Chymru

Cyngor Arholwr

Defnyddio adnoddau

Yn eich arholiad byddwch yn derbyn gwybodaeth ar ffurf mapiau AO, data, diagramau, graffiau, erthyglau papurau newydd ac efallai cartwnau. Mae arholwyr yn defnyddio un o'r adnoddau hyn yn aml fel man cychwyn ar gyfer cwestiwn. Mae'n bwysig eich bod chi'n astudio'r adnoddau yn ofalus: yn aml mae'r ateb i gwestiwn yn y wybodaeth sy'n cael ei rhoi neu efallai byddwch chi'n gallu defnyddio enghreifftiau yn yr adnoddau i gefnogi eich ateb.

Gair i gall:

- Darllenwch y teitl yn ofalus a deall diben yr adnodd.
- Nodwch unrhyw wybodaeth bwysig yn yr adnodd ar ôl darllen y cwestiwn.
- Cofiwch astudio allwedd unrhyw fap neu ddiagram ac edrych ar echelinau graffiau.
- Gofalwch eich bod chi'n deall beth y mae graff yn ei ddangos.
- Chwiliwch am batrymau a thueddiadau yn yr adnodd.
- Nodwch unrhyw wybodaeth a data nad ydynt yn cyd-fynd (anghysondebau).

Patrymau a thueddiadau

Mae disgrifio patrwm yn golygu disgrifio sut y mae nodweddion tebyg yn ymddangos ar fap. Er enghraifft, mae modd disgrifio patrwm anheddu rhanbarth fel un gwasgarog, cnewyllol neu linol. Mae tueddiadau yn batrymau ar graff sy'n dangos sut y mae rhywbeth yn newid dros amser.

Cymharu gwybodaeth

Mae **cymharu** yn gofyn i chi feddwl mewn ffordd gymharol ac nid i ysgrifennu dau ddisgrifiad ar wahân yn unig. Mae angen i chi ddweud sut y mae patrymau a thueddiadau yn debyg ac yn wahanol, gan ddefnyddio ymadroddion fel 'o gymharu â', 'tra mae', 'ar y llaw arall' ac 'er bod'.

Cwestiynau enghreifftiol

1 Astudiwch Ffigur 4 ar dudalen 112.
   (i) Disgrifiwch y duedd o ran nifer y bobl sy'n gweithio yn y sector cyhoeddus. [4]
   (ii) Cymharwch nifer y bobl sy'n gweithio yn y sectorau cyhoeddus a phreifat. [4]
2 Astudiwch Ffigur 8 ar dudalen 114. Disgrifiwch batrwm dosbarthiad cyflogaeth yn y maes cynhyrchu ledled Cymru. [4]

Ateb y myfyriwr

1 (i) Yn 1999 roedd yna indecs cychwynnol o 100. Roedd yna gynnydd graddol✓ yn nifer y bobl, gan gyrraedd uchafswm o 110 yn 2003.✓ Roedd yna ostyngiad sydyn i 105 yn 2004✓ ac wedyn mae'n codi fel io-io tan 2007.
(ii) Roedd gan y ddau sector indecs o 100 yn 1999. Wrth i'r sector cyhoeddus gynyddu, lleihaodd y sector preifat✓ tan 2002. Cododd y ddau sector✓ yn 2003 ond parhaodd y sector preifat i godi wedyn wrth i'r sector cyhoeddus ddisgyn✓ tan 2005. Ar ôl 2005 cododd y ddau sector✓ er bod indecs terfynol y sector preifat (111) yn uwch o gymharu ag✓ indecs y sector cyhoeddus (108).

Sylwadau'r arholwr!

(i) Dyma ateb da. Mae'r ymgeisydd wedi disgrifio'r duedd rhwng 1999 a 2003, gan feintioli'r cynnydd. Mae'r ymgeisydd yn nodi'r gostyngiad yn 2003 a 2004 ond mae'n methu ennill marciau llawn oherwydd ei fod yn disgrifio'r duedd fel 'io-io'. Mewn gwirionedd, cafwyd gostyngiad bach hyd at 2005 ac wedyn cynnydd sylweddol hyd at 2007 nes cyrraedd indecs terfynol o 108. Mae'r ateb hwn yn ennill 3 marc.

(ii) Ateb da iawn. Nid yw'n gywir i ddweud bod y sector preifat wedi lleihau tan 2002. Fodd bynnag, mae'r ymgeisydd yn cydnabod bod y sector cyhoeddus yn codi o gymharu â'r sector preifat ac mae'n haeddu marc am hynny. Mae'r ymgeisydd yn mynd ymlaen i wneud pedwar pwynt clir, gan ennill y 4 marc posibl yn hawdd.

Ateb y myfyriwr

2 Mae yna fwy o ddiwydiant cynhyrchu yn y dwyrain nag yn y gorllewin.✓ Y prif ardaloedd cyflogaeth yw'r De a'r Gogledd Ddwyrain.✓

Sylwadau'r arholwr!

Dyma ateb siomedig. Mae'r ymgeisydd yn deall gofynion y cwestiwn yn glir ond mae'n disgrifio'r patrymau dosbarthiad mewn ffordd gyffredinol iawn. Mae'r De a'r Gogledd Ddwyrain yn ardaloedd mawr iawn; roedd angen manylion mwy penodol i ddisgrifio'r patrwm yn glir. Byddai'r ymgeisydd wedi ennill mwy o farciau drwy feintioli disgrifiadau hefyd.

Thema 12: Newid Economaidd a Chymru

Beth yw dyfodol cyflogaeth yng Nghymru?

Sut a pham y mae patrymau gwaith yn newid?

Mae technoleg yn cael effaith enfawr ar bob sector o'r economi. Mae **mecaneiddio**, sef defnyddio peiriannau yn lle llafur dynol, yn gyfrifol am ddiflaniad llawer o swyddi, yn enwedig yn y sector cynradd a'r sector gweithgynhyrchu. Ar yr un pryd, mae technoleg gyfrifiadurol a chyfathrebu newydd yn creu swyddi newydd mewn rhai diwydiannau gwasanaethu.

Newid arall yw globaleiddio diwydiant. Mae llawer o fusnesau yng Nghymru yn **gwmnïau amlwladol**. Mae'n bosibl y bydd ganddynt bencadlys yn Asia neu rywle arall yn Ewrop. Mae'n rhaid i gwmnïau amlwladol wneud elw. Mae'n bosibl y byddant yn cau ffatrïoedd yng Nghymru os ydynt yn meddwl bod modd gwneud eu cynnyrch yn rhatach yn rhywle arall. Maent yn tueddu i ddiogelu swyddi gwneud penderfyniadau a swyddi ymchwil, ac mae'r rhain wedi'u lleoli yn y wlad sy'n gartref i'r cwmni, nid dramor.

Maes cyflogaeth	% y Newid: 2001 i 2006
Amaethyddiaeth, hela, coedwigaeth a physgota	+1%
Mwyngloddio a chwarela	-38%
Gweithgynhyrchu	-18%
Egni a dŵr	-29%
Adeiladu	+24%
Dosbarthu (adwerthu, cyfanwerthu, gwerthu ac atgyweirio moduron)	+1%
Gwestai a thai bwyta	+9%
Cludiant, storio a chyfathrebu	-1%
Gweithgareddau cyllid a busnes	+28%
Gweinyddiaeth gyhoeddus	+14%
Addysg	+7%
Iechyd	+11%
Diwydiannau eraill	+21%
Pob diwydiant	**+7%**
Pob diwydiant cynhyrchu	**-18%**
Pob diwydiant gwasanaethu	**+11%**

Ffigur 10 Newidiadau yng nghyflogaeth Cymru, 2001 i 2006

Castell-nedd Port Talbot — Twf adwerthu ar y rhyngrwyd

Mae rhai o'r busnesau sy'n tyfu gyflymaf yn y byd yn gysylltiedig ag ehangu busnes ar y rhyngrwyd. Cwmni adwerthu ar y rhyngrwyd o America yw Amazon. Agorodd ei bedwaredd ganolfan ddosbarthu, a'r mwyaf (maint deg cae pêl-droed), yn y DU – Castell-nedd Port Talbot, Bae Abertawe – yn 2008 (gweler tudalen 101). Mae'r ganolfan hon yn cyflenwi llyfrau, nwyddau'r cartref a'r ardd, gemwaith, nwyddau chwaraeon a nwyddau electronig i 200 o wledydd.

Dewisodd Amazon y lleoliad hwn oherwydd bod y canlynol ar gael:

- darn mawr o dir, gwastad gyda chaniatâd cynllunio
- ffordd fynediad newydd a adeiladwyd gan Gyngor Castell-nedd Port Talbot
- amgylchedd lleol deniadol (Gŵyr)
- grant gan Lywodraeth Cynulliad Cymru.

Pan fydd cwmni amlwladol fel Amazon yn agor ffatri neu swyddfa newydd mae'n gallu cael effaith gadarnhaol ar bobl leol a'r economi lleol. Mae rhai swyddi'n cael eu creu gan y cwmni ei hun. Creodd y warws newydd ym Mae Abertawe 1,200 o swyddi

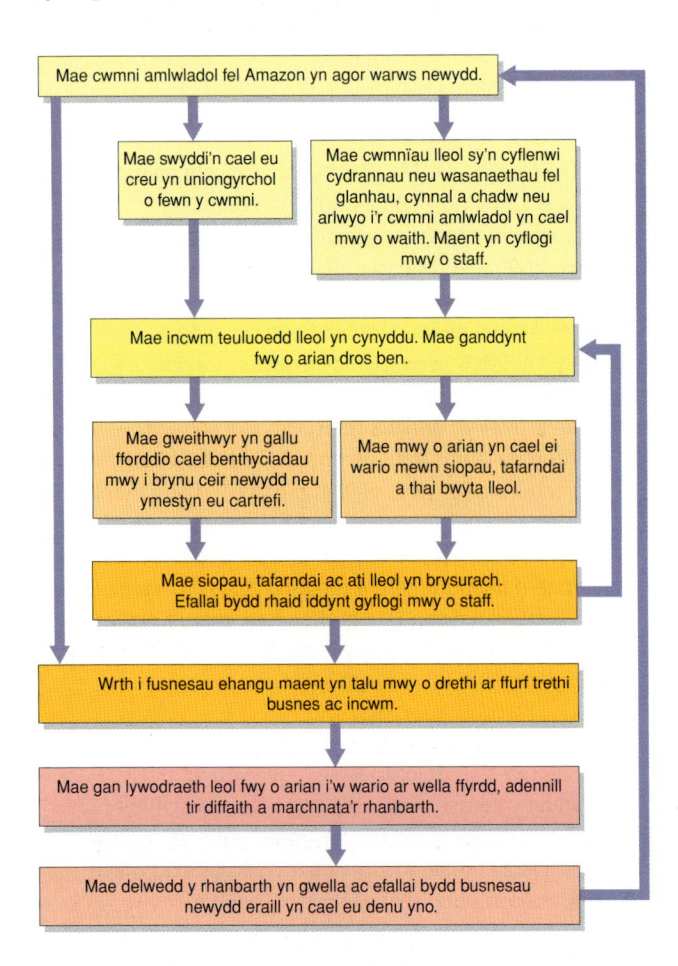

Ffigur 11 Yr effaith lluosydd cadarnhaol

Thema 12: Newid Economaidd a Chymru

amser llawn a 1,500 o swyddi tymhorol. Dyma fudd uniongyrchol y buddsoddiad a wnaed gan Amazon yn y DU. Gall y swyddi newydd helpu i greu gwaith ychwanegol ar gyfer busnesau lleol eraill. Mae'r gwaith ychwanegol hwn yn fudd anuniongyrchol o fuddsoddiad y cwmni amlwladol. Cyfeirir at y buddion hyn i'r economi lleol fel **effaith lluosydd cadarnhaol**.

Ffigur 12 Canolfan ddosbarthu Amazon

> Bydd Amazon yn dod â chyflogau a rhagolygon da i'r ardal gan gwmni sy'n ehangu ag iddo enw da.
>
> **Llefarydd Castell-nedd Port Talbot**

> Mae yna bryderon bod swyddi cyflog isel ac ansefydlog yn y sector gwasanaethu yn cymryd lle swyddi gweithgynhyrchu. Nid yw'r swyddi hyn yn gosod y sylfeini i bobl ifainc gyfrannu'n llawn at eu cymunedau.
>
> **Undeb Unite**

Ffigur 13 Safbwyntiau gwahanol ynglŷn â'r datblygiad

Gweithgaredd

1. **a)** Dewiswch a defnyddiwch dechneg addas i gynrychioli'r data yn Ffigur 10.
   b) Disgrifiwch y newidiadau yng nghyflogaeth yng Nghymru rhwng 2001 a 2006.

2. Gwnewch fraslun anodedig o leoliad canolfan ddosbarthu Amazon yn Ffigur 12.

3. Crynhowch fanteision y lluosydd cadarnhaol o dan y penawdau canlynol:
   Swyddi   Enillion   Gwario
   Delwedd y rhanbarth.

4. **a)** Amlinellwch brif fanteision ac anfanteision twf swyddi mewn uwchfarchnadoedd ac ym maes adwerthu ar-lein.
   b) A yw'r newid o swyddi gweithgynhyrchu i swyddi gwasanaethu yn beth da ai peidio? Rhowch resymau dros eich barn.

117

Thema 12: Newid Economaidd a Chymru

Merthyr Tudful — Newid i gyflogaeth ym Merthyr Tudful

Bu newidiadau mawr i gyflogaeth ym Merthyr Tudful. Sefydlwyd ffatri Hoover yn 1948 yn dilyn gostyngiad mewn swyddi gweithgynhyrchu 'trwm'. Y ffatri, a oedd yn cynhyrchu peiriannau golchi a pheiriannau sychu dillad, oedd prif gyflogwyr y dref, gan ddarparu 5,000 o swyddi tua diwedd yr ugeinfed ganrif. Cwmni amlwladol yw Hoover gyda'i bencadlys yn yr Eidal nawr. Caeodd ffatri Hoover yn 2009 a phenderfynwyd cynhyrchu peiriannau golchi yn Nhwrci yn lle Merthyr oherwydd costau is.

Wrth i'r swyddi yn Hoover ddiflannu, cafwyd newid o swyddi gweithgynhyrchu i swyddi yn y sector gwasanaethu. Mae'r cyflogwyr mwyaf ym Merthyr yn perthyn i'r sector gwasanaethu erbyn hyn: y cyngor lleol, y gwasanaeth iechyd, canolfan alwadau T-Mobile, y Cynulliad a Tesco. Wrth i natur cyflogaeth newid, mae angen ailhyfforddi pobl fel y gallant gael swyddi eraill. Darparodd Llywodraeth Cynulliad Cymru arian adfywio i ddatblygu sgiliau newydd a chreu swyddi newydd. Defnyddiwyd arian ym Merthyr i adeiladu canolfan hamdden, canolfan fenter, swyddfa Llywodraeth y Cynulliad a pharc adwerthu sy'n gartref i'r swyddi hyn yn y sector gwasanaethu.

Mae'n amlwg bod **dad-ddiwydiannu** trefi fel Merthyr yn arwain at ganlyniadau cymdeithasol mawr i bobl leol.

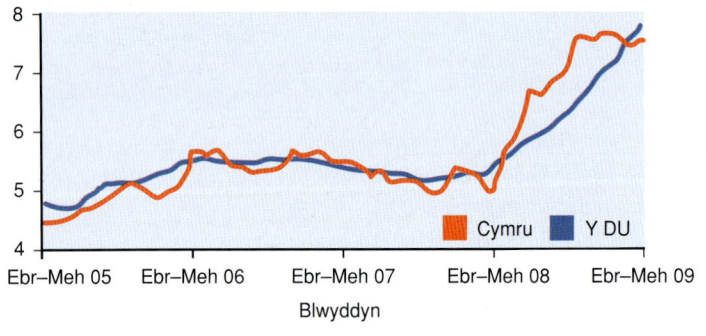

Gall colli swyddi olygu nad yw teuluoedd yn gallu fforddio ad-dalu eu morgeisi. Yn ystod dirwasgiad economaidd 2008-09, cynyddodd nifer y tai a adfeddiannwyd a chafwyd mwy o dlodi, yn enwedig yng nghymoedd y De.

Bu dau eithriad i ddad-ddiwydiannu ym Merthyr. Mae'r dref wedi'i dewis fel y safle gorau ar gyfer llosgydd newydd enfawr gwerth £400 miliwn a fyddai'n newid 750,000 tunnell fetrig o wastraff o Gymru bob blwyddyn i drydan, gan greu 500 o swyddi adeiladu a 100 o swyddi parhaol yn y diwydiant 'gwyrdd'.

Mae gwaith glo brig mawr wedi'i ailddatblygu yn agos i'r dref hefyd. Agorodd safle Ffos-y-frân yn 2007. Mae disgwyl iddo gynhyrchu 10 miliwn tunnell fetrig o lo dros ddwy flynedd ar bymtheg. Mae'r cwmni sy'n gyfrifol am y gwaith glo brig yn honni y byddant yn creu 200 o swyddi yn uniongyrchol ar y safle ac y bydd 400 o bobl eraill yn cael gwaith ychwanegol o ganlyniad i'r datblygiad. Fodd bynnag, nid yw pawb yn hapus. Mae rhai pobl leol yn pryderu am sŵn a llwch o'r safle, sydd mor agos â 40 m at dai mewn un man. Yn Awst 2009 sefydlwyd gwersyll gan wrthdystwyr ger y safle. Mae gwrthdystwyr newid hinsawdd yn dadlau mai carbon deuocsid o losgi glo yw un o brif achosion newid hinsawdd ac maent am weld y safle yn cau.

> www.millerargent.co.uk
> Mae'r wefan hon yn egluro manteision amgylcheddol a chymunedol safle glo brig Ffos-y-frân.

Ffigur 14 Newidiadau yn y gyfradd ddiweithdra, 2005-9

Ffigur 15 Barn y gweithwyr a gollodd eu swyddi yn Hoover

- Mae gennym ni weithlu medrus iawn yma. Rydym wedi cael ein taflu ar y domen.
- Gweithiodd fy nhad yng nghyfraith yma am 40 mlynedd a gweithiodd fy mam yma hefyd. Mae'r gweithwyr yn creu cymuned. Mae'n drist iawn.
- Roedd swyddi Hoover yn talu cyflog da. Mae llawer o swyddi yn yr uwchfarchnad yn rhan-amser ac yn llai diddorol.
- Rwy'n 58, a fyddaf yn cael swydd arall? Efallai na fydd pobl sy'n 50 hyd yn oed yn gallu dod o hyd i waith.

Gweithgaredd

1. a) Disgrifiwch sut y mae'r fframwaith cyflogaeth ym Merthyr Tudful yn newid.
   b) Awgrymwch ddau reswm gwahanol pam y mae patrymau gwaith ym Merthyr yn newid.
2. Eglurwch pam yr oedd gweithwyr ffatri Hoover yn anhapus eu bod yn colli eu swyddi.
3. a) Amlinellwch dair problem gymdeithasol wahanol a allai ddeillio o golli swyddi.
   b) Awgrymwch pam y darparodd Llywodraeth Cynulliad Cymru arian adfywio ar gyfer Merthyr.
4. Amlinellwch effeithiau cadarnhaol a negyddol safle glo brig Ffos-y-frân.
5. Ewch i wefan Ffos-y-frân. Mae'r wefan hon yn nodi safbwynt y datblygwr. Awgrymwch fanteision ac anfanteision y datblygiad hwn o dan y penawdau hyn:
   Effeithiau amgylcheddol
   Effeithiau cymdeithasol ac economaidd.

Thema 12: Newid Economaidd a Chymru

Gweithgaredd SGD: Y Wefan Dlodi

Defnyddio SGD i ymchwilio i safon byw

www.poverty.org.uk/summary/maps.shtml

Mae yna nifer cynyddol o atlasau ar-lein sy'n defnyddio Systemau Gwybodaeth Ddaearyddol (SGD) i ddangos data ar fapiau. Bydd SGD yn eich galluogi i ryngweithio â'r data: gallwch ddewis y data sydd o ddiddordeb i chi a'u dangos mewn map neu graff. Mae sgrinlun o atlas o'r fath yn cael ei ddangos isod. Mae'r atlas yn dangos dangosyddion safon byw fel cyflogau isel, diweithdra neu hawlwyr budd-daliadau a gasglwyd gan awdurdodau lleol yng Nghymru, Lloegr a'r Alban.

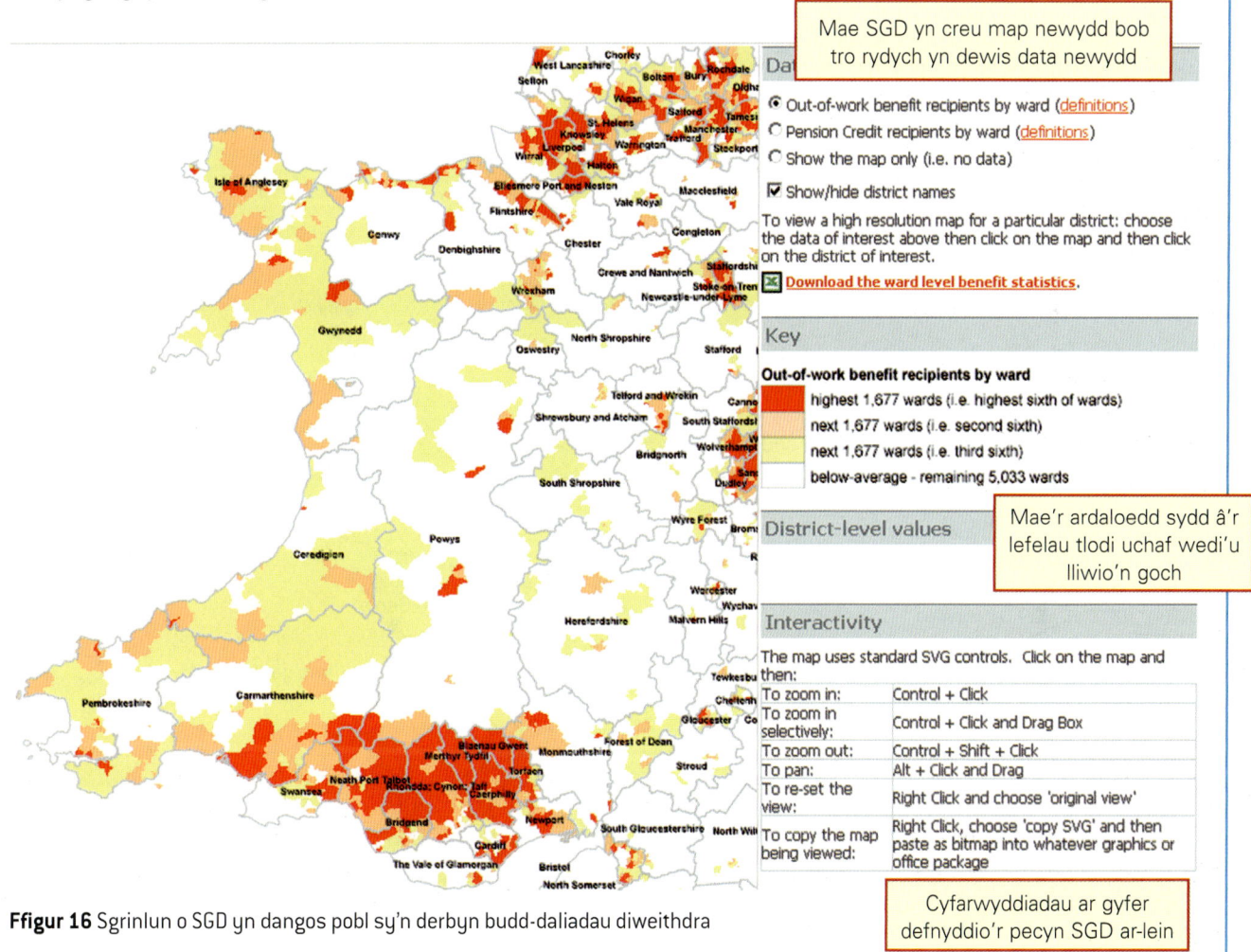

> Mae SGD yn creu map newydd bob tro rydych yn dewis data newydd

> Mae'r ardaloedd sydd â'r lefelau tlodi uchaf wedi'u lliwio'n goch

> Cyfarwyddiadau ar gyfer defnyddio'r pecyn SGD ar-lein

Ffigur 16 Sgrinlun o SGD yn dangos pobl sy'n derbyn budd-daliadau diweithdra

Gweithgaredd

1. Defnyddiwch Ffigur 16.
   a) Disgrifiwch ddosbarthiad yr ardaloedd sydd â'r nifer fwyaf o bobl sy'n derbyn budd-daliadau di-waith.
   b) Pa dystiolaeth sydd bod nifer y bobl ddi-waith yn uwch neu'n is mewn ardaloedd gwledig?

2. Defnyddiwch we-gyswllt y SGD i ymchwilio i batrymau ar gyfer pobl sy'n derbyn budd-daliadau, gweithwyr ar gyflogau isel a marwolaethau cynamserol yn eich ardal chi. Lluniwch adroddiad byr o dan y penawdau canlynol:
   Patrymau daearyddol yn y data
   Cysylltiadau posibl rhwng y data.

Thema 12: Newid Economaidd a Chymru

Sut a pham y mae ffermio yng Nghymru yn newid?

Mae llawer o ffermwyr yn credu bod ffermio da byw yn yr Ardal Lai Ffafriol bellach yn anghynaliadwy. Mae incwm ffermydd wedi gostwng oherwydd:

- y problemau yn sgil argyfwng clwy'r traed a'r genau
- mewnforion o gig oen rhad o Seland Newydd
- costau cynyddol porthiant, gwrtaith a thanwydd.

Mae hyn yn helpu i egluro pam y mae cymaint o ffermwyr wedi arallgyfeirio eu hincwm.

'Roedd ffermydd cig eidion a defaid yn dibynnu fwyfwy ar Daliad Sengl yr UE, felly penderfynwyd newid i gynhyrchu biodanwydd drwy dyfu rêp had olew sy'n cael ei brosesu ar y fferm.' Roedd hyn hefyd yn ymateb i newid hinsawdd a phrisiau tanwydd uwch. Mae yna dri pheiriant gwasgu mewn ysgubor gwair sydd wedi ei haddasu ac mae'r broses hefyd yn cynhyrchu cêc ar gyfer gwartheg.

Gwrthwynebodd ffermwyr lleol uwchfarchnad newydd gan gynnig rhywbeth arall – y Deli. 'Rydym eisiau cadw Pwllheli'n fyw a rhoi dewis i bobl brynu bwyd lleol o ansawdd. Mae'r siop hefyd yn gyfle i ymwelwyr a phobl sy'n byw yn y dref ddod i gysylltiad â ffermwyr a gallwn sôn ychydig am gefndir y bwyd.'

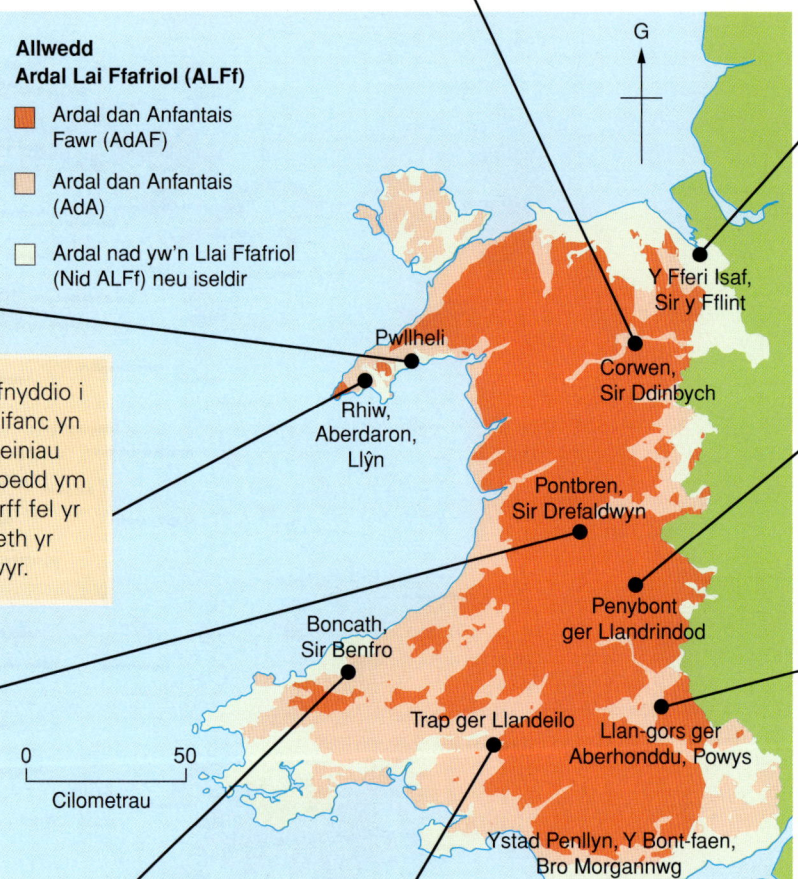

Mae hadau sy'n cael eu casglu'n lleol yn cael eu defnyddio i dyfu coed a llwyni brodorol Cymru. Mae planhigion ifanc yn cael eu darparu ar gyfer cynlluniau gwrychoedd, lleiniau cysgodi a chynlluniau plannu ymyl y ffordd a choetiroedd ym mhob cwr o Gymru. Ymysg y cwsmeriaid y mae cyrff fel yr Ymddiriedolaeth Genedlaethol, yr RSPB, Asiantaeth yr Amgylchedd, Cynghorau Sir, ysgolion a ffermwyr.

Rhwng 2001 a 2009, adferwyd 10 hectar o goetir drwy blannu 120,000 o goed newydd a 5 km o wrychoedd a thrwy sefydlu 2 hectar o wlyptiroedd a phyllau. Llwyddodd hyn i leihau llifogydd wrth i'r coed newydd amsugno dŵr. Gwellodd ansawdd yr afonydd ar gyfer pysgota. Mae'r coed yn gweithredu fel lleiniau cysgodi ar gyfer da byw, yn darparu cynefinoedd newydd ar gyfer bywyd gwyllt ac yn rhoi cyflenwad adnewyddadwy o fiomas, sy'n gallu cael ei dorri a'i ddefnyddio fel gwellt anifeiliaid neu fel coed tân. Mae'r coed yn amsugno carbon deuocsid o'r atmosffer.

Yn 2006 dechreuodd fferm laeth gynhyrchu diodydd Daioni, sef diodydd llaeth organig â blasau gwahanol. Yn 2009 roedd y busnes yn cyflogi 20 o bobl ac ymysg y cleientiaid roedd Undeb Rygbi Cymru a Chlwb Pêl-droed Chelsea.

Allwedd
Ardal Lai Ffafriol (ALFf)
- Ardal dan Anfantais Fawr (AdAF)
- Ardal dan Anfantais (AdA)
- Ardal nad yw'n Llai Ffafriol (Nid ALFf) neu iseldir

Lleoliadau ar y map:
- Y Fferi Isaf, Sir y Fflint
- Pwllheli
- Corwen, Sir Ddinbych
- Rhiw, Aberdaron, Llŷn
- Pontbren, Sir Drefaldwyn
- Penybont ger Llandrindod
- Boncath, Sir Benfro
- Llan-gors ger Aberhonddu, Powys
- Trap ger Llandeilo
- Ystad Penllyn, Y Bont-faen, Bro Morgannwg

Mae 40,000 o bobl y flwyddyn yn ymweld â Chastell Carreg Cennen a godwyd yn y drydedd ganrif ar ddeg. Mae 60,000 arall yn ymweld ag ystafell de'r fferm. Mae'r castell a'r fferm yn cyflogi 22 o weithwyr rhan amser. Roedd gaeaf 2008/9 yn dda, wrth i'r bunt wan ddenu llawer o ymwelwyr o Ewrop. Mae siop y fferm yn gwerthu cig eidion i'r rhewgell o'r fuches Longhorn wych. 'Rydym wedi lleihau faint o ddefaid sydd gennym. Roeddem bob tro yn gwneud ceisiadau am gymhorthdal o'r blaen.'

Ffigur 17 Enghreifftiau o arallgyfeirio ar ffermydd yng Nghymru

Thema 12: Newid Economaidd a Chymru

Mae cennin yn cael eu tyfu ar gyfer y Really Welsh Trading Company sydd hefyd yn rhentu tir oddi wrth ffermwyr i dyfu blodfresych a chennin Pedr yn y De. Mae'r cynnyrch yn cael ei bacio yn y cae, gyda gweddillion a chynnyrch anfoddhaol yn cael eu compostio yn ôl i'r pridd, gan leihau costau cludiant a llygredd. Sefydlwyd y cwmni yn 2005 gan ffermwr a oedd wedi cael llond bol ar dyfu cnydau i bobl eraill a fyddai wedyn yn rhoi eu brand eu hunain arnynt. Penderfynodd y ffermwr lansio ei frand ei hun, cynllunio ei ddefnydd pacio ei hun a gwerthu'n uniongyrchol i uwchfarchnadoedd lleol.

Man cychwyn y busnes oedd prynu peiriant torri gwrychoedd ar gyfer y tractor ac ennill contractau i dorri gwair ger y priffyrdd a'r traffyrdd. Ehangodd y busnes drwy gyflogi sawl mab fferm lleol i wneud: gwaith cynnal a chadw amgylcheddol ar gyfer Powys; gwaith coed, ffensio a rheoli chwyn ar gyfer Asiantaeth y Priffyrdd; gwaith carthu ar gyfer Asiantaeth yr Amgylchedd; clwydi a physt i ddangos hawliau tramwy ag arwyddion.

Newidiwyd fferm cig eidion a merlota drwy addasu ysguboriau yn heriau dringo creigiau, abseilio ac ogofa. Yn yr awyr agored mae yna gwrs rhwystrau, cwrs sgramblo a SkyTrek - system gleidio gyflym. Gall pobl wersylla neu aros yn y ffermdy.

Gweithgaredd

1 Astudiwch Ffigur 17.
   a) Gwnewch dabl tebyg i hwn:

Arallgyfeirio gan ffermydd			
Cynlluniau nad ydynt yn gysylltiedig â ffermio	Cynlluniau sy'n deillio o newidiadau yn y galw am fwyd	Cynlluniau i wella cefn gwlad	Cynlluniau sy'n ceisio gwella pryderon amgylcheddol byd-eang

   b) Defnyddiwch yr enghreifftiau o amgylch y map i lenwi'r colofnau gydag enghreifftiau priodol.

2 Ewch i www.reallywelsh.com. Disgrifiwch y cwmni ffermio hwn o Gymru. Beth yw'r rheswm dros ei lwyddiant yn eich barn chi?

3 Pa batrymau arallgyfeirio/newid sydd i'w gweld ar ffermydd yn eich ardal chi? Cysylltwch â ffermwyr lleol neu edrychwch ar y we. Dyma rai gwefannau posibl: Adran newyddion ffermio papur newydd y *Western Mail*:
www.walesonline.co.uk/countryside-farming-news
www.farmersguardian.com

Mae mentrau arallgyfeirio yn cynnwys: pysgota â phlu, gemau saethu peli paent, prosesu coed, cennin Pedr ar gyfer meddyginiaethau, miscanthus (gwair eliffant) ar gyfer biodanwydd, gwastraff gwyrdd (toriadau gwair a gwrychoedd a choed Nadolig) gan y cyngor yn cael eu hailgylchu ar gyfer compostio.
Dad-ddwysáu (ffermio llai dwys) gyda chynllun Tir Gofal.

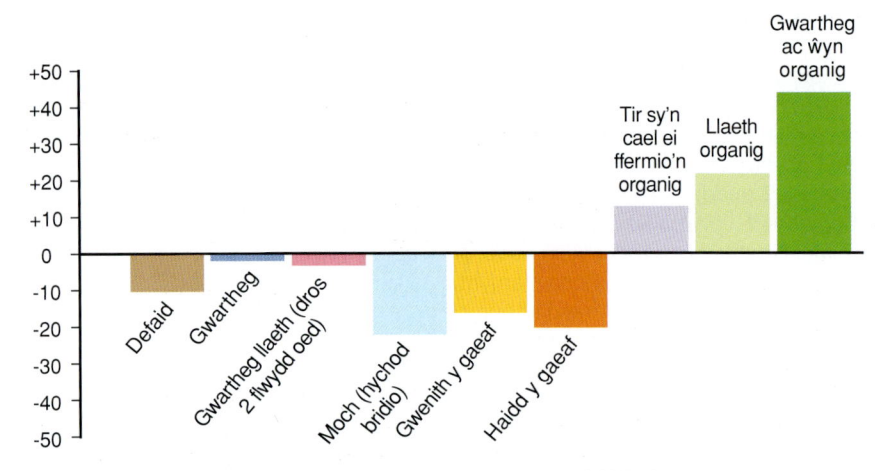

Thema 12: Newid Economaidd a Chymru

Ffigur 18 Newidiadau yn y mathau o ffermio yng Nghymru, 2007–8

Gweithgaredd

1 Defnyddiwch Ffigur 18 i ddisgrifio'r newidiadau i'r mathau o ffermio yng Nghymru 2007–8.

Sut y mae newid mewn cyflogaeth yn effeithio ar gymdeithas wledig?

Mae'r newidiadau i gyflogaeth wledig yn arwain at nifer o ganlyniadau cymdeithasol. Nid yw rhai pobl ifanc eisiau gweithio ar y fferm deuluol. Maent yn symud i ffwrdd i gael swydd yn y ddinas. Oherwydd hynny mae poblogaeth yr ardaloedd gwledig yn heneiddio. Gan fod llai o deuluoedd mae yna lai o alw am wasanaethau cymunedol fel siopau pentref, swyddfeydd post, tafarndai a gwasanaethau bws, felly maent yn gorfod cau.

Gall economi gwledig sy'n dirywio arwain at arwahanrwydd ac unigrwydd. Os yw poblogaethau gwledig yn mynd yn rhy fach, mae gwasanaethau hanfodol fel ysgolion a meddygfeydd yn mynd yn llai effeithlon ac yn ddrud i'w cynnal. Os yw meddygfa yn cau, mae pobl leol yn darganfod eu bod yn bellach i ffwrdd o wasanaethau gofal iechyd. Gallai cymunedau gwledig ddod yn anghynaliadwy ac ni fydd dyfodol iddynt.

Mae prinder **tai fforddiadwy** mewn ardaloedd gwledig yn cael ei gysylltu'n aml â gwerthu tai gwledig fel ail gartrefi neu dai haf. Pan fydd tŷ gwledig yn cael ei werthu fel ail gartref i'w ddefnyddio ar y penwythnos neu yn ystod gwyliau, mae'r effeithiau yn cynnwys:

1 Un tŷ yn llai ar gael i bobl leol. Mae galw cynyddol am gartrefi gwledig yn codi prisiau tai yng nghefn gwlad.
2 Hyd yn oed mwy o wasanaethau pentref yn debygol o gau. Gall perchenogion ail gartrefi dreulio ychydig o wythnosau yn unig yn y pentref bob blwyddyn, felly nid ydynt yn defnyddio llawer ar wasanaethau lleol.
3 Gall y diwylliant Cymreig wanhau wrth i deuluoedd sy'n siarad Cymraeg adael ardaloedd gwledig a phobl o ardaloedd trefol gymryd eu lle.

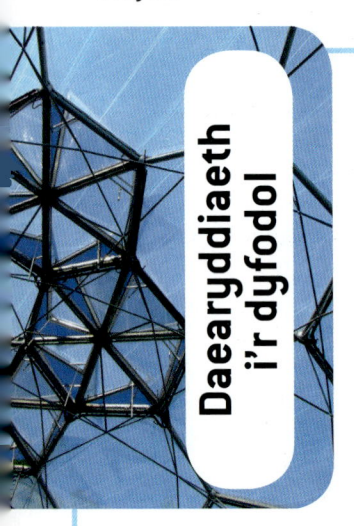

Daearyddiaeth i'r dyfodol

Cynllun Datblygu Gwledig Cymru 2007 i 2013

Dyma gynllun Llywodraeth Cynulliad Cymru sy'n cael ei gefnogi gan arian yr Undeb Ewropeaidd i geisio lleihau nifer y bobl sy'n gadael ardaloedd gwledig Cymru. Bydd bron i £800 miliwn (£600 miliwn gan Lywodraeth Cynulliad Cymru a £195 miliwn gan yr UE) yn cael ei fuddsoddi mewn ffermio, coedwigaeth a chymunedau gwledig Cymru. Bydd yr arian yn cael ei wario ar:

- Cyswllt Ffermio – cynllun ar y rhyngrwyd sy'n darparu cyngor ar 'ychwanegu gwerth at gynnyrch ffermydd Cymru'.
- Ehangu cynlluniau amaeth-amgylcheddol sydd o fudd i fywyd gwyllt, cymeriad ardal wledig, yr amgylchedd hanesyddol, gwell mynediad cyhoeddus, cynlluniau organig fel Tir Gofal, Tir Cynnal, Tir Mynydd – cynllun cymorth ar gyfer yr 'Ardaloedd Llai Ffafriol'.
- Cynorthwyo â'r gwaith o arallgyfeirio'r economi gwledig, datblygu busnesau a gwella ansawdd bywyd mewn ardaloedd gwledig. Un ffordd o roi cymorth yw gwella cyswllt band llydan fel bod mwy o bobl yn gallu gweithio o'u cartrefi, gan annog pobl i fyw mewn ardaloedd gwledig.

Thema 12: Newid Economaidd a Chymru

Pe bai'r mesurau i wella ffermio yng Nghymru yn aflwyddiannus, dyma fyddai'r effaith:

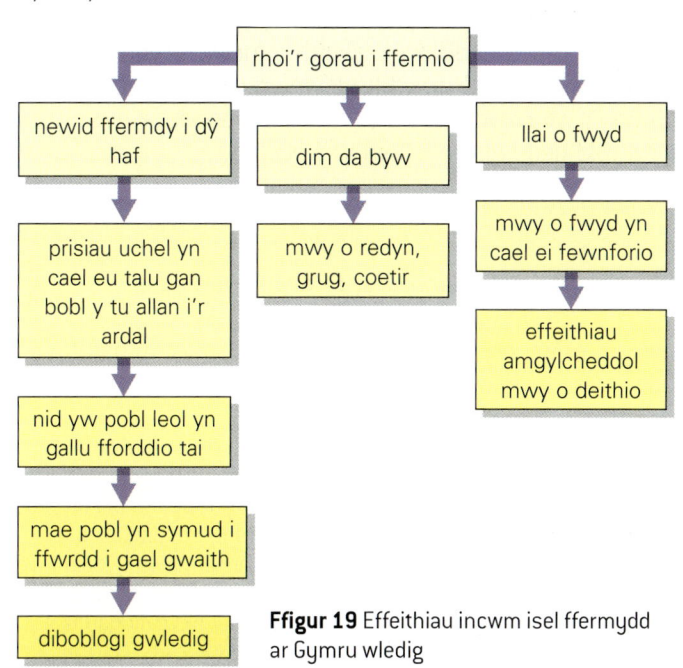

```
                    rhoi'r gorau i ffermio
                    ↓           ↓           ↓
    newid ffermdy i dŷ haf   dim da byw   llai o fwyd
           ↓                     ↓              ↓
    prisiau uchel yn       mwy o redyn,    mwy o fwyd yn
    cael eu talu gan       grug, coetir    cael ei fewnforio
    bobl y tu allan i'r                         ↓
    ardal                                  effeithiau
           ↓                               amgylcheddol
    nid yw pobl leol yn                    mwy o deithio
    gallu fforddio tai
           ↓
    mae pobl yn symud i
    ffwrdd i gael gwaith
           ↓
    diboblogi gwledig
```

Ffigur 19 Effeithiau incwm isel ffermydd ar Gymru wledig

Gweithgaredd

2 Defnyddiwch Ffigur 19 i amlinellu effeithiau natur newidiol ffermio yng Nghymru o dan y penawdau canlynol:
Effeithiau cymdeithasol ar bobl leol
Effeithiau ar yr amgylchedd.

3 Darllenwch dudalen 122 a disgrifiwch effeithiau gwerthu tai gwledig i ymwelwyr.

4 Defnyddiwch y wefan www.homes4locals.com/index.html i ymchwilio i'r safbwyntiau cryf ar sut y dylid amddiffyn cymunedau gwledig yng Nghymru rhag newidiadau pellach.
  a) Defnyddiwch y wefan i amlinellu:
  - achos y broblem
  - yr hyn y mae'r garfan bwyso yn credu y mae angen ei wneud.
  b) A ydych chi'n cytuno â'r safbwynt hwn? Nodwch eich rhesymau.

Gweithgaredd SGD: Ystadegau Gwladol

Defnyddio gwefan Ystadegau Gwladol i ymchwilio i strwythur poblogaeth

www.statistics.gov.uk/census2001/pyramids/pages/W.asp

Gwefan swyddogol llywodraeth y DU ar gyfer Cyfrifiad y DU yw'r wefan Ystadegau Gwladol. Mae'r data yn cynnwys data poblogaeth o bob math a gallwch weld pyramidiau poblogaeth ar gyfer sawl rhanbarth o'r DU. Bydd y cyswllt uchod yn mynd â chi i'r sgrin a ddangosir yn Ffigur 20. Cliciwch ar un o'r cysylltau yn y rhestr o wledydd neu ranbarthau o Loegr i weld pyramidiau ar gyfer rhannau eraill o'r DU.

Ffigur 20 Sgrinlun yn dangos y pyramid poblogaeth ar gyfer Gwynedd. Wrth glicio ar y cysylltau gallwch weld pyramid newydd ar gyfer pob awdurdod lleol yng Nghymru.

Gweithgaredd

1 a) Cymharwch byramid poblogaeth Gwynedd (a ddangosir gan y barrau) â chyfartaledd y DU.
  b) Awgrymwch resymau dros y prinder pobl yng ngrŵp oedran 25-45.

2 Defnyddiwch byramidiau poblogaeth ar y wefan Ystadegau Gwladol i ymchwilio i strwythur y boblogaeth mewn amrywiaeth o awdurdodau Cymru. Ymchwiliwch i'r cwestiynau canlynol:
  a) A oes mwy o bobl sydd wedi ymddeol mewn ardaloedd arfordirol?
  b) A oes llai o oedolion ifainc mewn awdurdodau gwledig?

3 Awgrymwch gwestiwn arall y gallech ymchwilio iddo drwy ddefnyddio'r pyramidiau poblogaeth hyn.

Thema 12: Newid Economaidd a Chymru

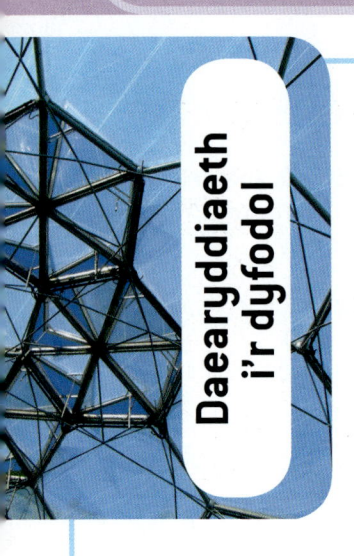

Daearyddiaeth i'r dyfodol

Swyddi'r dyfodol yng Nghymru

Mae'r byd gwaith yn newid yn gyflym. Mae'r llywodraeth yn credu y bydd cymaint â saith o bob deg o blant sy'n dechrau yn yr ysgol gynradd heddiw yn gweithio mewn swyddi sydd heb eu dyfeisio eto! Anhygoel? Meddyliwch am rai o'r swyddi rydym yn eu cymryd yn ganiataol heddiw. Er enghraifft, wrth bori'r we rydych yn edrych ar dudalennau a ddyluniwyd gan ddylunwyr gwe: swydd nad oedd yn bodoli yn yr 1980au.

Yn y dyfodol mae Llywodraeth Cynulliad Cymru yn disgwyl twf 'swyddi gwyrdd'. Mae'r swyddi hyn yn cynnwys:

- darganfod ffyrdd o leihau olion traed carbon diwydiannau sydd eisoes yn bodoli
- ymchwilio i egni adnewyddadwy
- newid gwastraff i gynhyrchion newydd, er enghraifft ailgylchu gwastraff plastig, cardbord a dur o brosesau gweithgynhyrchu.

> Mae'n rhaid i ni ganolbwyntio ar weithgynhyrchu. Mae'n amhosibl i economi greu digon o arian ar gyfer teuluoedd a gwasanaethau cyhoeddus os nad yw'n cynhyrchu nwyddau. Mae'n rhaid i ni ddatblygu cyfeiriad ar gyfer y sector gweithgynhyrchu dros y deng mlynedd nesaf. Mae'n rhaid i ni wneud mwy i annog pobl i greu busnesau newydd yng Nghymru yn ogystal â denu buddsoddiad. Mae'n bwysig nodi pa sgiliau y bydd eu hangen yn y byd dros y deng mlynedd nesaf. Mae'n rhaid i ni edrych ar sgiliau ar gyfer y dyfodol, bod un cam ar y blaen. Mae angen i ni greu system addysg sy'n gallu gwella'r sgiliau hynny. Rydym angen swyddi sy'n seiliedig ar sgiliau uchel nid cyflogau isel.
>
> Mae'n rhaid i ni geisio datblygu swyddi gwyrdd. Gallwn wneud hyn. Mae gennym glwstwr cell danwydd hydrogen yn barod. Mae'n rhaid i ni sicrhau bod pawb yn gallu gweld y cyfleoedd sy'n cael eu cynnig gan y technolegau newydd. Mae swyddi gwyrdd yn swyddi cynaliadwy. Mae dulliau newydd o gynhyrchu pŵer yn creu cyfleoedd newydd i greu swyddi.

Ffigur 21 Carwyn Jones, Prif Weinidog Cymru, yn siarad yn 2009

Swyddi gwyrdd yng Nghymru

Mae newidiadau gwyrdd wedi'u gwneud gan Corus yng ngwaith dur Port Talbot er mwyn lleihau faint o egni y mae'n ei ddefnyddio. Mae allyriadau carbon deuocsid wedi'u lleihau hefyd drwy ailddefnyddio nwy sy'n cael ei gynhyrchu y tu mewn i'r gwaith.

Mae cwmni Sharp yn Wrecsam yn cynhyrchu modiwlau solar ar gyfer y farchnad Ewropeaidd.

Yn 2008, buddsoddodd cwmni Ford £70 miliwn yn ei waith peiriannau ym Mhen-y-bont ar Ogwr er mwyn cynhyrchu cenhedlaeth newydd o beiriannau petrol a fydd yn defnyddio tanwydd hyd at 20 y cant yn fwy effeithlon ac yn lleihau allyriadau carbon 15 y cant. Helpodd hyn i ddiogelu dyfodol y ffatri ar gyfer y 2,000 o weithwyr.

Sims, Casnewydd, yw'r gwaith ailgylchu metel mwyaf yn y DU. Agorodd uned yn prosesu gwastraff o gyfarpar trydanol ac electronig yn 2009. Mae cyfrifiaduron a chyfarpar cyfrifiadurol nad oes modd eu hailddefnyddio yn cael eu hailbrosesu hefyd drwy wahanu copr, alwminiwm a phlastig sy'n cael eu gwerthu ymlaen. Mae'r cyfleuster wedi'i adeiladu ger cyfleuster rhwygo ac ailgylchu oergelloedd cyfredol Sims yn ardal dociau de'r ddinas. Mae metel sgrap yn cael ei gludo ar y rheilffordd o 29 safle yn y DU i beiriant rhwygo enfawr sy'n gallu prosesu 450 o geir sydd wedi cyrraedd diwedd eu hoes bob awr.

Ffigur 22 Enghreifftiau o swyddi gwyrdd yng Nghymru

Gweithgaredd

1. Awgrymwch pam y mae Prif Weinidog Cymru yn meddwl:
   a) y bydd angen swyddi gweithgynhyrchu ar Gymru yn y dyfodol
   b) bod sgiliau lefel uchel yn bwysicach na chyflogau isel.

2. Trafodwch y mathau o swyddi yr hoffech chi eu gweld yn cael eu datblygu yng Nghymru. Amlinellwch y mathau o hyfforddiant/sgiliau a allai fod eu hangen ar gyfer y swyddi hyn.

3. Defnyddiwch Ffigur 22 a'r rhyngrwyd i ymchwilio i swyddi gwyrdd. Lluniwch astudiaeth achos o un cyflogwr (mawr neu fach) sy'n creu dyfodol mwy gwyrdd.

Thema 12: Newid Economaidd a Chymru

Pa newidiadau sy'n debygol o ddigwydd yng nghyflenwad egni a'r galw amdano yng Nghymru?

Sut y mae Cymru yn cyflenwi ei hanghenion egni presennol?

Rydym angen egni i oleuo a gwresogi ein cartrefi, ein hysgolion a'n swyddfeydd ac i bweru ein ffatrïoedd. Rydym angen egni ar gyfer cludiant hefyd. Oherwydd natur anghysbell llawer o ardaloedd gwledig, dim ond 44 y cant o gartrefi yng Nghymru sy'n cael gwres o'r prif gyflenwad nwy. Mae'n hanfodol cynhyrchu trydan felly. Mae Cymru yn cynhyrchu'r rhan fwyaf o'i hegni trydanol drwy losgi **tanwydd ffosil**. Mae canran llai o lawer yn dod o ffynonellau adnewyddadwy. Fodd bynnag, mae amgylchedd ffisegol Cymru, â'i mynyddoedd a'i hafonydd, a morlin sydd ag amrediad llanw mawr, yn ei gwneud yn addas i ddatblygu sawl math o egni adnewyddadwy ymhellach, gan gynnwys egni gwynt, dŵr, llanw a thonnau.

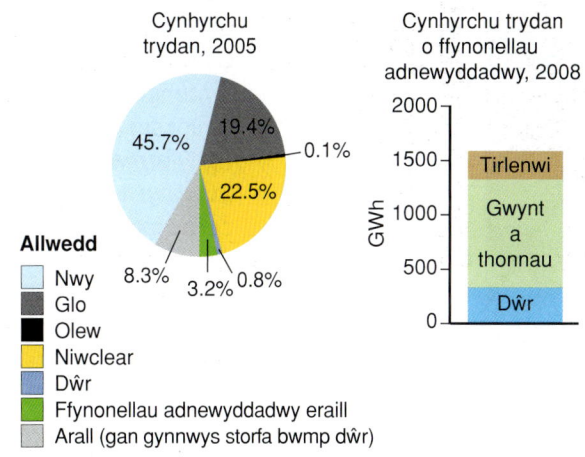

Ffigur 23 Cynhyrchu trydan yng Nghymru

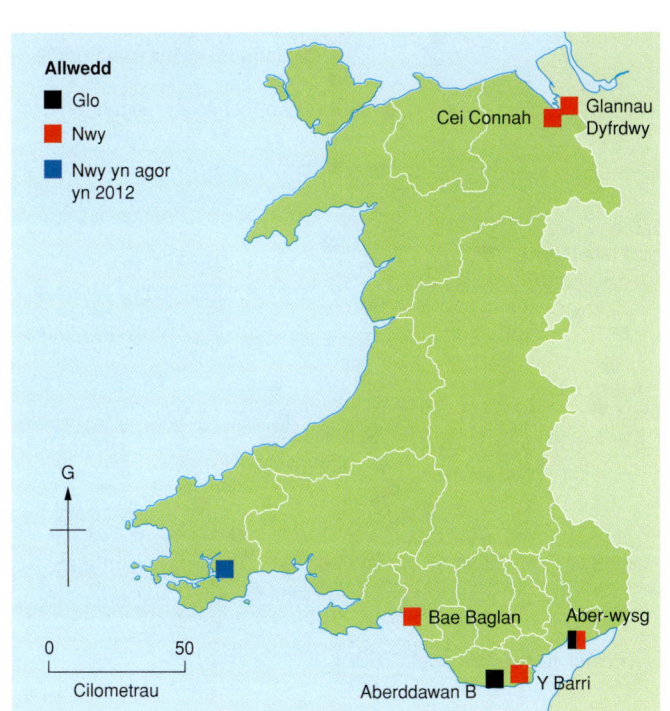

Ffigur 24 Lleoliad gorsafoedd trydan glo a nwy yng Nghymru, 2010

Ffigur 25 Egni yn y DU

a Newid yn y galw, 1998-2008 [100,000 o dunelli metrig cywerth ag olew]

	1998	2004	2008
Cyfanswm y galw	169.0	172.0	165.0
Haearn a dur	4.0	1.7	1.7
Diwydiannau eraill	30.5	31.3	28.6
Cludiant	53.8	57.7	58.2
Domestig	46.1	48.6	45.9
Masnachol	9.7	10.0	9.8
Arall	21.5	20.3	19.3

b Defnydd o egni yn 2008 [%] o gymharu â 2007

Cyfanswm	−0.5
Sector domestig	+3.1
Sector diwydiannol	−3.3
Sector gwasanaethu	+2.4
Sector cludiant	−2.2

Gweithgaredd

1 Defnyddiwch Ffigur 23.
   a) Beth oedd cyfanswm cyfraniad ffynonellau adnewyddadwy at y cyflenwad trydan yn 2005?
   b) Disgrifiwch lefelau gwahanol cyfraniad pob un o'r ffynonellau adnewyddadwy yn 2008.

2 a) Disgrifiwch ddosbarthiad gorsafoedd trydan glo a nwy yng Nghymru fel y dangosir yn Ffigur 24.
   b) Ymchwiliwch i effeithiau cadarnhaol a negyddol yr orsaf a phiblinell nwy hylifedig naturiol.

3 Astudiwch Ffigur 25.
   a) Pa ddefnyddiau o egni sy'n ehangu? Pa ddefnyddiau sy'n lleihau?
   b) Disgrifiwch y tueddiadau sy'n cael eu dangos. Awgrymwch pam y lleihaodd cyfanswm y galw am egni yn ystod y cyfnod 2004–8.

4 Pam y mae Cymru'n addas ar gyfer cynhyrchu egni adnewyddadwy (gwynt, llanw, tonnau, dŵr) mor agos â phosibl at y defnyddiwr?

Thema 12: Newid Economaidd a Chymru

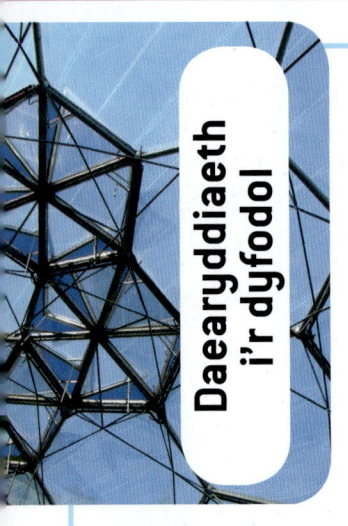

Daearyddiaeth i'r dyfodol

Ffynonellau egni adnewyddadwy'r dyfodol yng Nghymru

Mae llosgi glo, nwy ac olew yn cynhyrchu carbon deuocsid, un o'r prif nwyon tŷ gwydr. Er mwyn lleihau allyriadau carbon deuocsid, mae Llywodraeth Cynulliad Cymru wedi gosod targedau i sicrhau bod mwy o egni yn cael ei gynhyrchu o ffynonellau adnewyddadwy yng Nghymru. Byddai hyn yn lleihau'r allyriadau carbon deuocsid yn sgil cynhyrchu egni. Y targed yw gostyngiad o 3 y cant yng nghyfanswm allyriadau nwyon tŷ gwydr bob blwyddyn o 2011 ymlaen. Targed 2020 yr UE yw sicrhau bod 20 y cant o ofynion egni (trydan, gwres a thanwydd cerbydau) yn dod o ffynonellau adnewyddadwy. Darllenwch yr awgrymiadau ar y tudalennau hyn i weld sut y gallai Cymru gael dyfodol carbon isel, mwy gwyrdd.

	Allyriadau carbon deuocsid
Cynhyrchu trydan (o nwy a glo)	4.0
Defnyddiau egni eraill (e.e. nwy ar gyfer gwresogi, petrol a diesel ar gyfer cludiant)	5.5
Allyriadau nad ydynt yn gysylltiedig ag egni (gan gynnwys amaethyddiaeth a rheoli gwastraff)	2.5
Cyfanswm	12.0

Ffigur 26 Allyriadau carbon deuocsid ar gyfer Cymru 2007 [Tunelli metrig o garbon (MtC) o nwyon tŷ gwydr y flwyddyn]

Egni biomas

Mae Cymru yn bwriadu cynyddu'r defnydd o **fiomas** ar gyfer egni. Bydd yn gwneud hyn drwy blannu mwy o goedwigoedd a chnydau egni (helygen) neu weiriau egni (miscanthus). Fodd bynnag, byddai gormod o ddatblygu yn golygu bod llai o dir ar gael at ddibenion amaethyddol eraill.

Mae gwaith papur Shotton a datblygiad 'Prenergy' gwerth £400 miliwn ym Mhort Talbot yn enghreifftiau o ddiwydiannau sy'n defnyddio biomas.

Pŵer trydan dŵr

Yn 2005 cynhyrchodd y cynlluniau storfa bwmp dŵr yn Ninorwig a Blaenau Ffestiniog tua 85 y cant o **drydan dŵr** Cymru. Nid yw'n bosibl datblygu llawer o bŵer dŵr newydd yng Nghymru oherwydd bod y rhan fwyaf o safleoedd addas eisoes yn cael eu defnyddio. Fodd bynnag, mae cynlluniau dŵr llai yn cael eu datblygu fel projectau cymunedol, er enghraifft yn Aber o dan Gronfa Ddŵr Tal-y-bont ym Mannau Brycheiniog.

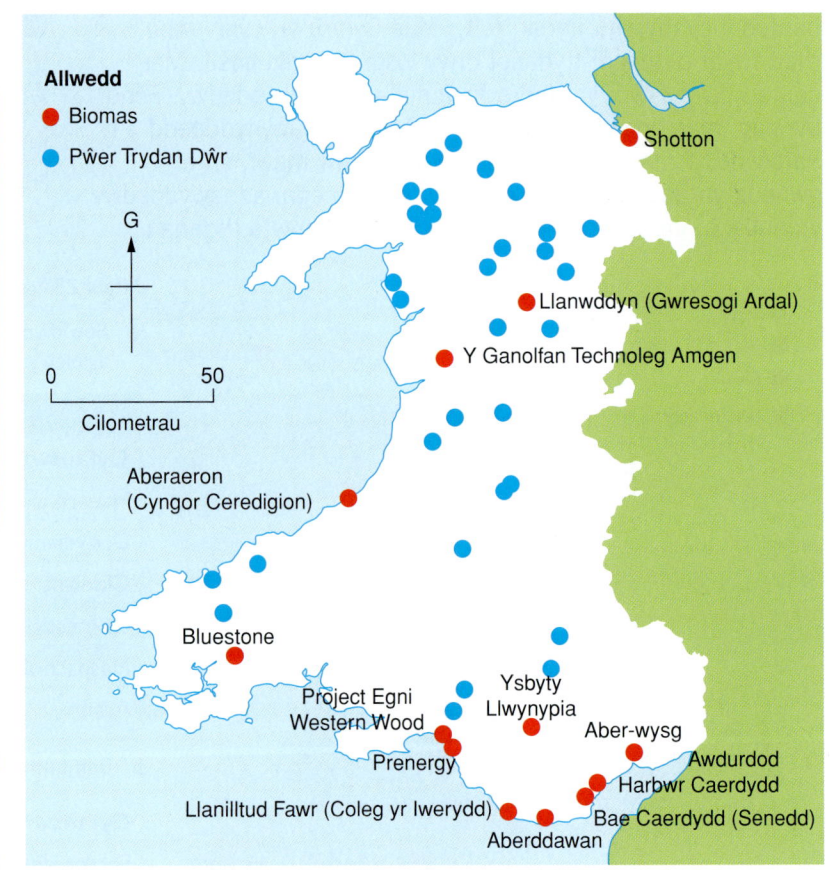

Ffigur 27 Biomas a Phŵer Trydan Dŵr (data 2007)

Egni o wastraff

Wrth i safleoedd tirlenwi gael eu llenwi, mae busnesau yn gorfod talu costau mawr i waredu eu gwastraff. Yn lle hynny, mae llosgyddion mawr wedi'u datblygu i greu egni o wastraff. Yn 2009, roedd cwmni o America o'r enw Covanta Energy eisiau adeiladu llosgydd gwerth £400 miliwn ym Merthyr Tudful i newid 0.75 miliwn o dunelli metrig o wastraff y flwyddyn yn drydan ar gyfer 180,000 o gartrefi.

Thema 12: Newid Economaidd a Chymru

Y Môr

Mae gan Gymru botensial mawr i fanteisio ar bŵer y môr. Awgrymir y gallai mwy na hanner y defnydd presennol o drydan ddod o brojectau llanw a thonnau erbyn 2025. Mae projectau posibl yn cynnwys: Bared Hafren a allai gyflenwi 5 y cant o drydan y DU; safleoedd project llif llanw E.ON/Lunar a phroject pŵer tonnau Wave Dragon oddi ar Sir Benfro; llif llanw Ynys Môn; a lagwnau llanw'r Rhyl; Hafren Uchaf.

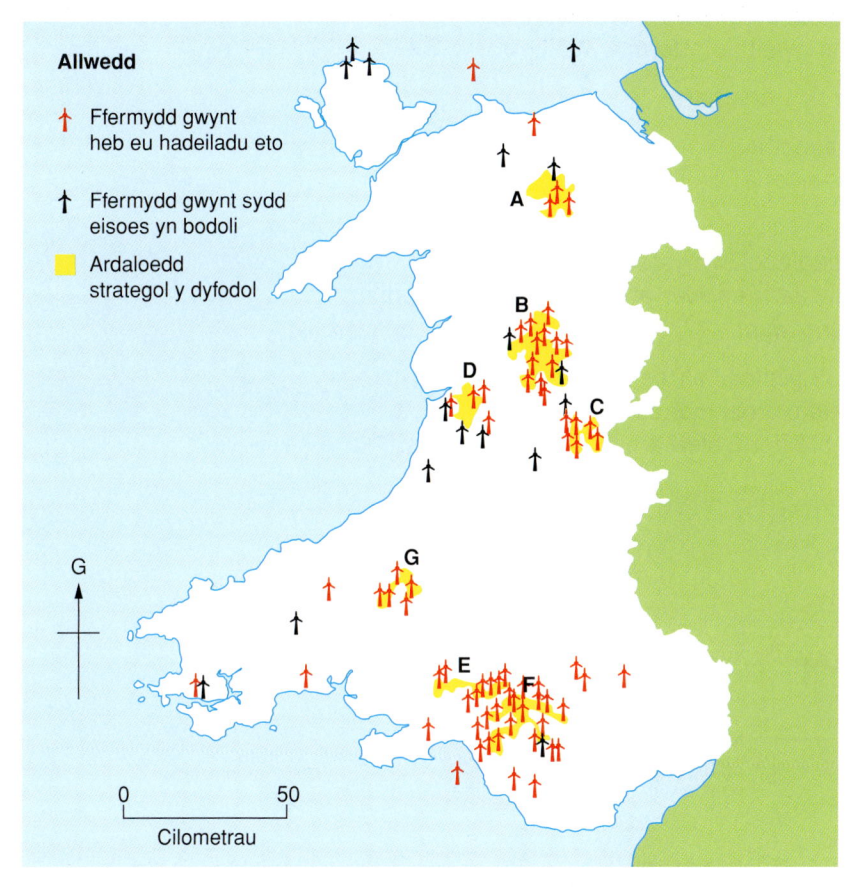

Ffigur 28 Ffermydd gwynt (data 2007)

Gwynt

Yn 2009, cynhyrchwyd 300 MW gan dyrbinau gwynt atraeth a 60 MW gan un fferm wynt alltraeth yng Ngogledd Hoyle. Mae hynny'n ddigon i gyflenwi tua 33,500 o gartrefi. Mae'r rhan fwyaf o ffermydd gwynt yng Nghymru yn fach, gyda llai na deg tyrbin yr un, ond mae yna ugain o safleoedd mwy sy'n cynhyrchu digon o drydan yr un i gyflenwi mwy na 1,000 o gartrefi.

Yn 2007, nodwyd saith ardal o Gymru fel y lleoliadau mwyaf addas ar gyfer ffermydd gwynt mawr (gweler Ffigur 28). Os yw pob un o'r projectau hyn yn mynd rhagddynt, gallai ffermydd gwynt gyflenwi bron i draean o'r trydan sydd ei angen ar Gymru erbyn 2015. Byddai cynigion i adeiladu dwy fferm wynt fawr alltraeth – fferm 750 MW ger Abergele yn y Gogledd a fferm 1,500 MW ym Môr Hafren – yn cyflenwi bron i un rhan o chwech o ofynion egni Cymru.

Datblygu ffynonellau egni eraill

Mae gwaith ymchwil a datblygu ar baneli solar a chelloedd trydan ffotofoltaidd solar yng Ngogledd Ddwyrain Cymru yn helpu i leihau cost uchel egni solar. Mae technoleg newydd ar gyfer gorsafoedd trydan sydd eisoes yn bodoli hefyd yn cael ei datblygu, er enghraifft cynllun dal carbon npower gwerth £8 miliwn yng ngorsaf drydan Aberddawan B yn Ne Cymru a ddechreuodd yn 2008.

Gweithgaredd

1. Darllenwch y datganiadau canlynol:

   'Mae'n rhaid i ni yn awr ystyried, mewn ffordd radical, y dewisiadau a'r adnoddau sydd ar gael i ni ...'

   'Bydd eich ymatebion yn ein galluogi i baratoi ... cynllun gweithredu yn ogystal â llywio ein gwaith ehangach ar newid hinsawdd ac egni.'
   Llywodraeth Cynulliad Cymru 2008

2. Defnyddiwch y wybodaeth ar y ddwy dudalen hyn ac ar dudalennau 128-132 i ysgrifennu at y Gweinidog Egni mewn ymateb i'r ymgynghoriad hwn. Rhowch eich barn ar y ffynonellau egni y mae angen eu defnyddio yn y dyfodol.
   a) Dylech ddechrau eich llythyr drwy grynhoi manteision ac anfanteision ffynonellau egni adnewyddadwy ac anadnewyddadwy.
   b) Nodwch dargedau'r llywodraeth.
   c) Yn eich barn chi, pa fath(au) o ffynonellau egni y mae angen eu datblygu? Rhowch resymau dros eich penderfyniadau.

Thema 12: Newid Economaidd a Chymru

Pa wrthdaro mewn barn sy'n cael ei greu gan ffynonellau egni newydd?

Gwynt y Môr, Llandudno – fferm wynt alltraeth

Gwynt y Môr, fferm wynt alltraeth arfaethedig yn y Gogledd, fyddai fferm wynt fwyaf Cymru. Byddai'n cynhyrchu mwy na deg gwaith yn fwy o egni na'r fferm wynt alltraeth gyfredol yng Ngogledd Hoyle. Mae'r project yn cynnwys adeiladu'r canlynol alltraeth:

- 200 o dyrbinau gwynt 165 m o daldra'r un, gyda phob un yn cynhyrchu uchafswm o 3–5 megawat
- ceblau pŵer tanddwr i fynd â'r trydan o'r tyrbinau gwynt i'r lan
- 3–5 mast meteorolegol ar gyfer data tywydd i weithio'r fferm wynt.

Mae hefyd yn cynnwys gwaith adeiladu ar y tir i ddarparu:

- ceblau pŵer tanddaearol i is-orsaf drydan atraeth
- 500 m o geblau pŵer uwchben rhwng yr is-orsaf a llinellau uwchben sydd eisoes yn bodoli.

Fodd bynnag, mae maint y datblygiad yn ddadleuol. Yn ystod yr ymgynghoriad mynegodd nifer o randdeiliaid bryderon, felly aeth npower ati i addasu ei gynlluniau. Mae'r fferm newydd yn cwmpasu ardal lai er mwyn:

- sicrhau bod yna lwybr llongau mwy llydan i'r gogledd a'r de o'r fferm wynt
- sicrhau bod y tyrbinau gwynt ddim i'w gweld o ardal mor eang
- rhoi mwy o le i hofrenyddion sy'n teithio i blatfform olew a nwy cyfagos Douglas.

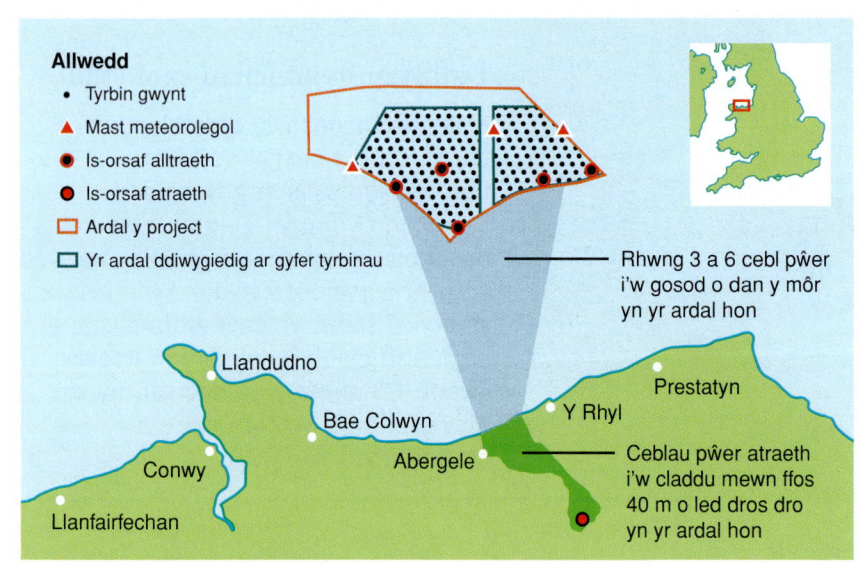

Ffigur 29 Gwynt y Môr

Ffigur 30 Dadleuon o blaid y cynnig

> Byddai'r fferm wynt alltraeth newydd hon yn creu digon o bŵer bob blwyddyn ar gyfer 40 y cant o gartrefi Cymru. Byddai'n golygu bod Cymru yn arwain y ffordd o safbwynt y dechnoleg hon ac yn sicrhau mai'r DU fyddai cynhyrchydd mwyaf y byd o bŵer adnewyddadwy alltraeth, gan greu miloedd o swyddi newydd.
>
> **npower**

> Mae'n bwysig adeiladu Gwynt y Môr gan y bydd yn cynhyrchu degfed ran o drydan Cymru ac yn atal 2 filiwn tunnell fetrig o allyriadau carbon deuocsid bob blwyddyn. Newid hinsawdd yw bygythiad mwyaf y ganrif a rhaid i ni weithredu nawr.
> Nid ydym yn credu y bydd y fferm wynt yn niweidio twristiaeth. Mewn sefyllfa debyg, mae cyngor Great Yarmouth wedi gweld bod y fferm wynt a godwyd dim ond 3 km o'r draethlin wedi bod o fudd i dwristiaeth.
>
> **Cyfeillion y Ddaear Cymru**

Thema 12: Newid Economaidd a Chymru

Ffigur 31 Dadleuon yn erbyn y cynnig

David Bellamy yn beirniadu cynlluniau ar gyfer fferm wynt yng Ngogledd Cymru

Mae'r botanegwr David Bellamy wedi beirniadu 'fandaliaid gwynt' a fydd yn difetha arfordir y Gogledd oni bai bod y gwaith o adeiladu ail fferm wynt fwyaf Prydain oddi ar arfordir Llandudno yn cael ei atal. 'Nid yw'r ffigurau'n gwneud synnwyr ac os nad ydym yn ofalus byddwn ni'n dinistrio'r hyn rydym yn ceisio ei ddiogelu, sef tirwedd a ffordd o fyw Gogledd Cymru, drwy ruthro'n fyrbwyll i gofleidio technoleg ddiffygiol a fydd yn achosi difrod difrifol i'r gymdeithas, y dirwedd a'r golygfeydd, yn cynhyrchu ychydig bach o drydan ysbeidiol ac yn costio biliynau o bunnoedd i'r trethdalwr drwy gymhorthdal diangen.'

Llywodraeth San Steffan sy'n gyfrifol am benderfynu ar ffermydd gwynt alltraeth mawr. Rhoddwyd caniatâd cynllunio yn gynharach yn y mis. 'Mae pwerau wedi cael eu datganoli ond maen nhw wedi anwybyddu'r Cynulliad, cynghorau tref a dymuniadau pobl leol.'

Nid oes rhaid i'r cwmni ddechrau gweithio ar y safle am hyd at bum mlynedd. Gallai'r datblygwr, npower, werthu hyd at hanner ei fuddiant yn y cynllun £2.2 biliwn er mwyn rhannu'r costau yn ystod cyfnodau economaidd anodd. Gallai unrhyw ansicrwydd ynglŷn â dyfodol y fferm wynt, sydd wyth milltir o Landudno, effeithio ar brisiau tai yn yr ardal.

Ffynhonnell: *Daily Post*, 16 Rhagfyr 2008

Ffigur 32 Yr olygfa o'r môr o Landudno

Gweithgaredd

1. Edrychwch ar wefannau'r sefydliadau a'r cwmnïau canlynol: npower, Cyfeillion y Ddaear ac SOS.

2. Cyflwynwch y ddadl o blaid ac yn erbyn fferm wynt Gwynt y Môr. A ddylid adeiladu'r fferm wynt? Rhowch eich safbwynt eich hun ynghyd â'ch rhesymau.

www.saveourscenery.com

Mae'r adran 'What you need to know' yn rhoi gwybodaeth am lygredd gweledol a llygredd sŵn. Mae'n disgrifio effeithiau economaidd posibl. Mae yna gysylltau i dri fideo YouTube.

Mae fideo o benderfyniad 2009 ar y fferm wynt ar gael yn: www.dailypost.co.uk/videos-pics/videos/news-videos/2009/01/08/gwynt-y-m-r-wind-farm-decision-55578-22646711

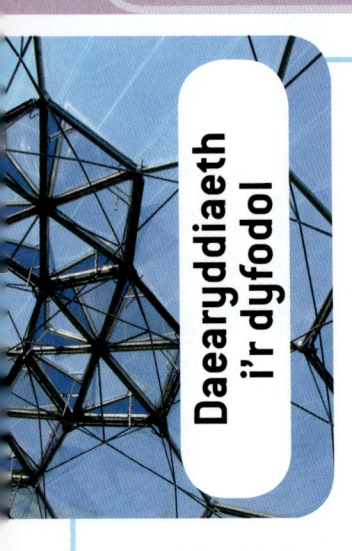

Thema 12: Newid Economaidd a Chymru

Daearyddiaeth i'r dyfodol

A ddylem gael pŵer llanw ym moryd Hafren?

Amrediad llanw (y gwahaniaeth rhwng llanw uchel ac isel) moryd Hafren yw'r ail fwyaf yn y byd. Mae dŵr yn llifo'n gyflym i mewn ac allan o'r foryd gyda phob llanw. Mae cynigion gwahanol wedi'u cyflwyno ers blynyddoedd i gynhyrchu pŵer o'r llanwau hyn. Ym mis Ionawr 2009 dewiswyd pum cynnig ar gyfer pŵer llanw i'w hystyried ymhellach.

Cynhyrchu'r pŵer   **Sut y mae system lagŵn yn gweithio**

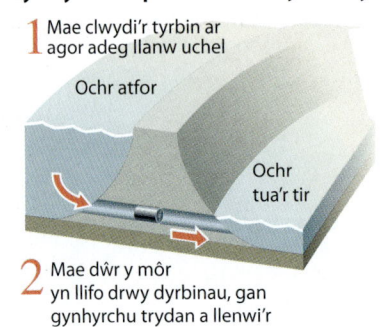

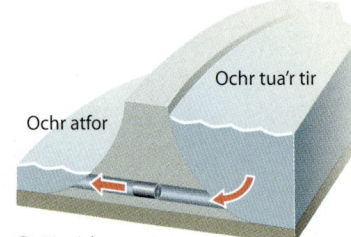

1. Mae clwydi'r tyrbin ar agor adeg llanw uchel
   - Ochr atfor
   - Ochr tua'r tir

2. Mae dŵr y môr yn llifo drwy dyrbinau, gan gynhyrchu trydan a llenwi'r lagŵn

   - Ochr atfor
   - Ochr tua'r tir

3. Mae'r broses yn cael ei gwrthdroi adeg llanw isel

3 Lagŵn atraeth ar ochr Cymru (lagŵn Fleming)
- Byddai'n ateb 0.75 y cant o'r galw am drydan yn y DU
- Byddai'n costio £4.1–£4.9 biliwn i'w adeiladu
- Gallai gael llai o effaith ar borthladdoedd a physgodfeydd lleol na baredau
- Colli 6,500 hectar o gynefin rhynglanw, llai o effaith ar gynefin rhynglanw na bared mawr
- Mae'n bosibl y bydd gwaddod yn cronni yn yr ardal lle y mae'r dŵr yn cael ei ddal

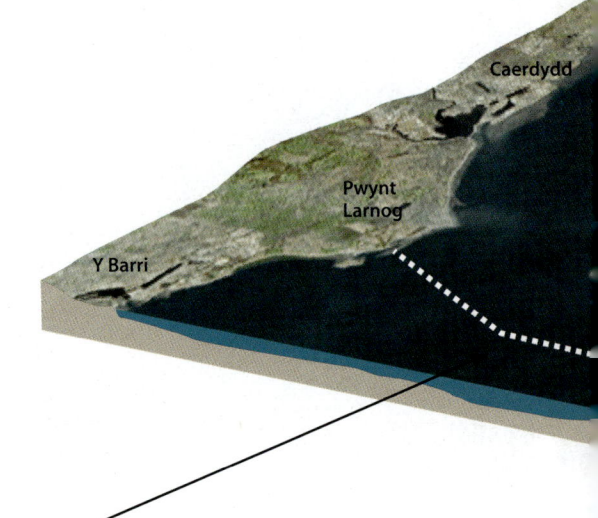

Caerdydd
Pwynt Larnog
Y Barri

5 Bared Canol 'Bared Caerdydd-Weston'
- Byddai'n ateb 4.8 y cant o'r galw am drydan yn y DU
- Byddai'n costio £19.6-£22.2 biliwn i'w adeiladu
- Byddai'n gyfraniad mawr at arbedion carbon deuocsid a diogelu'r cyflenwad pŵer
- Gall amddiffyn Gwastadeddau Gwent ac Avonmouth yn erbyn llifogydd llanw
- Cyfleoedd cyflogaeth sylweddol yn ystod y gwaith adeiladu
- Colli 20,000 hectar o gynefin rhynglanw ac effeithiau negyddol ar bysgod mudol
- Yn ychwanegu costau amser a gweithredu at bedwar prif borthladd y foryd

Ffigur 33 Y pum dewis ar gyfer pŵer llanw, Ionawr 2009

Thema 12: Newid Economaidd a Chymru

Sut y mae system bared yn gweithio
(diagram o fared mawr)

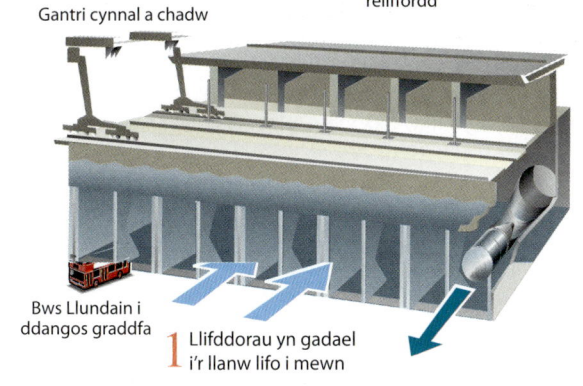

- Gantri cynnal a chadw
- Ffordd ddeuol neu reilffordd
- Bws Llundain i ddangos graddfa
- 1 Llifddorau yn gadael i'r llanw lifo i mewn
- 2 Mae'r clwydi'n cau adeg llanw uchel, gan ddal y dŵr
- 3 Mae dŵr yn dychwelyd ar bwysedd uchel drwy dyrbinau

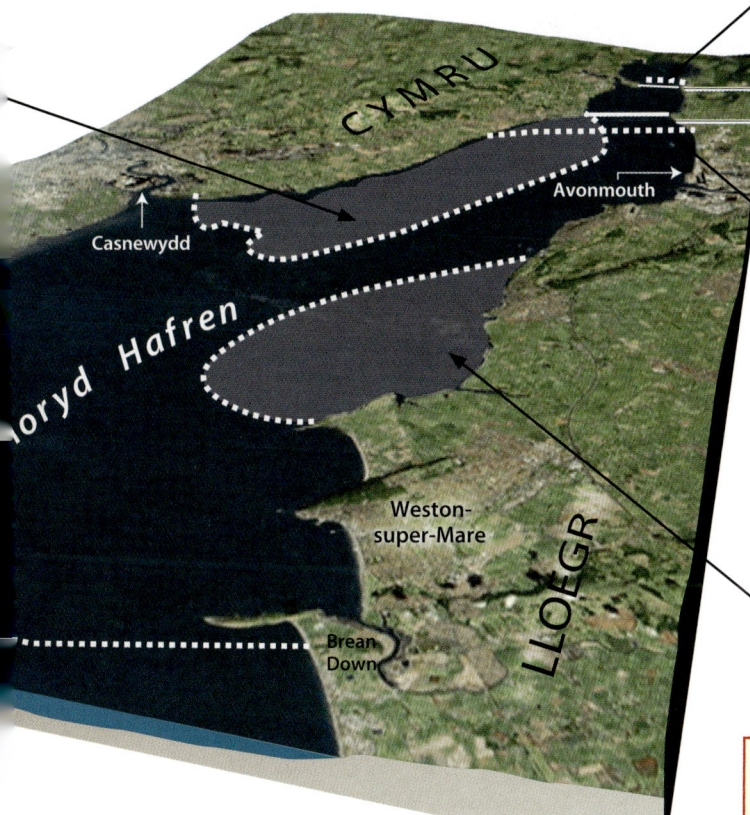

1 Bared Beachley
- Byddai'n ateb 0.5 y cant o'r galw am drydan yn y DU
- Byddai'n costio £2.1–£2.5 biliwn i'w adeiladu
- Nid yw'n effeithio ar y prif borthladdoedd
- Colli 3,500 hectar o gynefin rhynglanw, llai o effaith ar bysgod mudol
- Mae'n bosibl y byddai gwaddod yn cronni y tu ôl i'r bared

Pont Hafren yr M48
Pont Hafren yr M4
Avonmouth
Casnewydd
CYMRU
Moryd Hafren
Weston-super-Mare
Brean Down
LLOEGR

2 Bared Mewnol (Bared Shoots)
- Byddai'n ateb 1 y cant o'r galw am drydan yn y DU
- Nid yw'n manteisio'n llawn ar botensial moryd Hafren i gynhyrchu trydan
- Y bared mwyaf y byddai modd ei adeiladu gyda chyllid cyhoeddus/llywodraeth yn unig
- Costau egni fesul uned yw'r rhataf o'r holl ddewisiadau
- Nid yw'n effeithio ar brif borthladdoedd y foryd
- Colli 5,000 hectar o gynefin rhynglanw ac effaith ar bysgod mudol
- Mae'n bosibl y byddai gwaddod yn cronni tu ôl i'r bared

4 Lagŵn atraeth ar ochr Lloegr (Bae Bridgewater)
- Byddai'n ateb 0.9 y cant o'r galw am drydan yn y DU
- Byddai'n costio £3.4–£4.1 biliwn i'w adeiladu; cost egni fesul uned yw'r isaf o'r holl ddewisiadau lagŵn
- Gallai gael llai o effaith ar borthladdoedd a physgodfeydd lleol na baredau
- Colli 5,500 hectar o gynefin rhynglanw, llai o effaith ar gynefin rhynglanw na bared mawr
- Mae'n bosibl y bydd gwaddod yn cronni o fewn yr ardal lle y mae'r dŵr yn cael ei ddal

Thema 12: Newid Economaidd a Chymru

Daearyddiaeth i'r dyfodol

Brigdonnwr gorau Eger Hafren – 12 km

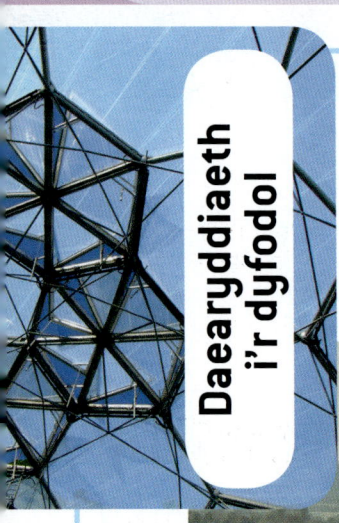

Mae'r llanwau uchaf yn y gwanwyn yn creu Eger Hafren, ton fawr sy'n symud i fyny'r afon. Bydd bared yn atal yr eger.

Avonmouth
Mae'r porthladd yn cyflogi 7,500 o bobl ac yn trafod 12 miliwn tunnell fetrig o gargo bob blwyddyn. Bydd y bared yn arafu llongau wrth iddynt aros mewn ciw i fynd trwodd. Oni bai bod y lociau'n ddigon mawr ar gyfer llongau mawr, bydd llai o longau'n gallu cyrraedd y porthladd. Mae Avonmouth yn agosach at leoliad canolig yn y DU nag unrhyw borthladd arall. Mae cludo nwyddau ar longau i'r porthladd yn osgoi defnyddio cannoedd o gilometrau o gludiant ar ffyrdd a rheilffyrdd. Mae llongau'n ddeg gwaith yn fwy effeithlon o safbwynt carbon deuocsid na dulliau cludiant eraill. Mae bared yn cynhyrchu trydan am chwe awr y dydd yn unig, a hynny adeg y ddau lanw. Mae'n bosibl na fydd amser y llanw yn cyd-fynd â'r galw mwyaf am drydan.

Cwmni pŵer

Rydym angen cymaint o drydan di-garbon â phosibl, ond nid oes angen codi adeilad mawr ym moryd Hafren i wneud hynny. Yn hytrach gallem: 1) gynyddu'r defnydd o bŵer niwclear a 2) ymchwilio i dechnoleg sy'n dal carbon o orsafoedd glo ac ymchwilio i safleoedd lle y byddai modd claddu'r carbon.

Prifysgol Caerdydd, Peirianneg
Mae De Cymru a Dyfnaint yn gorfod mewnforio egni. Mae angen amrywiaeth eang o ffynonellau egni 'lleol' ar y DU. Bydd bared yn darparu egni di-garbon ac ni fyddwn yn dibynnu ar wledydd eraill am ein pŵer. Bydd y dŵr llonydd yn yr amrediad llanw llai uwchben y bared yn arwain at fwy o laid yn cael ei ddyddodi ac amodau cliriach, gan annog mwy o bysgod. Bydd hyn yn denu mwy o adar, ond byddant yn wahanol i'r rhai sydd yn yr ardal ar hyn o bryd. Mae'n bosibl y bydd y syniad newydd o greu lagwnau alltraeth yn cael yr effaith leiaf ar yr ecosystem, ond ychydig o waith ymchwil sydd wedi ei wneud ar eu heffaith ar y foryd, ei byd natur a'r diwydiannau y mae'n eu cynnal. Mae cost egni fesul uned dwywaith yn fwy nag yn achos lagwnau sy'n cysylltu â'r tir.

Byddai'n cymryd deng mlynedd i adeiladu Bared Caerdydd-Weston, gan adael ôl troed carbon 10 miliwn tunnell fetrig. Byddai'n creu traffig newydd ar rwydweithiau ffyrdd presennol mewn ardaloedd gwledig ac o gwmpas maes awyr Caerdydd. Nid yw'n bosibl cyfiawnhau project y bared ar y sail y byddai'n atal llifogydd. Mae modd adeiladu cynlluniau atal llifogydd yn gyflym ac mae'n cymryd degawdau i lefel y môr godi. Mae angen dewis lagwnau llanw wedi eu hadeiladu filltir o'r lan. Mae'r rhain yn storio dŵr ac yn creu pŵer adeg llanw a thrai.

Cyfeillion y Ddaear Cymru

Canolfan Adar Gwyllt a Gwlyptiroedd Slimbridge
Mae 70,000 o adar y dŵr yn dibynnu ar y gwlyptiroedd. Mae gwyddau'n pori'r ddôl rynglanw. Byddai bared yn lleihau'r amrediad llanw. Byddai llai o le i'r adar bori.

Ffigur 34 Safbwyntiau ar y dewisiadau ar gyfer pŵer llanw o foryd Hafren. Mae'r llun yn dangos Canolfan Adar Gwyllt a Gwlyptiroedd Slimbridge

Gweithgaredd

1. Rydych yn mynd i drafod y penderfyniad i adeiladu bared llanw ym moryd Hafren.
   a) Rhannwch y dosbarth yn chwe grŵp. Byddwch chi angen tri neu bedwar myfyriwr ym mhob grŵp yn ôl pob tebyg. Bydd pob grŵp yn cynrychioli un o'r canlynol:
      1. Brigdonwyr Eger Hafren a Chanolfan Slimbridge
      2. Swyddogion y porthladd
      3. Peirianwyr y Brifysgol
      4. Cyfeillion y Ddaear
      5. Cwmni pŵer
      6. Gweinidog Egni'r DU
   b) Defnyddiwch y wybodaeth o Ffigurau 33 a 34, ac o'r rhyngrwyd, i ymchwilio i a thrafod y dadleuon y bydd eich grŵp yn eu cyflwyno yn y cyfarfod. Dylech baratoi i siarad am ddau funud.
   c) Ewch ati i gynnal y drafodaeth. Rhowch gyfle i grwpiau 1-5 wneud datganiad. Gall Grŵp 6 ofyn cwestiynau.
   ch) Dylai Grŵp 6 wneud penderfyniad a rhoi rhesymau.

Geirfa

A

Adlam olrewlifol – Lefel cramen y Ddaear yn newid. Cywasgwyd y gramen gan bwysau'r iâ yn ystod cyfnodau rhewlifol yr oes iâ. Ers diwedd y cyfnod rhewlifol diwethaf mae'r gramen wedi bod yn codi'n araf i'w lefel wreiddiol.

Adlinio rheoledig – Strategaeth reoli arfordirol lle y mae tir yn cael ei golli i'r môr mewn ffordd reoledig. Mae dŵr yn cael llifo dros amddiffynfeydd y môr sydd eisoes yn bodoli ac mae morlin newydd yn cael ei greu ymhellach i'r tir.

Aergorff – Parsel mawr o aer yn yr atmosffer. Mae gan bob rhan o'r aergorff dymheredd a lleithder tebyg ar lefel y tir.

Agwedd – Y cyfeiriad y mae llethr neu nodwedd arall yn ei wynebu.

Anghynaliadwy – Gwella bywydau pobl ond mewn ffordd sy'n defnyddio gormod o adnoddau naturiol a/neu'n llygru'r amgylchedd i'r fath raddau nes bydd ansawdd bywyd cenedlaethau'r dyfodol yn dioddef.

Ailgyflenwi traeth – Ychwanegu mwy o dywod neu raean at draeth i'w wneud yn fwy llydan a thrwchus.

Ail-lenwi – Dŵr sy'n mynd i mewn i ddyfrhaen ac yn ail-lenwi storfa dŵr daear.

Allforion – Nwyddau sy'n cael eu gwerthu gan un wlad i un arall.

Allfudo net – Pan fydd mwy o bobl yn gadael rhanbarth nag sy'n symud yno.

Amaeth-fusnes – Ffermio wedi'i gyfuno â gweithgareddau masnachol i greu cymaint o gynnyrch ac elw â phosibl.

Anialwch – Ardaloedd sydd wedi eu gadael mewn cyflwr gwyllt. Nid oes neb yn byw mewn rhanbarthau anialwch ac nid ydynt yn cael eu ffermio. Mae'n bosibl disgrifio rhannau mawr o Wlad yr Iâ fel anialwch.

Antiseiclon – Ardal o wasgedd uchel yn yr atmosffer sy'n gysylltiedig â chyfnodau o dywydd sych a sefydlog.

Arallgyfeirio – Creu amrywiaeth ehangach o gyfleoedd gwaith.

Ardal Lai Ffafriol (ALFf) – Ardaloedd sy'n derbyn cyllid arbennig gan yr Undeb Ewropeaidd.

B

Bar alltraeth – Nodwedd ar wely'r môr sy'n cael ei ffurfio gan ddyddodiad tywod.

Barriff – Adeiledd hir yn y môr, yn gyfochrog â'r arfordir, wedi'i wneud o galchfaen gan filiynau o gwrelau.

Biomas – Tanwydd sy'n cael ei ddefnyddio i gynhyrchu trydan, neu ar gyfer gwresogi/coginio, sydd wedi'i wneud o ddefnydd planhigion.

Bïomau – Ecosystemau sy'n bodoli ar raddfa fawr iawn (er enghraifft, coedwigoedd glaw trofannol neu ddiffeithwch).

Brodorion – Llwythau sy'n frodorol i le arbennig.

C

Clofan ymwelwyr – Cyrchfan i ymwelwyr sydd wedi'i wahanu oddi wrth gymunedau lleol. Mae rhai datblygiadau i ymwelwyr wedi'u cynllunio i geisio cadw ymwelwyr yn y gwesty neu'r ardal wyliau. O ganlyniad, mae mwy o arian yr ymwelydd yn mynd i'r cwmni, ac ychydig iawn sy'n mynd i fusnesau lleol.

Coedwig law drofannol – Ecosystemau (neu fïomau) coedwigoedd mawr sy'n tyfu yn yr hinsawdd boeth a gwlyb naill ochr i'r cyhydedd.

Coridor bywyd gwyllt – Lleiniau o gynefinoedd sy'n galluogi anifeiliaid gwyllt i fudo o un ecosystem i'r llall. Er enghraifft, gellir creu coridorau bywyd gwyllt drwy blannu gwrychoedd a choed i gysylltu'r darnau o goedwigoedd sydd ar ôl â'i gilydd.

Cwmni hedfan rhad – Cwmni sy'n cynnig teithiau hedfan rhad.

Cwmnïau Amlwladol – Busnesau mawr fel Sony, Microsoft a McDonalds sydd â changhennau mewn sawl gwlad. Enw arall ar gwmnïau amlwladol yw **cwmnïau trawswladol**.

Cwmnïau Trawswladol – Busnesau mawr fel Sony, Microsoft a McDonalds sydd â changhennau mewn sawl gwlad. Enw arall ar gwmnïau trawswladol yw cwmnïau amlwladol.

Cyfnewid dyled am fyd natur – Cytundeb rhwng gwledydd tlotach sydd mewn dyled i wledydd mwy cyfoethog. Mae'r wlad dlotach yn cytuno i wario arian ar broject cadwraeth. Yn gyfnewid am hyn mae'r wlad fwy cyfoethog yn cytuno i ganslo rhyfaint o'r ddyled ariannol.

Cylchred ddŵr – Llif di-dor dŵr rhwng arwyneb y ddaear a'r atmosffer – enw arall amdani yw'r gylchred hydrolegol.

Cylchred faetholion – Llif maetholion rhwng storfeydd gwahanol mewn ecosystem sy'n ffurfio cadwyn (neu gylch) di-dor.

Cymynrodd – Datblygiad sy'n sicrhau buddion i'r gymuned leol am flynyddoedd i ddod.

Cynllun Rheoli Traethlin – Y cynllun sy'n dangos sut y bydd awdurdod lleol yn rheoli pob darn o'r morlin yn y DU yn y dyfodol.

Cyrch – Y pellter y mae ton yn ei deithio dros y môr agored.

Geirfa

D

Dad-ddiwydiannu – Newid mewn swyddi o'r sector gweithgynhyrchu i swyddi sy'n darparu gwasanaeth.

Dad-ddwysáu – Newid yn y ffordd y caiff tir fferm ei ddefnyddio. Defnydd llai dwys o'r tir sy'n well ar gyfer bywyd gwyllt.

Datgoedwigo – Torri neu losgi coed.

Diboblogi gwledig – Pan fydd poblogaeth rhanbarth gwledig yn lleihau.

Difa – Pan fydd nifer penodol o anifeiliaid yn cael eu lladd er mwyn rheoli twf eu poblogaeth.

Dirwasgiad (economaidd) – Cyfnod o amser pan fydd economi gwlad yn dirywio. Effaith arferol dirwasgiad yw cynnydd mewn diweithdra.

Diwasgedd (tywydd) – System dywydd sy'n gysylltiedig â gwasgedd aer isel. Mae diwasgeddau'n dod â thywydd cyfnewidiol, sy'n cynnwys gwynt a glaw.

Diwydiant gwybodaeth-ddwys – Swyddi sydd angen lefelau uchel o addysg neu hyfforddiant.

Diwydiant uwch-dechnoleg – Y defnydd o uwch dechnoleg ym maes gweithgynhyrchu fel systemau amddiffyn a chyfarpar meddygol.

Drifft y glannau – Proses sy'n symud defnydd traeth ar hyd yr arfordir.

Dŵr daear – Dŵr yn y ddaear o dan y lefel trwythiad.

Dyddodi – Defnydd yn cael ei adael ar y dirwedd. Mae dyddodi yn digwydd pan fydd y grym a oedd yn cludo'r gwaddod yn lleihau.

E

Ecodwristiaeth – Projectau twristiaeth bach sy'n creu arian ar gyfer cadwraeth a swyddi lleol.

Economi gwybodaeth – Swyddi sydd angen lefelau uchel o addysg neu hyfforddiant.

Ecosystem – Cymuned o blanhigion ac anifeiliaid a'r amgylchedd lle y maent yn byw. Mae ecosystemau'n cynnwys rhannau byw (e.e. planhigion) a rhannau anfyw (e.e. aer a dŵr). Mae ecosystemau'n bodoli ar raddfeydd amrywiol, o fïomau fel coedwigoedd glaw i ecosystemau micro fel pyllau mewn gerddi.

Effaith lluosydd cadarnhaol – Cadwyn gadarnhaol o ddigwyddiadau sy'n digwydd pan fydd swyddi newydd yn cael eu creu mewn ardal.

Effaith tŷ gwydr – Proses naturiol lle mae nwyon fel carbon deuocsid yn dal egni gwres yn yr atmosffer.

Encilio – Tirffurf yn symud yn ôl yn raddol oherwydd proses erydiad. Mae'r morlin yn encilio oherwydd bod y clogwyn yn cael ei erydu ac mae rhaeadr yn encilio tuag at darddiad yr afon wrth iddi gael ei herydu.

Erydiad – Traul y dirwedd.

Ff

Ffiord – Cilfach ddofn yn y morlin. Mae'r dyffrynnoedd serth hyn wedi eu herydu gan effaith iâ.

Ffoaduriaid amgylcheddol – Pobl sy'n cael eu gorfodi i adael eu cartrefi oherwydd rhyw fath o drychineb amgylcheddol. Mae disgwyl y bydd y codiad yn lefel y môr oherwydd newid hinsawdd yn creu miliynau o ffoaduriaid o'r fath.

G

Glawiad tirwedd – Dyodiad sy'n digwydd pan fydd aer cynnes, llaith yn cael ei orfodi i godi dros ardal fynyddig. Wrth i'r aer godi mae'n oeri ac mae'r anwedd dŵr yn cyddwyso, gan greu cymylau glaw. Enw arall am lawiad tirwedd yw glaw orograffig.

Gwasanaethau allweddol – Sut y mae ecosystemau'n rhoi budd i bobl. Er enghraifft, mae coedwigoedd mangrof yn gweithredu fel bYfferau arfordirol, yn amsugno egni tonnau yn ystod storm ac yn lleihau'r risg o erydiad a llifogydd.

Gweithred hydrolig – Erydiad sy'n digwydd pan fydd ton yn gorfodi dŵr ac aer i'r bylchau yn y creigiau neu'r pridd.

H

Hinsawdd – Cofnodi'r tywydd dros gyfnodau hir o amser, wedyn cyfrifo cyfartaleddau, patrymau a thueddiadau.

Ll

Llifoedd maetholion – Maetholion yn symud o un storfa i storfa arall.

Llyfndir tonnau – Tirffurf arfordirol wedi'i wneud o silff greigiog o flaen clogwyn. Mae'r llyfndir tonnau yn cael ei greu gan erydiad a'i adael gan enciliad y clogwyn.

M

Man poeth ar gyfer bioamrywiaeth – Ardal sydd ag amrywiaeth fawr o organebau. Mae Canolbarth America yn enghraifft o fan poeth ar gyfer bioamrywiaeth.

Mangrof – Math o goedwig drofannol sy'n tyfu mewn ardaloedd arfordirol.

Mecaneiddio – Y defnydd cynyddol o beiriannau yn lle pobl.

Geirfa

Mewnforion – Nwyddau sy'n cael eu prynu oddi wrth wlad arall.

Morglawdd – Math o beirianneg galed sy'n cael ei ddefnyddio fel amddiffynfa arfordirol yn erbyn erydiad. Gall morgloddiau gael eu gwneud o flociau gwenithfaen neu ddarnau onglog o goncrit.

O

Ôl troed solar – Mae cyfanswm egni'r haul sy'n cynhesu pob metr sgwâr o'r ddaear yn amrywio yn ôl lledred. Ger y cyhydedd mae'r haul yn tywynnu ar y ddaear ar ongl o bron 90°. Mae'r ôl troed solar yn fach ac mae cyfanswm yr egni y mae pob metr sgwâr yn ei dderbyn yn llawer mwy nag ydyw ger y pegynau.

P

Peirianneg feddal – Dull arall o leihau llifogydd drwy blannu coed neu adael i ddŵr orlifo dros ardaloedd yn naturiol.

Peirianneg galed – Adeileddau artiffisial fel waliau môr neu argloddiau afon concrit. Maent yn cael eu hadeiladu i geisio rheoli proses naturiol fel afon yn gorlifo neu erydiad arfordirol.

Pelydriad heulog – Egni gwres a golau o'r haul. Mae pelydriad heulog hefyd yn cynnwys rhannau eraill o'r sbectrwm electromagnetig fel uwchfioled a phelydrau X.

Pellter byr – Taith hedfan i gyrchfan agos. Mae teithiau hedfan pellter byr o'r DU yn hedfan i feysydd awyr eraill yn y DU neu yng ngweddill Ewrop.

Pellter hir – Taith awyren i rywle pell.

Rh

Rhic tonnau – bwlch gyda chreigiau sy'n hongian dros y rhic ac sydd wedi'i dorri yng ngwaelod clogwyn gan symudiadau'r tonnau.

Rhyng-gipio – Pan fydd dŵr yn cael ei atal rhag disgyn yn uniongyrchol i'r ddaear. Er enghraifft, mae canopi dail mewn coedwig yn rhyng-gipio glawiad.

S

Safle tir llwyd – Safle datblygu lle mae adeiladau hŷn yn cael eu dymchwel neu eu hadnewyddu cyn dechrau datblygiad newydd.

Safleoedd pot mêl – Safleoedd o ddiddordeb arbennig sy'n denu llawer o ymwelwyr ac sy'n aml yn orlawn adeg amseroedd prysur.

Sahel – Rhanbarth lletgras yng Ngogledd Affrica i'r de o ddiffeithwch Sahara. Mae'r gair yn golygu 'glan' yn yr iaith Arabeg.

Sector cyhoeddus – Pobl sy'n cael eu cyflogi gan y llywodraeth genedlaethol, ranbarthol neu leol.

Sector preifat – Pobl sydd naill ai'n hunangyflogedig neu'n gweithio i gwmni neu sefydliad mwy nad yw'n cael ei reoli gan y llywodraeth.

Siart synoptig – Map sy'n defnyddio symbolau i ddangos rhagolygon y tywydd.

Storfa – Rhywle lle y mae rhywbeth yn aros am gyfnod o amser e.e. o fewn y gylchred ddŵr neu'r gylchred garbon.

Storfeydd maetholion – Rhannau o ecosystem, fel y pridd, sy'n storio maetholion.

Strwythur cyflogaeth – Nifer y bobl sy'n gweithio yn sectorau cynradd, eilaidd a thrydyddol yr economi.

Sychder – Cyfnod hir o amser heb lawer o ddyodiad.

Synhwyro o bell – Casglu data daearyddol o bell. Er enghraifft, mae lloerenni sy'n troi o amgylch y ddaear yn cael eu defnyddio i gasglu data am systemau tywydd.

T

Tafod – Tirffurf arfordirol sy'n cael ei greu wrth i waddod gael ei ddyddodi mewn tomen isel lle y mae'r morlin yn newid cyfeiriad, er enghraifft, wrth aber afon.

Tai fforddiadwy – Tai sy'n cael eu gwerthu neu eu rhentu am bris cymharol isel.

Tai sianti – Tai sy'n cael eu hadeiladu gan y preswylwyr eu hunain ar dir nad yw'n eiddo iddynt.

Tanwydd ffosil – Olew, glo neu nwy sy'n cael eu llosgi i gynhyrchu trydan neu egni.

Tirlithriad – Pridd a chreigiau'n dymchwel yn sydyn i lawr llethr.

Tombolo – Tirffurf arfordirol sy'n cysylltu'r arfordir ag ynys. Mae'n cael ei greu wrth i waddod gael ei ddyddodi.

Ton wres – Cyfnod hir o dywydd poeth sy'n rhoi straen ar anifeiliaid, planhigion a phobl.

Torddwr – Dŵr yn llifo i fyny'r traeth wrth i don dorri ar y lan.

Torri coed anghyfreithlon – Coedwigoedd yn cael eu torri i lawr gan bobl nad ydynt yn berchen ar y tir neu nad oes ganddynt hawl gyfreithiol i werthu'r coed.

Torri coed masnachol – Torri coedwigoedd er mwyn gwerthu'r coed.

Geirfa

Tref glôn – Mae tref sydd heb lawer o siopau annibynnol yn cael ei hadnabod fel 'tref glôn' weithiau. Y rheswm am hyn yw nad oes gan stryd fawr sy'n llawn siopau cadwyn ac sydd heb lawer o siopau sy'n eiddo i bobl leol unrhyw gymeriad lleol. Mae'n edrych yn union fel pob stryd fawr arall (neu'n glôn ohonynt).

Trwytholchi – Maetholion yn cael eu golchi o'r pridd gan y dŵr sy'n llifo trwyddo.

Trydan dŵr – Trydan sy'n cael ei greu gan ddŵr yn llifo drwy dyrbinau. Enw arall amdano yw pŵer trydan dŵr (PTD).

Twndra – Ecosystem sydd i'w gweld yn rhanbarth yr Arctig yn bennaf. Nid oes unrhyw goed yn y twndra oherwydd bod y tymor tyfu yn fyr ac mae'r tymheredd misol cyfartalog yn is na 10 Celsius.

Twristiaeth dorfol – Math o ddatblygiad twristiaeth sy'n annog niferoedd enfawr o ymwelwyr i ymweld â chanolfan wyliau fawr. Defnyddiwyd twristiaeth dorfol i greu swyddi ar hyd arfordir Sbaen ar y Môr Canoldir ac yn Cancún, México ymysg lleoedd eraill.

Tynddwr – Dŵr sy'n llifo yn ôl i'r môr ar ôl i don dorri ar y traeth.

Tywydd – Nodweddion fel tymheredd, glawiad, gorchudd cwmwl, a gwynt wrth iddynt ddigwydd. Mae'n bosibl cofnodi mesuriadau o'r nodweddion hyn dros gyfnodau hir o amser a chyfrifo cyfartaleddau. Y cyfartaleddau hyn yw'r **hinsawdd.**

W

Waliau môr – Math o beirianneg galed sy'n cael eu defnyddio fel amddiffynfeydd arfordirol yn erbyn erydiad a llifogydd.

Y

Ymchwydd storm – Codiad yn lefel y môr sy'n gallu achosi llifogydd arfordirol yn ystod storm neu gorwynt. Cyfuniad o ddau beth sy'n gyfrifol am yr ymchwydd. Yn gyntaf, mae'r gwasgedd aer isel yn golygu bod lefel y môr yn gallu codi. Yn ail, mae gwyntoedd cryf yn gallu gorfodi ymchwydd o ddŵr at y draethlin.

Ymsuddiant – Tir yn suddo. Gall ymsuddiant ddigwydd oherwydd prosesau naturiol, fel gwaddod yn cael ei gywasgu mewn delta, neu wrth i rew parhaol ddadmer. Ar adegau eraill, gweithgarwch dynol sy'n gyfrifol am ymsuddiant, fel hen weithfeydd mwyngloddio yn dymchwel o dan y ddaear.

Mynegai

adlam olrewlifol   16
adwerthu
   adwerthu ar y rhyngrwyd   100–1, 116–17
   Amwythig   98–9
   patrymau yn ninasoedd Ewrop   96–101
ailgyflenwi traethau   15
amaeth-fusnes   53
Amazon (adwerthwr ar-lein)   100, 101, 116–17
Amwythig: datblygiadau adwerthu   98–9
antiseiclonau   31, 34, 38
Ardal Lai Ffafriol (ALFf)   113, 120–1
ardaloedd gwasgedd isel   32–4
ardaloedd gwasgedd uchel   31, 34
Arfordir Treftadaeth Morgannwg   2–3
Asesiad Ecosystem y Mileniwm   62–3
Asiantaeth Gofod Ewrop   40
athreuliad   3
Awstralia
   rheoli'r arfordir   19
   tanau coedwig   39, 42

Bangladesh
   llifogydd   43
Barcelona   103
   adfywio trefol   94–5
   llifogydd   43
   sychder   41
bïomau, *gweler* ecosystemau
byndiau   44

Cancún, México
   rheoli'r arfordir   14–15
   twristiaeth   14, 67–70, 78–9, 80
Canolfan Corwyntoedd Genedlaethol (*NHC*), Florida   40
Canolfan Gwlyptiroedd Llundain   46–7
clofannau ymwelwyr   78
coedwigoedd glaw trofannol   50–1, 64
   a'r gylchred ddŵr   65
   cylchred faetholion   51
   torri coed   52–5
coedwigoedd mangrof   60–1, 64
Coridor Biolegol Mesoamerica   56
coridorau bywyd gwyllt   56
cwmnïau amlwladol   116, 118
cwmnïau hedfan rhad   72

Cwpan y Byd: De Affrica   82
cyflenwadau dŵr   41, 65, 81
cyflogaeth
   newidiadau a chymdeithas wledig   122–3
   sectorau cyhoeddus/preifat   112
   sectorau cynradd/eilaidd/trydyddol   112
   gweler hefyd o dan Cymru
cyfnewid dyled am fyd natur   56
Cylch Aur, Gwlad yr Iâ   76, 77
cylchred ddŵr: coedwigoedd glaw trofannol a   65
cylchred faetholion: ecosystemau a   51
Cymru
   dyfodol cyflogaeth   116–24
   ffermio   113, 120–3
   ffynonellau egni adnewyddadwy   126–7
   gweithgynhyrchu   114, 118, 124
   llosgydd gwaredu gwastraff, Merthyr Tudful   109, 126
   newidiadau yng nghyflenwad egni a'r galw amdano   125–32
   patrymau cyflogaeth   111–14
   swyddi gwyrdd   118, 124
cynllun All The Little Shops   99
Cynllun Datblygu Gwledig Cymru   122
Cynlluniau Rheoli Traethlinau (CRhT)   8, 21
cynllunio dinasoedd   91
cynllunio tref   91
cyrch   2
cyrydiad   3

dad-ddiwydiannu   118
datgoedwigo   43, 54, 56
De Affrica
   Cwpan y Byd   82
   ecodwristiaeth   84
   hela/saffari   84–5
   twristiaeth chwaraeon   82
diboblogi gwledig   86
dihalwyno   41
diwasgeddau (seiclonau)   31, 32–4, 35–6
diwydiant ffasiwn   106–7
diwydiant pysgota   62–3, 86
drifft y glannau   6–7

ecodwristiaeth   56–7, 84
economi gwybodaeth   112
ecosystemau   45–65
   a hinsawdd   48–50
   a'r gylchred faetholion   51
   canlyniadau eu difrodi   60–5
   gwasanaethau allweddol   64
   patrymau dosbarthiad byd-eang   48–9
   rheoli   52–9
effaith lluosydd cadarnhaol   69, 76, 105, 116
egni biomas   126
egni'r môr   127
erydiad arfordirol   2–3, 18
Essex: rheoli'r arfordir   11–13, 20–2

FUNATOR (Asiantaeth Ddatblygu Twristiaeth Genedlaethol México)   69

fferm wynt Gwynt y Môr   128–9
ffermio
   Cymru   113, 120–3
   Gwlad yr Iâ   37, 86
ffermio berdys   60–1
ffermio blodau: Kenya   105
ffermydd gwynt   127–9
ffoaduriaid amgylcheddol   18
Ffos-y-frân
   gwaredu gwastraff   109
   mwyngloddio   118
Fframweithiau Datblygu Lleol (FfDLl)   91
ffynonellau egni adnewyddadwy, Cymru   125–7

glawiad tirwedd   28
Gullfoss, Gwlad yr Iâ   76
Gwarchodfa Biosffer Waterberg   83
gwaredu sbwriel   108–9, 126
gweithred hydrolig   2, 3
Gwlad yr Iâ
   economi, effaith y tywydd ar   37
   ecosystem twndra   45, 50
   ffermio   37, 86
   gwylio morfilod   87
   twristiaeth   37, 76–7, 86–7
gwylio morfilod: Gwlad yr Iâ   87

137

Mynegai

hedfan 72–5
hela troffi 84–5
hinsawdd 25
   ac ecosystemau 48–50
   agwedd, dylanwad 30
   gweler hefyd tywydd

Ipswich: newid trefol 92–3

Jaywick, Essex: rheoli'r arfordir 11–13

lefelau'r môr 11, 16–20
Libanus: twristiaeth 70–1, 81

Llif y Gwlff (Drifft Gogledd Iwerydd) 27
llifogydd 34, 38, 43
   arfordirol 11–13, 18
   Myanmar 35–6
   gweler hefyd ymchwyddiadau storm
Llinell Brandt v
Llywodraeth Cynulliad Cymru 118, 122, 124, 126

Merthyr Tudful
   llosgydd gwaredu sbwriel 109, 126
   newidiadau i gyflogaeth 118
MeteoStat 40
MetOp 40
Moryd Hafren 130–2
mwyngloddio: Ffos-y-frân 118

newid trefol 89–109
   Barcelona 94–5
   dewisiadau defnyddwyr, effaith fyd-eang 104–9
   dinasoedd Ewropeaidd: canol dinas 89–95
   dinasoedd Ewropeaidd: patrymau adwerthu 96–101
   Norwich: projectau adnewyddu 90

peirianneg feddal 13, 15
peirianneg galed 8, 13, 14
pelydriad heulog 29
peryglon tywydd 31–9
   effeithiau 37–9
   gwasgedd isel 32–6
   gwasgedd uchel 31, 34, 37

rheoli 40–3
tonnau gwres 39
gweler hefyd llifogydd
Primark 106–7
project adfywio'r Waterfront, Ipswich 92–3
Project Isabel i Reoli Coedwigoedd yn Gynaliadwy 55
prosesau arfordirol 2–3
pŵer llanw: Moryd Hafren 130–2
pŵer trydan dŵr 126

riffiau artiffisial 14
riffiau cwrel 64, 80

rhagolygon y tywydd 24, 29
rheoli'r arfordir 8–22
   adlinio rheoledig 20–2
   Awstralia 19
   Cancún 14–15
   Essex 11–13, 20–2
   lefelau'r môr 16–20
rhyngrwyd, adwerthu ar y 100–1, 116–17

Seiclon Nargis 35–6
seiclonau (diwasgeddau) 31, 32–4, 35–6
sgrafelliad 3
silver surfers 100
stormydd trofannol (corwyntoedd, seiclonau, teiffwnau) 35
strwythur cyflogaeth 113
sychder 34
   Barcelona 41
   rhanbarth Sahel, Affrica 44

tanau coedwig 39, 42
Teiffŵn Morakot 36
tonnau gwres 39
torri coed: Ynysoedd Solomon 52–5
traethau 6–7
twyni tywod 8, 64
   rheoli 58–9
   Ynyslas, Ceredigion 7, 10, 58–9
tymheredd
   a cheryntau cefnforoedd 27
   a lledred 26
   ac uchder 29

twristiaeth 14, 42, 60, 67–87
   cynaliadwyedd 80–7
   ecodwristiaeth 56–7, 84
   effaith 76–9
   ffactorau sy'n effeithio ar 37, 67–75
   twristiaeth chwaraeon 82
twristiaeth dorfol 67
tywydd 23–4
   aergyrff 26
   casglu data 24
   effeithiau ar yr economi 37
   gwasgedd aer 11, 31, 32–4
   tymheredd a cheryntau cefnforoedd 27
   tymheredd a lledred 26
   tymheredd ac uchder 29
   uchder a glawiad 28
   gweler hefyd hinsawdd; peryglon tywydd

War on Want 106

Y Borth, Ceredigion 7, 9–10
Y Deyrnas Unedig (DU)
   economi, effaith y tywydd ar 37
   gwariant defnyddwyr 104–5
ymchwyddiadau storm 11, 21, 35
Ynyslas, Ceredigion 7, 10, 58–9
Ynysoedd Solomon: torri coed 52–5
Yucatán, *gweler* Cancún